总主编简介

丁　煌

武汉大学“珞珈学者”特聘教授、博士生导师

武汉大学政治与公共管理学院副院长

武汉大学公共管理硕士（MPA）教育中心主任

武汉大学公共政策研究中心主任

本书作者简介

定明捷，1975年出生，男，湖北赤壁人，回族，2007年毕业于武汉大学行政管理专业，获管理学博士学位，华中师范大学湖北地方治理研究中心研究员，华中师范大学公共管理学院副教授。主要研究方向为公共政策、社会保障等，在学术刊物上公开发表多篇学术论文。

公共行政与公共政策研究学术论丛

总主编　丁煌

转型期政策执行治理结构选择的交易成本分析

——以乡镇煤矿管制政策为例

定明捷　著

WUHAN UNIVERSITY PRESS
武汉大学出版社

图书在版编目(CIP)数据

转型期政策执行治理结构选择的交易成本分析:以乡镇煤矿管制政策为例/定明捷著.—武汉:武汉大学出版社,2013.10
公共行政与公共政策研究学术论丛/丁煌总主编
ISBN 978-7-307-10775-5

Ⅰ.转… Ⅱ.定… Ⅲ.行政管理—研究—中国 Ⅳ.D63

中国版本图书馆 CIP 数据核字(2013)第 100625 号

责任编辑:唐 伟 责任校对:王 建 版式设计:马 佳

出版发行:**武汉大学出版社** (430072 武昌 珞珈山)
(电子邮件:cbs22@whu.edu.cn 网址:www.wdp.com.cn)
印刷:武汉中远印务有限公司
开本:720×1000 1/16 印张:17.5 字数:250 千字 插页:2
版次:2013 年 10 月第 1 版 2013 年 10 月第 1 次印刷
ISBN 978-7-307-10775-5 定价:35.00 元

总　序

“公共行政”是英文“Public Administration”一词的汉译，在我国大陆地区，为了避免不必要的意识形态上的联想以及对“管理”问题的重视，人们在传统上也习惯于将其称为“行政管理”或“公共行政管理”，自20世纪90年代末以来，随着我国国务院学位委员会新颁布的《授予博士、硕士学位和培养研究生的学科、专业目录》中公共管理一级学科的增设，尤其是公共管理硕士（MPA）专业学位项目在中国的设立和发展，也有人将其译为“公共管理”。

作为一种专门以社会公共事务为管理对象的社会管理活动，公共行政具有十分悠久的历史，无论是在东方国家，还是在西方世界，自古都不乏公共行政的思想。然而，这些早期的公共行政思想因缺乏系统化和理论化而尚未成为一种专门的学科，公共行政真正形成一个相对完整的理论体系，成为一门独立的学科，则是在特定的社会历史背景下于19世纪末20世纪初首先在美国产生，然后迅速扩及西方各国的，其产生的公认标志便是曾任普林斯顿大学校长的美国第28届总统伍德罗·威尔逊于1887年发表在《政治学季刊》上公开主张政治与行政分离，第一次明确提出应该把公共行政当做一门独立的学科来进行研究的《行政学研究》一文。在之后的一百多年里，公共行政学在西方历经初创、演进、深化、拓展等主要阶段的发展历程，日渐成熟，迄今已经成为一门既具有丰富的理论内涵，又不乏重要的实践价值的综合性学科。

在中国，现代意义上的公共行政学起步相对较晚，作为一门独立学科的公共行政学从根本上来说实属“舶来品”，而且，公共行政学在我国的大陆和港台地区的发展情况也有很大的差异。

在我国的香港和台湾地区，由于众所周知的原因，它们的政府管理体制、高等教育体制以及学术研究体制更多地是受到英国和美国的影响，它们高等学校公共行政学专业的人才培养体系基本上是对英美相应专业人才培养体系的沿袭和移植，尤其是它们的专业师资队伍和学术研究队伍大多要求在英美等西方发达国家受过系统的专业学习和训练，他们基本上可以及时地了解英美等西方发达国家公共行政学发展的最新研究成果，客观地讲，我国香港和台湾地区的公共行政学一直都处在对英美公共行政学的跟踪发展过程之中，其公共行政学的发展水平与英美等西方发达国家相差不是很大。

在我国大陆，尽管新中国成立以后中国共产党及其领导的人民政府从我国国情和不同阶段的不同任务出发，对改善我国的行政管理状况作出了巨大的艰苦努力并且积累了一定的行政管理的历史经验和教训，但是，由于众所周知的原因，作为一门学科的公共行政学却在1952年我国高校院系调整时与某些学科一样被撤销了。实事求是地讲，这在相当程度上影响了我国政府行政管理科学化的进程，也影响了我国公共行政学的历史积累和发展，更影响了我国公共行政理论与实践的有效结合。

客观地说，在我国大陆，关于公共行政的学科研究是改革开放的产物，公共行政学也是伴随着中国改革开放的进程而勃兴的。1979年3月30日，邓小平在理论务虚会上谈到了至今中国政治和行政学界依旧难忘的一段话：“政治学、法学、社会学以及世界政治的研究，我们过去多年忽视了，现在也需要赶快补课。”① 中共十一届三中全会以来，经过拨乱反正，纠正“左”的错误，为政治学、法学、社会学以及行政学等社会科学的恢复和繁荣发展创造了良好的政治条件。1980 年 12 月中国政治学学会的成立，酝酿了恢复和发展公共行政学的氛围，一些研究者开始公开撰文呼吁和讨论有关公共行政学的问题。1982—1984 年我国行政改革过程中暴露出来的缺乏系统的科学行政管理理论指导的缺陷，则对恢复和发展公共行政学提出了现实要求。这就从理论和实践两个方面为恢复和发展公共行政学创造了充分的条件。自此，公共行政学这门学科得到了非常迅速的发展，受到了党和国家领导同志的高度重视。1984 年 8 月，国务院办公厅和当时的劳动人事部在吉林联合召开了行政管理学研讨会，发表了《行政管理学研讨会纪要》。9 月，国务院办公厅正式发文，号召各省、市、自治区政府高度重视公共行政学的研究，并于该年年底成立了中国行政管理学会筹备组，进而开创了公共行政学研究的新局面。1985 年，当时的国家教育委员会决定在我国的高等教育体系中设置行政管理本科专业并且选定武汉大学和郑州大学作为试点高校，并于 1986 年正式招生。随后，在全国范围内很快掀起了一股学习和研究行政管理学的热潮，不少大学和研究单位也相继设置了行政管理学专业或开设了行政管理学课程，同时成立了一批行政管理干部学院，行政管理学甚至被视为我国几千万党政干部的必修课程。1988 年 10 月 13 日，中国行政管理学会正式成立，并且发行了会刊《中国行政管理》，标志着公共行政学作为一个独立学科已获得公认并明确肯定下来，也标志着中国公共行政学的恢复和重建工作初战告捷。进入 20 世纪 90 年代以来，特别是伴随着社会主义市场经济体制的建立和经济全球化进程的加快，我国的公共行政学研究以加速度的节律迅速发展，表现为学科体系、学科分化、应用研究不断扩大和深入，尤其是研究领域开始触及世界公共行政研究的某些前沿问题。可以这么说，改革开放每前进一步都对公共行政学理论提出了新的要求，更推动了中国

① 邓小平．邓小平文选：2 卷．北京：人民出版社，1994.

公共行政学的理论创新和学科发展。

回眸中国公共行政学二十多年的发展历程，我们不难发现，中国的公共行政学从无到有、逐步完善，无论是对西方公共行政学研究成果的引介，还是对中国行政管理学理论体系的探索，无论是对学科基础理论的建设，还是对现实行政管理问题的研究，都取得了可喜的成绩，迄今为止，不仅基本上确立了行政管理学的理论框架，取得了斐然的科研成果，而且还形成了从专科、本科、硕士研究生和博士研究生以及博士后研究等多层次的相对完备的专业人才培养体系，为我国的社会主义现代化建设作出了重要贡献。

公共行政学在西方起步较早且有长期的理论积累，而且，在对社会公共事务进行管理的公共行政过程中，公共政策愈来愈发挥着重要作用，它通过改变社会公众的预期而激励、约束、引导着其行为；通过制定和实施特定的行为准则而改变、调整和规范社会公众之间的利益关系；通过解决公共问题而维护、增进和分配社会公共利益。正是通过公共政策的有效运作，社会公共生活才能保持稳定和谐的发展局面。不管是在哪种政治体制和政治文化背景下，不仅公共政策是政府实施公共行政的主要手段和方法，而且公共政策的制定和实施都是公共行政管理活动必不可少的组成部分。因此，作为我国最早开办行政管理专业的高校之一，我所在的武汉大学较早地在其行政管理专业的研究生教育中设置了比较公共行政和公共政策的研究方向，尤其是在博士研究生培养层次上，为了拓展行政管理专业博士研究生的“国际视野”和坚持行政管理学科研究的“政策导向”，我本人多年来一直在“比较公共行政管理”和“公共政策的理论与实践”这两个研究方向招收和培养博士研究生，在业已毕业的博士研究生中，有不少学生已经成长为公共行政实务部门的中坚力量和行政管理专业教学与研究机构的学术骨干，本学术论丛所结集出版的研究成果便是我培养的部分博士研究生的博士学位论文。

改革开放以来，伴随着中央向地方以及政府向社会的分权和放权，特别是市场经济体制带来的利益多元化格局的形成，诸如“上有政策、下有对策”，“政策走样”等公共政策过程中的执行问题在我国现阶段已经引起了政界和学界的广泛关注。**定明捷博士的《转型期政策执行治理结构选择的交易成本分析》**一书以"政策执行鸿沟"为对象，以理论分析为起点，以实证研究为支撑，以交易成本理论为分析工具，以乡镇煤矿管制政策为研究案例，借鉴和吸收委托代理、资源依赖等理论观点，详细分析了"政策执行鸿沟"产生的内在机制，从中央政府的角度分析了中央政府是如何选择不同的治理结构来消解"政策执行鸿沟"现象的，着重阐释了中央政府选择治理结构的理论依据及其效果。该书的研究表明，虽然转型期频频出现"政策执行鸿沟"现象，中央政府仍然有能力应对地方政府选择性执行中央政策的行为，尤其是那些被中央政府优先考虑的政策领域。而且，作者在对中央政府在政策执行治理结构调整方面的不完善之处进行深入剖析的基础上提出了颇具参考价值的政策建议。

协调是组织高效运行的必要前提，政府组织更不例外，协调的缺失不仅会导致政府组织功能和权力及资源等碎片化，而且更会产生信息不对称、条块分割、各自为政、孤岛现象及信任危机等阻碍政府组织整体性运作和绩效提升的棘手问题。**曾凡军博士的《基于整体性治理的政府组织协调机制研究》**一书在广泛吸收和借鉴学界相关研究成果的基础上，恰当地以当代公共行政与公共政策研究领域的最新成果——整体性治理及其相关理论为分析工具，基于对政府组织协调困境之表象和生成机理的阐释和对政府组织协调困境之救治策略的勾勒，建构起由整体性结构协调机制、整体性制度协调机制和整体性人际关系协调机制组成的整体性政府组织协调机制。

新疆生产建设兵团是我国在特定的社会历史背景下产生的一种特殊的行政管理体制，改革开放以来，随着我国经济社会体制的转型，传统意义上的兵团体制愈来愈面临着新的挑战。**顾光海博士的《现代组织理论视阈下兵团体制转型研究》**一书以理论分析为起点，以实证研究为支撑，以新制度主义组织理论为基础，借鉴和吸收自然选择理论、资源依赖理论的观点，以组织同构理论为基本分析工具，对新疆生产建设兵团体制的发生机制、成长机制以及转型路径进行了系统的分析和深入的研究。作者在广泛的实证调查和深入的理论分析基础上认为，作为党、政、军、企合一的特殊性组织，新疆生产建设兵团是履行屯垦戍边使命的有效载体，尽管兵团的特殊体制会伴随着其屯垦戍边的历史使命而继续存在和发展下去，但是这种体制需要调整和改革，以适应环境的变化；兵团体制的转型要在保持兵团基本体制大框架不变的原则下进行，兵团体制应从宪政制度、功能重心、组织管理结构和运行机制等方面进行调整和改造；特别建制地方政府模式可以成为兵团体制转型的方向选择。

湖泊水污染防治是一个世界性难题，更是一个典型的跨域公共治理问题。**叶汉雄博士的《基于跨域治理的梁子湖水污染防治研究》**一书以位于武汉城市圈腹地的全国十大淡水湖之一——湖北省梁子湖水污染防治为例，对当今世界日益增多且错综复杂的跨区域、跨领域、跨部门社会公共事务管理问题进行了颇具价值的探讨。作者基于对跨域治理理论的系统梳理，客观地描述了梁子湖水污染防治的现实状况，深入地剖析了梁子湖水污染防治困难的根本原因，正确地借鉴了国内外湖泊水污染防治的成功经验，系统地探讨了梁子湖水污染跨域治理的对策建议。作者沿着"现状——原因——对策"的逻辑主线，通过对梁子湖水污染防治的实证研究，全面地阐释了跨域公共事务在治理主体、治理信任度、治理合作等方面存在的问题及原因，有针对性地提出了解决跨域公共治理问题的路径。

当前，我国各类安全事故此起彼伏，人员伤亡极其惨重，这一严峻的职业安全与健康形势不仅引起了政界的高度关注，而且形成了学界的研究热潮。**郑雪峰博士的《我国职业安全与健康监管体制创新研究》**一书以我国现阶段严峻的职业安全与健康形势为背景，以制度变迁理论为分析工具，从组织结构设置、职能划分、权力配置和行政运行机制等四个维度，全面梳理了我国职业安全与健康监管体制从计划经济时代到市场经济时代的变迁历程，客观描述了现阶段我国职业安全与健康监管体制存在的主要问题，并在此基础上恰当地运用由戴维·菲尼总结的制度安排的需求和供给分析框架，系统地分析了影响我国职业安全与健康监管体制创新的制度需求因素和制度供给因素以及我国职业安全与健康监管体制由非均衡状态向均衡状态变迁的内在动力、变迁主体、变迁方式及变迁过程，进而科学地提出了我国职业安全与健康监管新体制的制度设计框架及其具体实现路径。

当下，中国的城市化已进入了加速期，工业化创造供给，城市化创造需求，城市化有助于解决中国经济长期以来依赖出口，内需不振的问题。**洪隽博士的《城市化进程中的公共产品价格管制研究》**一书基于对城市与城市化概念的内涵界定和对工业化与城市化之间的关系阐释，得出了城市化是经济社会发展的必然趋势，总结了中国城市化出现的环境污染、交通拥挤等主要问题，进而引申出价格管制政策在城市化进程中的重要作用。作者认为，随着广大市民对公共产品的需求持续上升，政府可以通过科学的价格管制来保证公共产品的有效提供及服务质量的改善，科学的价格管制能够有效增加公共产品供给，运用差别价格政策可控制和平衡有效需求。在作者看来，价格管制属于政府经济性管制的一种重要形式，它的理论基础主要是公共产品理论、政府管制理论、博弈论以及激励性管制理论等，用者付费则把价格机制引入公共服务中。作者力图从公共管理而不是经济学的角度去研究价格管制问题，他不仅提出了解决城市化过程中出现的环境污染、交通拥挤等问题需要双向思维——增加公共产品的供给和减少有效需求等创新观点，而且强调指出，只有发挥价格机制在城市基础设施、公交优先、环境保护方面的积极作用，引入竞争和激励机制，促进企业加强成本约束，才能推进城市的可持续发展。

社区是社会的细胞，是建设和谐社会的基础。随着经济社会的发展和城市化进程的加快，城市的范围在不断扩大，“村改居”社区数量也在不断增加。“村改居”社区如何治理，不仅成为新形势下社区管理工作者必须解决的难题，更是我国现阶段社会管理体制创新的重要内核。**黄立敏博士的《社会资本视阈下的“村改居”社区治理研究》**一书是运用当代公共行政与公共政策研究领域流行的社会资本理论探讨“村改居”社区治理的一项实证研究。作者认为，社会资本是一个具有概括力和解释力的概念，尤其是与以“差序格局”和熟人关系网络为特征的“村改居”社区具有天然的契合，社会资本是“村改居”社区中最重要的传统因素，它在

“村改居”社区治理中发挥着重要作用。在本书中，作者通过对深圳市宝安区的“村改居”社区在其社区治理体制变革前后变化的实证研究，系统地考察了在“村改居”社区治理过程中，社会资本如何发生影响和作用，“居站分设”模式下社会资本出现了怎样的变化，这些变化带来了哪些影响，进而揭示过渡型的社区——“村改居”社区治理中社会资本的重要性，最后得出结论：保持“村改居”社区社会网络，借助“村改居”的社会资本，加大对“村改居”社区建设的投入，实行以党组织为核心的多组织共治，是“村改居”社区推进公众参与和节约政府管理成本，实现社区善治的共赢途径。

在此需要强调指出的是，作为这套学术论丛中各位作者的博士生指导教师，一方面，我为他们顺利地完成博士研究生学业、通过博士学位论文答辩并获得博士学位，尤其是能够在博士论文基础上出版专著，由衷地感到欣慰和自豪；另一方面，我所能给予他们的更多的是基于我职业经验的“两方”指导，即“研究方向”和“研究方法”方面的指导，至于每一篇博士论文的主题研究领域，具有专门研究的各位作者才是真正拥有“话语权”的“专家”，我衷心地祝愿各位作者继续在各自的专长领域不懈努力，取得更多、更辉煌的成就！

最后，作为这套学术论丛的总主编，我非常感谢武汉大学出版社领导王雅红女士以及胡国民先生等各位编辑为本套丛书的编辑和出版所付出的宝贵心血；我还真诚地希望读者能够给我们提供宝贵的批评意见，以推动我们在人才培养和科学研究方面有新的突破；作为公共行政与公共政策研究领域的一名学者，我坚信，伴随着我国改革开放和社会主义现代化建设事业的进一步推进，作为一门方兴未艾的学科，公共行政学必将在理论研究、学科发展、人才培养、为党和政府提供决策咨询和智力支持等方面继续焕发出勃勃生机，显现出更为强大的生命力，发挥出更加重要的作用！

丁　煌

2013 年元旦于珞珈山

摘　要

转型时期，地方政府的角色和作用都发生了深刻变革，随之影响到中央政府和地方政府间关系的变化，政策过程领域，尤其是政策执行领域就成为这些变革较为典型的写照。当前，政令不通、阳奉阴违等政策执行问题频繁出现，中央政策意图与地方政府执行效果之间存在明显的差距，这些现象可以被统称为“政策执行鸿沟”现象。

显然，转型期间的“政策执行鸿沟”现象可以归因于政策质量、政策执行主体、政策资源以及目标群体等多种因素，然而，本书主要关注政策执行主体——地方政府——的行为动机和选择是如何影响中央政策执行的，在此基础上，进一步探讨为了应对地方政府的种种抵制或变通行为，中央政府是如何采取有效措施加以解决的。毋庸置疑的是，中央政府将不会对地方政府的抵制或变通行为无动于衷，关键是中央政府的这些解决措施或者在政策执行治理结构方面采取的变革措施是否蕴涵着某种理论支撑呢？

为了更好地描述和总结中央政府在政策执行治理结构方面的变革，本书以经济学领域中的委托代理理论和交易成本理论为支撑，将中央政府和地方政府围绕政策执行而形成的关系看做交易关系，两者在交易过程中发生的交易成本过高自然会影响交易的顺利进行。出于保证交易质量和效果的考虑，中央政府将调整政策执行治理结构，选择那些有助于保证交易效果和减少交易成本的政策执行治理结构。这也构成了本书研究的中心假设，为了支持和验证中心假设，本书又围绕减少和节约交易成本提出了四个基本的理论假设，即政策执行“去分权化”假设，减少监督、激励以及控制等交易成本的监督机制，激励机制以及控制激励等选择的假设，从而更好地描绘出中央政府在政策执行治理结构调整方面的基本轮廓。

基于提出理论及其理论假设，然后进行假设验证的分析思路，本书以中央政府在乡镇煤矿管制政策执行方面进行的治理结构的调整为例来具体验证提出的中心假设和基本假设。一般认为，中央政府在转型时期对乡镇煤矿采取了更为严厉的管制策略，尽管如此，由于地方政府与乡镇煤矿之间存在较为密切的联盟关系，导致中央政府对乡镇煤矿的管制长期流于形式。为了改变在乡镇煤矿管制政策执行方面较为被动的处境，中央政府自 1998 年以来采取了多项政策执行治理结构方面的变革，这种变革无疑为验证本书提出的理论假设提供了很好的基点。

本书共分为六章，其逻辑结构如下：

第一章是导论，侧重于提出研究的问题；对与该问题有关的文献进行梳理；界定本书涉及的核心概念；提出本书研究的中心假设；介绍本书所要运用的主要理论工具和研究方法。

第二章则是在委托代理框架下，应用交易成本理论的相关原理分析转型期间制度环境的变迁及其对地方政府官员行为动机实现的影响，并具体提出关于政策执行治理结构选择的研究假设。由于在委托代理框架下，为了有效约束代理人的行为，委托人通常需要在监督、激励和控制等机制方面进行选择和调整，以解决委托代理关系中出现的代理问题。因此，本书的有关节约交易成本的基本假设也主要围绕这三个方面展开。

第三章至第五章是本书的案例研究部分。其中，第三章分析了乡镇煤矿管制政策的“执行鸿沟”现象，重点介绍了乡镇煤矿管制政策出台的背景以及基本的政策内容，并描述了乡镇煤矿管制政策在执行中出现的问题。第四章具体分析乡镇煤矿管制政策出现“政策执行鸿沟”现象的内在机制，重点阐述了中央政府与地方政府间的利益竞争关系以及双方的多委托代理关系是如何影响地方政府官员行为动机及其行为选择，进而导致中央政策意图落空的。第五章则侧重于分析为了解决乡镇煤矿管制政策中的“执行鸿沟”现象，中央政府是如何调整政策执行治理结构，以减少交易成本，从而实现管制效果的，并以此来验证本书在第二章提出的基本理论假设。

第六章作为结论部分，总结了全文的分析思路，具体剖析了中央政府在政策执行治理结构调整方面的不完善之处，进而提出了相关的政策建议。

总体而言，本书的创新之处表现在以下几个方面：

第一，研究视角较为新颖。现有的政策执行研究文献大多以“想象的理想世界”中的政策执行为参照物，据此分析政策执行偏差的缘由以及提出可操作性差的解决措施，而缺乏对“真实世界”中政策执行情况的观察和总结。这种研究方式以规范分析为主，侧重于关注为了解决“政策执行鸿沟”应该需要采取哪些措施，而忽视了对现实中政策制定者实际采取的矫正措施及其效果的考察。

第二，研究工具较为新颖。当前的政策执行研究文献大多没有立足于成本节约的角度来探讨中央政府矫正“政策执行鸿沟”现象的措施。就“政策执行鸿沟”现象的纠正或政策执行治理结构的选择而言，这既与政治环境有关，受到政治体制、政治意识形态等政治因素的影响，也是一种技术问题和经济活动，需要衡量纠正措施的成本收益。在现有政治体制内，选择能够节约交易成本的纠正措施或政策执行治理结构无疑是中央政府的理性选择。

第三，选择了适当的理论研究框架。在政策执行研究中，中西之间的对话和交流并不多见，不仅缺乏构建符合国情的政策执行模型，西方政策执行研究中比较成熟的理论模型也没有在政策执行研究中加以应用，这就限制了问题研究的深度。而本书则将在西方政策执行研究中运用得较为成熟的委托代理理论和交易成本理论应用到我国转型时期的政策执行分析中，无疑能够拓宽分析和解决问题的思路。

目　　录

第一章

导　　论

一、问题的提出

沙尘暴、酸雨、高温等象征环境恶化的标志已经在无声地提醒人们重视环境保护问题，与此同时，相当一部分地方政府官员仍然没有认识到保护环境的重要性。据报道，2005年，全国二氧化硫排放量比2000年增加了27%。初步统计，2005年排放总量为2549万吨，超过总量控制目标749万吨，环保官员更是透露了“环保指标25年来从未完全完成”的惊人内幕。① 中央政府三令五申地要求地方政府不能以破坏环境为代价追求地方经济发展，但是在长期利益和短期利益、整体利益和局部利益的权衡上，大多数地方政府选择了后者，“警车护驾，污水灌农田”、②“六盘水副市长当面说

① 首任环保局长：环保指标25年来从未完全完成，http：//news. huash. com/2006-04/13/content_ 5341414. htm.

② 托克托县奇矣：警车护驾，污水灌农田，http：//news. xinhuanet. com/mrdx/2006-10/25/content_ 5246109. htm.

谎"① 等看似荒谬的行为也能得到合理解释了。

"国八条"、"国六条"、"国十五条"等是中央政府出台的一系列抑制房地产价格过度上涨的政策，房地产调控政策出台的频率、调控的力度在其他政策领域很少见到。除了透射出中央政府调控房地产价格的信心以外，中央政府在房地产市场上频频"出招"的根源还在于地方政府对中央政府的调控政策采取"阳奉阴违"、"见招拆招"的策略。然而，房地产价格上涨的势头却并没有因为中央政策的出台而有所减弱，"以我为主"的地方政府应对中央政府的"才能"在房地产市场上得到充分展现。"传达调控政策精神"、"选择性发布数据"、"混淆视听"、"静观待变"等选择性执行中央政策的策略被地方官员应用得"淋漓尽致"，致使中央政策的效力大打折扣。国家发改委在 2007 年 4 月公布的数据显示，2007 年 3 月，全国 70 个大中城市房屋销售价格同比上涨 5.9%，涨幅比上月高 0.6 个百分点；环比上涨 0.6%，涨幅与上月持平。②

时下，高校教育收费高的现象受到了社会的强烈关注，一方面许多家境贫寒的学子在高额学费面前望而却步，不得不走上打工之路；另一方面，国家出台的助学贷款政策却在一些地方遭遇执行困境，很多符合条件的学生根本不能申请到国家提供的助学贷款。③据报道，截至 2005 年 6 月 30 日，海南省、天津市、黑龙江省按新机制发放国家助学贷款的学生人数和金额均为零。④

上述情形只是转型期"政策执行鸿沟"（policy-implementation gap）——中央政策意图与实际结果之间存在很大差距现象的冰山一角。转型以来，屡见不鲜的"政策执行鸿沟"折射出中央政府

① 记者贵州调查：谁在拖"环保专项行动"的后腿，http://news.xinhuanet.com/environment/2006-10/11/content_5187150.htm.

② 全国房价涨幅超过调控之前上海近一年下降中止，http://news.sohu.com/20070418/n249508880.shtml.

③ 教育部点名批评八省市区助学贷款走过场，http://news.sohu.com/20050830/n226815622.shtml.

④ 国家公布对助学贷款不力省市五大惩罚措施，http://edu.people.com.cn/GB/1053/3659908.html.

和地方政府之间关系的深刻变化，地方政府凭借掌握的信息优势已经取得了与其权力和地位不相称的对中央政策的支配权和影响力，从而无视中央政府的法定权威，在执行中央政策的过程中具有很大的随意性。“政策执行鸿沟”反映了当代中国政治体制的重要特征，在一定程度上已经具备了冈纳·缪尔达尔所言的“软政权”特点，以至于有研究者惊呼中央政府已经对地方官员失去了有效控制，地方官员的利益和价值判断已经主导着中央政策在地方上的命运。① 诚然，“政策执行鸿沟”可以是由政策问题界定偏差、政策执行者干扰以及政策环境变化等多种因素引起的，不过随着决策的科学化和民主化意识的提高，中央政策的规划和制定日趋合理化，“在政策执行过程和结果上存在的问题，主要不在于问题的性质和政策规划的合理性方面”②。当我们从政策问题界定、政策本身等方面寻找导致“政策执行鸿沟”现象的影响因素时，似乎不应该忽视政府层级结构本身就蕴涵着产生该现象的内在根源。

在某种意义上说，当前的“政策执行鸿沟”只是中央政府和地方政府间关系演变的缩影，是国家政治体制运转不畅的体现。按照我国宪法和地方政府组织法的规定，地方政府是作为中央政府的执行机关而存在的，要接受中央政府的统一领导，不过这种“统一领导”实现的路径在转型前后表现出迥然不同的状况。在转型以前，中央政府主要通过行政手段来实现对地方政府的统一领导。地方政府及其官员都处于中央政府的严密掌控之下，缺乏利益自主性、资源支配权以及剩余收益的享有权，没有独立人格，成为国家机器运转的“零部件”。地方政府官员的“政治忠诚度”成为中央政府对其考核的重要指标，中央政策较少出现“政令不通”的现象。然而，单一的行政手段束缚了地方政府的自主性，抑制了地方经济发展的活力，增加了中央政府推动经济发展的交易成本。迫于经济发展的交易成本压力，中央政府在转型中实行了“政治集权，

① Daniel Kelliher. The Political Consequences of China's Reforms. Comparative Politics, 1986, 18 (7): 479-493.

② 胡伟. 政府过程. 浙江人民出版社，1998: 374.

经济分权”的体制变革，以实现“统一领导”和“发展经济”的双重目标，由此也提供了“政策执行鸿沟”现象得以产生的土壤。转型期不断出现的“政策执行鸿沟”现象迫切要求中央政府采取措施有效约束和控制地方政府的行为，化解地方政府日益强化的自主性给“大一统”的国家结构带来的威胁。

如果说地方政府在转型前后表现出截然不同的行为是一种客观存在的话，那么这种现象得以产生的“土壤”发生了怎样的变化呢？制度环境的变化是如何影响地方政府官员动机实现，进而影响地方政府行为选择的？面对地方政府的抵制或变通行为，中央政府是否有能力控制地方政府选择性执行中央政策的行为？显而易见，作为国家主权的象征和代表，中央政府不会无视地方政府的这些做法，那么，中央政府又将如何逐步解决“政策执行鸿沟”及其产生的一系列问题呢？有研究者认为在转型期，中央政府在很大程度上难以控制地方政府的行为，因为中央政府具有的控制手段已经不能适应改革的需要，从而失去了约束地方政府行为的效力，并日益被地方政府所忽视。① 这种看法是否符合实际情况？我们应该如何理解和看待中央政府在转型期采取的种种应对策略呢？以上问题就成为本书研究的出发点。

二、文献述评

（一）西方政策执行研究文献述评

“政策执行鸿沟”在绝大多数国家都存在，只不过其表现程度有所不同而已。正是出于对“政策执行鸿沟”及其后果的关注，政策执行研究才得以从公共政策研究领域的“沙漠”变成研究者眼中的“宠儿”，而《执行：华盛顿的伟大期望是如何在奥克兰破灭的》（以下简称“《执行》”）一书的出版则带动了政策执行研究的热潮，使其成为政策研究领域的“新兴行业”。《执行》描述了加利福尼亚州的奥克兰政府执行联邦经济开发项目时的一系列失败

① Linda Chelan Li. Centre and Provinces：China 1978-1993. Clarendon Press，1998：1.

和执行中的问题，使人们认识到政策并非自动实施的，而在此之前，政策执行一般被认为能够自动实施，是政府运作的“黑箱”，政策失败是技术问题或工程控制问题所致。

自《执行》出版之后，大量关于政策执行的研究文献涌现出来，政策执行研究也由“婴儿期”步入“成熟期”，按照戈金及其同事的划分（Goggin、Bowman、Lester 和 O'Tool，1990），政策执行研究可以划分为三个时期。在 20 世纪 70 年代之前，政策执行研究基本上没有受到什么关注，有关政策执行过程的知识还很少被人了解和认识，第一代政策执行研究就是在如此薄弱的基础上起步，主要关注如何把政策转变为实际效果，实现既定的政策目标，德茨克（1972）、普瑞斯曼和维达尔夫斯基（1973）以及巴达克（1977）等是其中的代表性人物。第一代政策执行研究主要采取个案研究方法，强调对政策执行失败原因的分析，将政策制定阶段的问题以及执行机构的不服从看做政策执行失败的主要原因，研究者对政策执行的结果持有一种较为悲观的看法（Sabatier，1986；Goggin，1986）。第一代政策执行研究对案例分析的重视，使其并没有提出有关政策执行过程分析的具有普遍适用性的理论框架（Meter 和 Horn，1975），进而导致案例分析的结果不能适用于其他政策领域和预测政策执行结果。在戈金等人（1990）看来，必须用其他研究方法来替代第一代政策执行研究，否则政策执行研究的发展便会受到阻碍。即使如此，第一代政策执行研究仍然在促进政策执行研究知识增长方面作出了自己的贡献，揭示了政策执行过程的动态性和复杂性，使政策执行失败问题引起了研究团体和一般社会公众的广泛关注（Schofield，2001）。

理论提炼和总结并不是第一代政策执行研究的核心内容，第二代政策执行研究弥补了其缺陷，这个时期出现了大量可供验证的、能够预测政策执行结果的执行研究模型和理论，马兹曼安和萨巴蒂尔（1983）、霍金和波特（1981）等是该时期的主要代表人物。第二代政策执行研究认识到政策执行会随政策执行时间、政策类型以及执行机构的不同而变动，侧重于对促进和阻碍政策执行的变量因素进行分析，形成了分析政策执行过程的多样化视角。第二代政策执行研究的主要问题在于，该时期的研究者并不能就政策执行的内涵取得一致意见，虽然涌现出了大量的理论模型并总结出了影响政策执行的各种变量，但是并没有哪个理论模型能够获得大家一致的认可，也没有从中确认关键变量（Lester 和 Stewart，2004）。

与前两个时期的执行研究相比，第三代政策执行研究力求具有更强的科学性，主要把理论构建及其有效性建立在更加严谨的科学分析、定量分析（比较和纵向）以及假设验证的基础之上。第三代政策执行研究对政策执行过程的复杂性有着更为深刻的认识，强调运用包括网络分析、内容分析、社会试验、回归分析等研究方法在内的多元研究方法，通过跨区域、历时性的多案例研究来捕捉政策执行过程的动态，验证所提出的理论假设。虽然第三代政策执行研究路径早在 20 世纪 90 年代初期就已经被戈金等人提出，但是这种研究方式并没有太多的跟随者和支持者（DeLeon，1999；O'Tool，2000），具有第三代政策执行研究特点的后续研究尚不多见。

（二）国内现有政策执行研究文献综述

类似于西方的政策执行研究，转型期间的"政策执行鸿沟"现象推动了我国政策执行研究的发展，吸引了包括西方研究者在内的众多关注的眼光。与西方政策执行研究已经步入第三个时期相比，我国的政策执行研究仍处于初创阶段，缺乏成熟的政策执行模型和政策执行理论。即使如此，我国的政策执行研究仍然涌现出了一批颇有见地的研究文献。当前针对我国政策执行问题的研究文献主要包括以下几方面的内容：

1. 指出应该重视政策执行问题，将政策执行纳入研究视野（丁煌，1991；张青松　曹荫昌，1994；潘世强，1994；李成贵，2000）。张青松和曹荫昌在《政策执行过程的滞差研究》中就指出为了保证中央政策在各地的实施效果，有必要对政策执行的滞差问题进行深入探讨。

2. 初步提出了我国政策执行研究的方法论问题，并用来分析政策执行现象（丁煌；2002；胡春梅，2005；邓念国，2005）。如丁煌就将利益分析方法作为政策执行阻滞分析的基本研究方法，阐释了利益、行为和制度三者是如何影响政策执行过程的。邓念国则在《公共政策执行系统价值取向的分析》中运用系统的结构分析方法，通过分析政策执行系统各组成要素的价值取向的特点及其相互影响和相互渗透，揭示了价值取向对政策执行产生的影响。

3. 结合我国实际情况提出了影响政策执行的具体因素（于凤荣、王殿春，1995；郭渐强，1999；丁煌，2002）。于凤荣、王殿春在《提高我国公共政策执行力的对策研究》一文中针对我国政策执行偏差现象，分析了影响公共政策执行力的基本因素，如政策作用关系和环境因素的影响、政策方案、政策执行者和政策对象等对政策执行的影响。

4. 能够运用国外一些比较成熟的理论模型来分析我国当前的政策执行现象（王维，1998；吴庆，2001；唐皇凤，2004；余敏江、梁莹，2006）。王维在《中国住房政策执行的障碍性因素分析》中应用史密斯模型分析了模型中的政策方案、执行机构和目标对象等因素对中国住房政策执行的影响。唐皇凤运用政策网络模型分析了我国农村税费改革政策的实施情况，认为农村税费改革推行的具体后果会受制于宏观的政治、经济、文化和社会环境以及政策网络各参与主体之间的复杂互动。

5. 提出了政策执行分析的一些理论指导（傅广宛，2003；张勇，2004）。张勇的博士学位论文《公共政策执行步骤和方法的研究与论证》在了解和分析国内相关政策研究者著作和文献基本内容的条件下，指出了当前政策执行环节研究的不足和空白，在此基础上提出了完善的思路，论证了政策执行研究的基本框架和执行步骤，并以“大病统筹医疗保险”政策的执行过程印证了自己的理论框架。

6. 提出应该重视政策执行的低效率和高成本问题（张成福、党秀云，1996；顾海兵，2005）。张成福、党秀云在《公共政策执行的低效率分析》中认为政策制定者、政策执行者和政策影响者都会对政策执行效率产生影响，要提高政策执行的效率就必须降低政策执行成本。

7. 对一些专业的政策领域的政策执行情况进行了分析（霍海

燕，2004；周佳，2005；朱亚鹏，2006）。周佳在其博士学位论文《进城务工就业农民子女义务教育政策执行研究》中运用制度分析和行为分析方法分析了国务院颁布的《关于进一步做好进城务工就业农民子女义务教育的意见》的执行情况，认为政策资源和政策效果评价标准是影响地方政府执行中央政策的两个主要因素，为了保证义务教育政策的执行效果，中央政府应该为地方政府提供必要的经济资源以及科学评价地方政府执行政策的效果。

8. 指出了我国在转型时期政策执行阻滞的特点，并有针对性地提出了解决措施（Hon S. Chan.，etc，1995；Linda Chelan Li，1998；Kevin J. O'Brien 和 Lianjiang Li，1999；郭渐强，1999；Andrew Wedmean，2001；丁煌，2002；金太军等，2005；魏玮等，2006）。丁煌在《政策执行阻滞机制及其防治对策》一书中运用行为分析和制度分析的方法探讨了政策执行过程中的认知缺陷、认同缺陷以及制度缺陷等因素对政策执行造成的各种负面影响，从而有针对性地提出了解决措施。在众多研究中国“政策执行鸿沟”问题的西方研究者中，科维·J. 奥布日恩（Kevin J. O'Brien）及其合作者的研究成果应该属于较为令人瞩目的。在《中国乡村的选择性政策执行》一文中，他们将乡村政府执行的政策分为“受欢迎的政策”（popular policy）和“不受欢迎的政策”（unpopular policy），从制度分析的视角剖析了中国“下管一级”的干部管理制度、岗位目标管理责任制度以及大规模群众运动的废止等改革措施对中国乡村干部选择性执行中央政策的影响。在他们看来，从自身利益出发，Hon S. Chan 及其合作者以广州、郑州和南京的环境保护情况为例，重点分析了中国环境管理政策的执行鸿沟问题。在他们看来，中国的环境保护机构处于一种不利于环境保护的工作环境中，环境保护政策的执行鸿沟现象是包括组织优势（institutional strength）、组织支持、政策合法性、任务的重要性和基层环境保护管制者的认知差异等多种因素共同作用的结果。魏玮及其合作者应用多委托代理模型来具体分析中国农村税费改革政策的执行情况，在提出相关研究假设的基础之上，通过对陕西农村税费改革政策的实际考察和假设验证，指出中央政府能够有选择性地执行其优先考虑的政策，中央政府完全具有在农村基层贯彻实施减轻农民负担、进行农村税费改革的政策的政治能力。①

（三）国内现有政策执行研究文献的评价

通过对政策执行研究文献的基本梳理发现，我国的政策研究内容虽然趋于多样化，但是有关“政策执行鸿沟”现象的研究仍然占据了相当大的比例，这也反映了该类现象在转型期间的多发性、普遍性和不易受控性等特点。在以上所作的政策执行研究文献的简单分类中，第1、3、4、6、7、8类基本上与“政策执行鸿沟”问题有着或多或少的联系。② 鉴于本书研究的需要，对我国现有政策执行研究的评价就建立在对“政策执行鸿沟”问题研究成果的评估基础之上。总体而言，当前“政策执行鸿沟”研究揭示了我国转型期“政策执行鸿沟”问题产生的原因及其影响因素，为本书的进一步研究提供了良好的研究基础。但是，这些研究也存在着一定的不足之处：

第一，大多以“想象的理想世界”中的政策执行为参照物，据此分析政策执行偏差的缘由，缺乏对“真实世界”中政策执行情况的观察，提出的解决措施的可操作性差。这种研究方式主要关注为了解决“政策执行鸿沟”问题需要采取哪些措施，而忽视了对现实中政策制定者实际采取的矫正措施及其效果的考察。一般而言，现实生活中并不存在解决“政策执行鸿沟”问题的完美方案，所采取的解决措施只能是对理想政策执行效果的接近。这也意味着“应该采取的措施”与“实际采取的措施”之间存在不小的距离。

第二，缺乏对“政策执行鸿沟”问题产生的宏观环境的把握。大多数文献注重从制度、行为等角度分析“政策执行鸿沟”

① 魏玮．多委托代理关系、政策的选择性执行与农村税费改革．财贸经济，2006（8）．

② 吴庆对我国政策执行研究现状进行了实证分析，发现1997—2004年上半年在期刊网上有关政策执行的文章中，有40.4%是关于政策执行影响因素分析、政策执行偏差及其矫正的。参见吴庆．我国政策执行研究现状的实证分析．中国青年政治学院学报，2005（2）．

产生的根源，却忽视了分析“政策执行鸿沟”现象出现的制度环境。

第三，缺乏对地方政府官员行为动机的具体分析。基于自身利益得失的权衡，地方政府官员选择性地执行中央政策，从而导致“政策执行鸿沟”现象的出现，这是现有研究文献基本取得的一致结论。但是，地方政府官员行为动机的具体表现以及现有的制度是如何影响地方政府官员利益实现的，这些问题很少在现有文献中被具体阐释。

第四，缺乏从成本节约的角度来探讨中央政府矫正“政策执行鸿沟”现象的措施。就“政策执行鸿沟”现象的纠正或政策执行治理结构的选择而言，这既与政治环境有关，受到政治体制、政治意识形态等政治因素的影响，也是一种技术问题和经济活动，需要衡量纠正措施的成本收益。在现有政治体制内，选择能够节约交易成本的纠正措施或政策执行治理结构无疑是中央政府的理性选择。但是，这方面的探讨在当前的研究文献中较为少见。

第五，缺乏研究的具体理论框架。在政策执行研究中，中西研究者之间的对话和交流并不多见，不仅缺乏构建符合国情的政策执行模型，西方政策执行研究中比较成熟的理论模型也很少在政策执行研究中加以应用，这就限制了政策执行问题研究的深度。

有鉴于此，本书虽然也是以“政策执行鸿沟”为研究对象，但是本书的研究建立在委托代理和交易成本分析框架基础之上，不是用来分析为了达到“理想世界”中的政策执行效果，应该采取哪些措施，而是侧重于从交易成本节约的角度，考察为了应对“真实世界”中的政策执行阻力，最大限度地实现政策意图，政策制定者即中央政府采取了哪些切实有效的解决措施。因此，就采取的政策执行研究视角而言，本书主要选择的是自上而下的研究途径。①

---

① 有关自上而下研究途径的特点参见［英］米切尔·黑尧．现代国家的政策过程．赵成根，译．中国青年出版社，2004；James P. Lester，Joseph Stewart. Public Policy：an Evolutionary Approach，China Renmin Vniversity Press，2004。

（四）有关政策执行治理结构选择的文献述评

鉴于政策执行治理结构的选择是本书研究的重心所在，因而也有必要梳理现阶段的政策执行治理结构选择方面的文献，以提高本书论证的力度和可行性。在现有的文献中，直接以“政策执行治理结构选择”为主题的研究并不多见，更多地是以“政策执行主体选择”（Lester Ross，1984；霍海燕，2002；周向红，2005）、“政府治理结构选择”（王健，2002；王小龙，2005）或“制度协定”（沙安文，2006）为研究对象。霍海燕在《优化公共政策执行体制的设想》中提出应该打破行政机关垄断执行公共政策的局面，扩大公共政策的执行主体，依据不同的政策类型，选择不同的政策执行机构。Lester Ross 在《中国环境政策执行》中分析了中国政府在环境保护政策方面可供选择的三种途径，即政府官僚权威、市场交易和训导运动（exhortational campaign），并且比较这三种途径各自在激励方式、成本、服从性（conformity）、创新性、社会阶层化程度（social stratification）和政治可接受性等方面的优势和缺陷以及政策执行机制各自的适合范围。王健认为政府治理结构可分为市场制、科层制以及混合制三种类型，并从资源专用性的角度具体分析了三种政府治理结构的适用范围。王小龙将政府治理结构视为决策控制权在政府组织内的配置，具体研究政府治理结构的效率对政府工作效率的影响。他进而从财政体制的角度分析了政府层级设置对政府治理结构效率的影响。在他看来，政府层级设置要具体比较和权衡政府层级对激励效率和非激励效率及其对社会福利的总体影响的大小。沙安文以财政均等转移支付政策的执行为研究重点，认为现有的实现财政均等转移支付的制度协定包括中央/国家政府代理机构、国家立法机关、政府间论坛、独立代理机构（拨款委员会）等。他认为新制度经济学框架中的交易成本理论可以为在这些不同制度协定中做出选择提供有益的帮助，并从理论层面上具体比较了政府间论坛和独立代理机构（拨款委员会）各自的交易成本大小。在他看来，政府间论坛产生的整体成本比独立授权的成本要低，因此，独立授权对提高政府间融资体系的透明度、公平性和可靠性的作用被过分夸大了。

总体而言，上述有关政策执行治理结构选择的研究文献各有特点，但是它们大多是从横向的角度来具体分析政策执行主体或政府治理结构的选择，这种分析就类似于交易成本理论中有关“自制还是外购”的论述，而忽视了对组织内部治理结构选择的分析。王小龙虽然从委托代理的角度分析了政府层级设置对政府治理结构效率的影响，但是他主要考虑政府组织结构变化对激励效率的影响，而没有考虑监督和控制等方面的政府治理结构效率问题。鉴于当前研究中存在的类似问题，本书不仅从横向的角度分析了政策执行治理结构的选择问题，还立足于政府组织内部的角度，从监督、控制和激励等方面分析了如何选择能够节约交易成本的政策执行治理结构问题。

三、研究的理论基础——交易成本理论

交易成本理论以效率为研究出发点，① 主要关注个人之间或集体之间由于追求合作而产生的交易成本及其节约问题。科斯虽然提出了“使用价格机制需要成本”的命题，并认为正是这种成本的客观存在才导致企业的出现，但他并没有解决如何度量交易成本大小的问题，这一开创性工作是由威廉姆森（OE Williamson）完成的。威廉姆森以交易成本作为分析单位，认为衡量交易成本的大小需要考察包括资产专用性、不确定性以及交易频率在内的交易属性，在人的有限理性和投机心理的作用下，交易者若想从交易中得到收益，就必须计划、监督以及不断调整他们的行为和活动，而这些行为和活动都要求细心关注和密切合作。②威廉姆森认为，各种各样的组织形式主要源于每种交易都具有不同的属性，只有将治理结构与具体的交易属性组合起来才能实现交易效率。

---

① Olive E. Williamson. The Economics of Organization: The Transaction Cost Approach. AJS, 1981, 87 (3): 549.

② ［美］斯科特·E. 马斯腾. 契约和组织案例研究. 陈海威，李强，译. 中国人民大学出版社，2005: 7.

交易成本理论从比较制度分析的角度出发，认为各种治理结构都是不完善的，任何交易都含有未曾实现的效率的机会，这些机会提供了重组的激励。换句话说，不能把所有交易都由特定的治理结构来完成，只有与其他治理结构相比，能够最有效实现交易效率的那种治理结构才能生存下来，交易双方应该根据交易成本的变化来及时调整治理结构。由于科层制组织不可避免地会产生内部交易成本，因而层级制形式应该成为最后不得不借助的交易治理结构，只有当市场以及混合形式都失灵后，才可求助于层级制的治理结构。交易成本理论虽然来源于经济领域，但也可以被用于分析公共部门的交易情况，① 任何一种关系，不论是经济关系还是其他关系，只要它表现为或者可以表述为签约的问题，就都能根据交易成本经济学的概念做出评价。② 况且，虽然政府部门不以利润最大化为目标，对效率的追求却是政府部门和私营部门共同的价值取向，毕竟在稀缺资源的约束下，政府部门也要考虑如何尽量地以最少的投入换取更多的产出。

事实上，政策执行本身就可以看做政策制定者和政策执行者之间的交易过程，是组织在业务履行过程中发生的交易，是一种组织现象，③ 组织充当了政策输入和输出之间的连接体，如果政策执行中的人员和组织有意愿和技能将内容广泛的政策转变为具体的行动，那么政策诺言将很可能实现。④ 权力的让渡是这种组织交易的实质，政策制定者将执行政策的权力以及依附于既定政策的各种资源的使用权委托给执行者行使，在政策制定者和政策执行者之间建立了某种委托代理关系。作为一种组织交易的代理过程，政策执行

---

① OE Williamson. The Economics of Organization: The Transaction Cost Approach. American Journal of Sociology, 1981, 87 (3): 568.

② ［美］奥利弗·E. 威廉姆森. 资本主义经济制度. 段毅才，王伟，译. 商务印书馆，2002: 538.

③ ［韩］朴统熙：卡利斯塔的交易费用理论与政策执行研究//吴锡泓，金荣枰. 政策学的主要理论. 金东日，译. 上海复旦大学出版社，2005: 396.

④ Malcolm L. Goggin. The "Too Few Cases/Too Many Variables" Problem in Implementation Research. Western Political Quarterly, 1986, 39 (2): 328-347.

充斥着政策制定者和政策执行者的控制和反控制行为，双方之间的互动充斥着争议、摩擦和不确定性。由于互动关系的时间特性以及相关协议的复杂性，无论何时，只要人们之间的互动关系包含着巨大的交易成本，代理问题就会出现。① 政策制定者需要耗费大量的资源用于执行主体的选择、执行契约的谈判以及执行活动的监督等，同时也要考虑政策执行效率问题。依据交易成本理论，提高政策执行效率似乎主要考虑两个层面的问题：其一，政策执行主体的选择问题，这类似于市场交易中的对“自制”和“外购”的选择。实践证明，政府和市场都是不完善的，某些政策只适合由政府来执行，有些则适合由市场来运作，还有些由政府和市场合作可能效率更高。具体而言，究竟是政策制定者如代议机关或中央政府亲自履行所制定的政策，还是将其委托给官僚机构、地方政府或其他社会组织来实施或者采取某种混合形式来执行？交易成本理论可以为此提供相应的选择依据。其二，政策制定者和政策执行者之间关系的选择问题。这相当于企业实行“纵向一体化”之后，组织结构的安排和权力分配等组织管理体制的选择问题。换句话说，一旦选定了某个政策执行主体，交易成本并没有因此而消失，政策制定者仍然需要将较多资源用于监督、控制和激励政策执行主体，节约交易成本的空间因而仍然相当大。例如，西方国家的议会决定将政策交由官僚机构来执行之后，仍然面临官僚机构的归属选择问题，即由独立于总统控制的官僚机构来执行该政策或是将执行政策的官僚机构直接隶属于总统控制。弗鲁博顿（E. G. Furubotn）和芮切特（R. Richter）就将国家政治组织内因摩擦和冲突而产生的交易成本称为政治型交易费用。② 就国家政治组织内部的交易关系及其交易成本而言，仍然有很大的潜力和空间来减少交易成本，而这依赖于

---

① ［英］简·埃里克·莱恩. 公共部门：概念、模型与途径. 谭功荣，等，译. 经济科学出版社，2004：218.

② ［美］埃里克·弗鲁博顿，［德］鲁道夫·芮切特. 新制度经济学：一个交易费用分析范式. 姜建强，罗长远，译. 上海三联书店、上海人民出版社，2006：64.

有效治理结构的选择。制度设计的差异在很大程度上可能是克服执行问题所需要的。①

作为组织交易中出现的具有代表性的代理问题，“政策执行鸿沟”实际上是相对于“理想世界”中的完美政策执行而言的。在“理想世界”中：（1）信息能够无成本地流动；（2）政府能够无成本地监控个体的行为；（3）政府能够无成本地施加惩罚；（4）政府具有完全理性，对所发生情况的后果及其成本收益情况能够完全了解。这样一来，中央政府对地方政府的控制就轻而易举，无须担心“政令不通”问题。不过，恰如诺斯所言，零交易成本的政治市场只是一种理想状态，与经济市场相比，政治市场更要受到高昂交易成本的困扰，在由选民、议员和官僚等组成的政治市场中，议员可能有意不通过被选民所接受的法案，官僚则千方百计地使生效的法案不被实施，这一切使得政治市场远未进入有效状态。② 如何减少这些交易成本，保证政治交易的成功就成为交易双方要重点考虑的问题。因此，“政策执行鸿沟”可以看成是由于交易成本过高导致的，高昂的交易成本使得政策制定者（中央政府）不能有效地了解和掌握政策执行者（地方政府）的政策执行信息，监督和控制政策执行过程，导致既定的政策目标和实际的政策结果之间存在较大的差距，从而产生了节约交易成本的需要。

既然“政策执行鸿沟”可以看做交易成本过高或者政策执行治理结构选择不当的结果，交易成本理论就可以用来分析中央对地方官僚的控制，或政策执行问题。③ 为了提高政策执行效率，减少政策执行中的交易成本，中央政府必然会依据政策执行的进展情况来相应调整政策执行治理结构。因此，立足于交易成本理论的比较分析和注重节约的基本思想，本书研究的中心假设是：中央政府在

---

① ［美］埃里克·弗鲁博顿，［德］鲁道夫·芮切特．新制度经济学：一个交易费用分析范式．姜建强，罗长远，译．上海三联书店、上海人民出版社，2006：25.

② Douglass C. North. A Transaction Cost Theory of Politics. Journal of Theoretical Politics，1990（4）：2.

③ 马骏．交易费用政治学：现状与前景．经济研究，2003（1）．

追求政策效果的过程中面临着交易成本约束，为了矫正“政策执行鸿沟”现象，中央政府将通过比较分析的方式选择交易成本较小的政策执行治理结构来控制地方政府的行为。

四、研究领域的选择

转型期出现“政策执行鸿沟”现象的公共政策领域不乏例子，如环境保护政策、义务教育政策等，在具体案例选择上，本书将侧重于以当前的乡镇煤矿管制政策为分析对象，这主要出于三方面的考虑：

其一，在社会的广泛关注下，乡镇煤矿治理被看做中央政府面临的难题之一，地方政府对中央政策的阳奉阴违严重妨碍了治理工作的顺利推行，而媒体关于矿难的报道又似乎印证了中央政府对地方官员行为的矫正有一种无力感。对此，有研究者持有不同意见。在王绍光看来，中央政府在1998年以后对治理结构进行了一系列的主动调整，这促使我国乡镇煤矿治理取得了不错的成效，煤矿百万吨死亡率已经大大降低，煤矿安全监管已经开始从全能主义模式转变到监管型国家模式。① 这两种判断的依据是什么，王绍光有关中央政府治理结构调整的分析能否从交易成本理论的角度来加以解释就成为本书所关注的主要内容。此外，周其仁、茅于轼、孙立平等经济学和社会学学者也从各自学科领域着手分析了当前乡镇煤矿治理问题，如茅于轼就认为小煤矿治理难恰恰是由于中央政府不断打击乡镇煤矿的结果，这导致乡镇煤矿主缺乏安全感，不愿意在安全方面进行投资，从而导致越打击越要逃避的恶性循环。② 孙立平则从矿难治理模式、“扭曲的改革”与利益最大化等方面剖析了当前官煤政治难以有效治理的根源，认为市场化改革的错位、有效治理模式的缺失等因素共同为官煤勾结提供了土壤，使中央政府疲于

---

① 王绍光．煤矿安全生产监管：中国治理模式的转变．比较，2003，13.

② 茅于轼．煤矿高伤亡率的政策性原因是不断打击小煤矿，http：//new. china-review. com/index. asp.

应付矿难和查处官煤勾结。①

本书认为，综合以上几位学者的意见，交易成本理论在某些方面可以为当前的乡镇煤矿治理问题提供某种分析路径。在当前的市场准入管制的条件下，乡镇煤矿生产和安全维护往往需要进行大额投资，而这些投资又属于交易成本理论所说的专用性投资，有着很高的沉淀成本。在当前乡镇煤矿开采和经营权主要借助于行政手段获取，其产权缺乏有效保护的情况下，乡镇煤矿主的生产经营行为就缺乏安全感，急于收回投资，追求短期效应就成为乡镇煤矿主的优先选择。当借助于正常的行政审批手段难以取得煤炭资源的开采权，由此导致乡镇煤矿的正常生产缺乏有效保护时，乡镇煤矿主就会寻求能够节约交易成本的治理结构，从而导致官煤勾结成为节约交易成本的有效治理结构以及乡镇煤矿主和地方政府之间博弈的均衡解。

其二，乡镇煤矿的出现、发展及其管制实际上几乎和我国转型同步进行，中央政府对于乡镇煤矿的态度在转型前后发生了鲜明变化，这符合本书的研究背景。在转型前，为了实施“赶超战略”，中央政府将所有的生产资料都收归国有，禁止乡镇煤矿的存在，同时实行煤炭价格管制，煤炭价格不能反映真实的煤炭生产成本，造成了国有煤矿经营动力的不足和市场能源的短缺。为了缓和煤炭供需矛盾，中央政府先后在 1983 年和 1993 年左右放开了对煤炭市场的准入和价格限制，导致乡镇煤矿在这段时期得以快速发展。煤炭行业管制的解除在缓解煤炭市场供需矛盾的同时，又产生了新问题。一方面，在高额利润以及政府追求地方财政收入的刺激下，各地的乡镇煤矿都忽视了煤矿生产安全问题，造成乡镇煤矿的死亡率居高不下，如果任由这种状况发展下去，将会影响公众对政府的信任以及社会主义优越性的体现。另一方面，在 20 世纪 90 年代后期，经济增长速度减缓时，乡镇煤矿蜂拥而上又造成了煤炭市场供大于求的局面。由于要承担各种社会责任，支持国家“赶超战略”

① 孙立平．矿难中的治理模式，http://blog.sociology.org.cn/thslping/archive/2006/01/06/3433.aspx.

的实现，国有煤矿的市场竞争力远远低于乡镇煤矿，造成国有煤矿大面积亏损，进而影响到了社会的稳定性。按照诺斯的国家模型，在面临竞争约束的情况下，统治者将避免触犯有权势的选民，① 而国有企业实际上是我国最大的利益团体，对政府决策具有重要影响。于是，解除管制产生的这两种新情况又使得中央政府拉开了乡镇煤矿治理和管制的序幕，对煤炭市场准入采取了新的限制，加强了对不符合市场准入要求的乡镇煤矿的清理整顿力度。然而，由于地方政府在转型期已经成为独立的利益主体，这使得乡镇煤矿的重新管制并非像中央政府想象的那样简单。为了解决地方政府的机会主义行为，提高乡镇煤矿管制的力度，中央政府自 1998 年以来进行了一系列制度安排的调整，这正好可以用来检验本书提出的有关节约交易成本的假设。

其三，随着煤矿矿难报道的不断深入，乡镇煤矿安全及其治理问题就成为学术界和媒体共同关注的热点问题，矿难频发实际上意味着政府煤矿安全监管的失灵，政府管制失灵的原因及其纠正实际上就成为乡镇煤矿治理研究的重点。现有的关于乡镇煤矿治理的研究主要分为以下几种类型：

1. 侧重于在委托代理框架下分析地方政府在乡镇煤矿治理中的行为

钟开斌（2006）将委托代理框架应用于地方官员安全监管行为的选择，将职位晋升看做地方官员的主要动机，具体分析了地方官员在安全监管中可能采取的两种行为选择，即诚实治理或虚假治理。在当前的职位升迁薪酬差距不大、虚假收益大于成本、上级对下级鉴别能力低以及上级掌握下级官员升迁机会的条件下，虚假治理将成为地方官员在安全监管中的合理选择。

2. 运用博弈论来分析煤矿安全监管中的政府与煤矿间以及政府间的博弈行为对乡镇煤矿煤矿治理的影响

李豪峰、高鹤（2004）运用博弈论分析了现有煤矿安全监察

① ［美］道格拉斯·诺斯．经济史上的结构和变革．厉以平，译．商务印书馆，2002：28.

体制的弊端对乡镇煤矿治理的影响。他们认为，现行的煤矿安全监管体制导致了地方政府在监管方面的权责不一致，从煤矿生产中获得的利益要高于需要承担的成本，当地方政府能够从煤矿获得利益时，地方政府有动力为煤矿安全措施执行不力提供庇护。因此，适当调整当前的煤矿安全监察体制，强化地方政府在煤矿安全监察中应该承担的责任是破解乡镇煤矿治理困境的有效途径。

孙洪志等（2003）运用博弈论分析了政府执法者与小煤窑主、国家和省级执法者与地方执法者之间的博弈行为，认为对不关闭乡镇煤矿的惩罚越重，强制执行的费用越高，不关闭的概率就越小；检查成本越高，乡镇煤矿不关闭的概率越大。

3. 从制度分析角度来剖析乡镇煤矿治理难问题

杨宜勇、李宏梅（2005）通过分析监管主体、煤矿企业以及矿工之间的关系，认为应高改善当前的制度设计，提高煤矿工人在煤矿安全监管中的地位和作用，保障其合法权益，鼓励煤矿企业加大对安全生产技术和设备的投资。

赵杰（2005）认为中央政府应该改善“制度供给”，实行多边治理的安全监管模式，以遏制矿难。

尽管这些研究文献恰当地分析了当前乡镇煤矿治理的难点及其解决措施，但是大多数研究文献注重于乡镇煤矿治理的现状分析，认为当前的煤矿安全监管体制设置不当，这是导致乡镇煤矿治理难的重要原因，并提出相应的解决措施。这种分析视角对中央政府在乡镇煤矿治理博弈中的行为选择关注不够，没有从历史的角度来分析中央政府对乡镇煤矿的态度及其解决方案以及乡镇煤矿治理难的内生根源。同时，大多数现有研究文献也没有分析当前的煤矿安全监察体系形成的内在机理及其作用。对乡镇煤矿治理而言，任何解决方案的提出都需要尽可能地了解和衡量当前已有的解决措施及效果，否则，其解决措施要么缺乏针对性，要么不具有实际意义。当前乡镇煤矿治理研究文献存在的这些不足构成了本书研究乡镇煤矿管制政策的相关内容。

五、交易成本理论在公共行政领域应用的述评①

正如威廉姆森所言，任何一种关系，不论是经济关系还是其他关系，只要它表现为或者可以表述为签约的问题，就都能根据交易成本经济学的概念做出评价。当交易成本理论的基本假设在经济组织中得到成功应用之后，自20世纪80年代以来，交易成本理论也开始被用来分析公共部门的许多问题。

将交易成本理论应用于公共部门分析最早可以追溯至特雷·莫（Terry M. Moe）。在《新组织经济学》一文中，他认为实证政治理论只注重投票和市场问题，而忽视了对第三个机制——科层制的关心，而正是这个机制对于我们理解社会集体决策非常重要。在他看来，实证政治理论对于促进对公共官僚机构的理解并没有作出很大的贡献，因而呼吁政治学者将研究兴趣转向有关科层制的实证理论研究。进而，特雷·莫应用交易成本理论具体分析了公共官僚机构为什么存在这个问题。他认为，讨价还价、监督、衡量和评估等方面的交易成本支出使得将某些公共服务转交给私营部门承担并不是一种有效选择，因此，当公共服务的产出难以衡量，公共服务的谈判要受制于市场上"小数目"（samll-numebers）提供者的"敲竹杠"行为时，政府通过建立公共官僚机构的方式亲自提供公共服务将是一种更有效的选择。② 自特雷·莫以后，公共部门尤其是政策过程领域的交易成本研究就成为不断发展的研究领域，如何通过有效的制度设计和选择来降低交易成本就成为共同的研究主题，以

---

① 马骏博士认为交易费用经济学创立以来，大体上形成了四种交易费用经济学，即：（1）威廉姆森的相对静态交易费用经济学；（2）诺斯的动态交易费用经济学；（3）阿尔钦安和德姆塞茨的内部组织的交易费用分析；（4）奥奇的包括了宗族因素的交易费用经济学。但目前，公共行政学应用较多的是威廉姆森的交易费用经济学。参见马骏，叶丽娟．西方公共行政理论前沿，中国社会科学出版社，2004：50.

② Terry M. Moe. The New Economics of Organization. American Journal of Political Science，1984，28：759-760.

至于有学者称“交易费用公共行政学”的新的研究领域正在形成。① 总体来看，公共行政领域的交易成本研究主要集中于四个方面：（1）公共服务提供主体的研究；（2）公共部门的结构设计问题；（3）政策过程研究；（4）威廉姆森交易成本理论假设的验证。前三个方面实际上都与政策执行治理结构的选择有关，交易成本理论在公共行政领域应用的述评也就主要围绕它们进行。

（一）公共服务提供主体选择的研究

公共服务提供主体的选择实际上类似于私营部门的“自制还是外购”的决策，按照交易成本理论的基本观点，如果某项交易的资产专用性过高，那么由科层组织来承担该项交易是有效的选择。特雷·莫在《新组织经济学》中对公共官僚机构存在原因的分析就是对公共服务提供主体选择标准的简要回答，詹姆斯·威尔逊（James Q. Wilson）后来提出了一个更深入的问题，即诸如外交和国防这样的主权性交易为什么不能交给私营部门来提供。② 十年后，威廉姆森在《公共和私人官僚机构：一种交易成本经济学视角》中对威尔逊的这个问题给予了很好的回答。威廉姆森认为，交易成本理论及其概念在很大程度上能够应用于公共部门。他将公共官僚机构的交易行为分为采购、再分配、管制、司法、主权和基础设施六种类型。在威廉姆森看来，这六种类型中，有些由政府官僚机构来行使是有效率的，有些则没有效率可言。此外，他还认为，官僚机构并不都是一个类型，人们需要注意它们之间的差异。在这六种交易类型中，威廉姆森以主权交易为例，重点解答了威尔逊的疑问。他认为，包括外交事务处理、军事和货币供应这样的主权交易以签约的方式外包出去，会存在资产专用性、诚实正直以及运营成本方面的风险，其风险程度的高低依次为：诚实正直风险、

---

① 马骏，叶丽娟．西方公共行政理论前沿．中国社会科学出版社，2004：57.

② ［美］詹姆斯·威尔逊．美国官僚政治——政府机构行为的动因．张海涛，译．中国社会科学出版社，1995：427.

资产专用性（主要是人力资产）风险以及运营成本风险。① 他认为，在外交事务这样的主权性交易中，当总统对外交机构提供的信息和评估报告不信任时，诚实正直风险就会产生。对不同治理结构的效率进行比较时，必须考虑对机构使命的诚实正直方面的要求。正是对主权交易的诚实正直方面的要求很高，导致了不能轻易将其外包出去。在通过假设，具体比较了将外交事务通过民营化、管制和官僚机构三种不同的治理机构进行的结果后，威廉姆森得出结论，外交事务并不是一种能够轻易民营化的交易行为，但这并不是说，它不能通过“授权”（准民营化）的方式进行，② 这就直接回答了威尔逊的提问。

（二）公共部门结构设计问题

与私营部门相比，公共机构承担某类公共服务的提供职责并不意味着交易成本问题对公共机构内部组织结构的设计并不重要，而公共部门的交易成本研究长期以来忽视了这个公共行政的基本问题。③ 史蒂文·莫舍（Steven M. Maser）、霍华德·弗朗特（Howard Frant）、穆雷·霍恩（Murray J. Horn）等人在这方面作出了突出贡献。

莫舍认为，当前的组织研究大多是从描述性或规范性的角度来解释组织的集权和分权现象，组织形式实际上就体现了对组织成员的某种控制模式，不幸的是，人们对政府组织形式的多样性缺乏一致的解释。④ 在他看来，既然现有的理论缺乏说服力，就应该寻找其他理论来解释这种现象。由于交易成本理论在解释私营部门组织

---

① Oliver E. Williamson. Public and Private Bureaucracies: A Transaction Cost Economics Perspective. Journal of Law Economics & Organization, 1999 (3): 324.

② Oliver E. Williamson. Public and Private Bureaucracies: A Transaction Cost Economics Perspective. Journal of Law Economics & Organization, 1999 (3): 336.

③ Howard Frant. High-Powered and Low-Powered Incentives in the Public Sector. Journal of Public Administration Research and Theory, 1996, 6 (3): 365-381.

④ Steven M. Maser. Transaction Costs in Public Administration//Donald J. Calista. Bureaucratic and Governmental Reform. JAI Press INC, 1986: 57.

形式的多样性上取得了成功，那么这种理论也应该应用于对政府组织形式的解释。然而，他认为，由于忽视了对公平的考虑，交易成本理论在公共部门的应用并不成功，有鉴于此，他将公平要素也纳入了交易成本理论的分析范畴。对于莫舍来说，公共部门主要存在事前（信息成本）和事后（执行成本）两种交易成本，依据这两种交易成本的变化可以提炼出公共行政的三条基本原则：①

原则1：高的交易成本提出了增加公共部门责任感的需要，这意味着高的事前交易成本导致了保护相对安全的责任性；高的事后交易成本则产生了保护绝对安全的责任性。

原则2：当事前和事后交易成本都很低时，政府组织的横向一体化更可能出现。

原则3：当事前和事后交易成本都很高时，政府组织的纵向一体化更可能出现。

不仅如此，莫舍还对管制机构组织形式的多样性——独立管制委员会和总统直接控制的行政机构（line administrative agencies）——提出了自己的见地。在他看来，政策执行活动的监督成本以及校正政策执行偏差的成本越高，管制机构就越可能被置于总统的直接控制之下。②

虽然莫舍运用交易成本理论揭示了政府组织多样性的缘由，但弗朗特仍认为这种解释并不能令人信服。在弗朗特看来，政治家的机会主义行为才是公共部门组织结构设计所要考虑的核心问题，而这一点恰恰被以前的研究者所忽视。弗朗特进而提出，交易成本理论中的高效度激励和低效度激励概念才是解释政府组织结构的关键所在。在弗朗特看来，威廉姆森认为低效度激励是一切科层制组织的共性，这种看法有失偏颇。与金钱对市场交易者行为的高效度激励相似，对政治家来说，重新当选的渴望正好为政治家的行为提供

---

① Steven M. Maser. Transaction Costs in Public Administration//Donald J. Calista. Bureaucratic and Governmental Reform. JAI Press INC, 1986: 62-66.

② Steven M. Maser. Transaction Costs in Public Administration//Donald J. Calista. Bureaucratic and Governmental Reform. JAI Press INC, 1986: 63.

了和金钱一样的激励作用,① 这种高效度激励会引发政治家的机会主义行为。正如私营部门是通过“去市场化”(demarketize)来解决市场交易者的投机行为一样,公共部门是通过“去政治化”(depoliticize)的方式来防范政治家的机会主义行为,不过这种“去政治化”却会导致分配效率的损失,使公民的偏好不能得到真实地反映。② 随后,弗朗特运用高效度激励和低效度激励问题重新解释了公用事业、专用资金以及公务员制度等公共部门的制度安排。

其实,弗朗特所言的政治家的机会主义行为可以看做由政治产权的不确定性引起的,特雷·莫早已看到这一点。特雷·莫认为,公共权力的占有和行使并不属于任何人,任何在选举中获胜的政治家都可以行使该权力,这种政治产权的不确定就产生了政治家如何实现对公民的承诺的问题。今天当选的政治家出台的政策很可能被下次上台的政治家推翻,如果他不能在选举中再次获胜的话。③ 在特雷·莫看来,有远见的政治家一旦认识到这一点,就不会给其他政治家这样做的机会。通过繁文缛节的方式具体规定官僚机构行为,尽可能不给他们留下行使自由裁量权的余地,这种途径是在位政治家的可行选择之一。④ 实际上,这种方式正好与弗朗特所言的“去政治化”策略是一致的。

霍恩则对政治产权不确定性的研究更深入了一步。他认为,公共部门的制度形式是由立法者所决定的,而立法者对制度形式的选择则取决于他们所面临的交易风险,其中立法者和选民之间的委托问题是理解公共部门制度的关键。在霍恩看来,那些决定行政管理组织特性的制度选择,影响着在政治过程中“谁将得到什么”,因

① Howard Frant. High-Powered and Low-Powered Incentives in the Public Sector. Journal of Public Administration Research and Theory, 1996, 6 (3): 370.

② Howard Frant. High-Powered and Low-Powered Incentives in the Public Sector. Journal of Public Administration Research and Theory, 1996, 6 (3): .371.

③ Terry M. Moe. Political Institutions: The Neglected Side of the Story. Journal of Law, Economics and Organization, 1990, 6: 227.

④ Terry M. Moe. Political Institutions: The Neglected Side of the Story. Journal of Law, Economics and Organization, 1990, 6: 228.

而是十分重要的。[①] 霍恩指出，由于选举竞争中存在着大量的交易成本，包括立法决策和私人参与的费用、委托问题、代理成本以及分配风险和不确定性的成本，只有那些能够成功降低这些交易成本的政治家才会在竞争中胜出。因此，霍恩认为，我们现在所看到的行政制度实际上是立法者出于为自己利益考虑，减少交易成本而设计的。进而，霍恩运用这四种交易成本具体解释了管制机构、官僚机构以及公营企业的制度设计和选择问题。

（三）政策过程研究

约翰·布莱森（John M. Bryson）可以说是较早将交易成本理论应用于公共部门以及政策过程分析的学者。在《政策过程和组织形式》一文中，布莱森认为政策过程和组织研究长期以来都处于分离状态，缺乏将它们联系起来的有效途径，而交易成本理论能够促进两者之间的交流。在布莱森看来，效率成为私营部门和公共部门共同关注的问题，这就为交易成本理论在公共部门的应用创造了条件。布莱森指出，作为交易的相对稳定的模式，组织可以看做提出和解决问题的系统，或者组织能被视为支配它所创造的交易的机制，[②] 这就为组织和政策过程研究的连接提供了机会。对于布莱森来说，对交易成本产生条件的分析，有助于选择完成交易的最有效的组织形式，而对组织形式的熟悉能够帮助人们了解决策过程。对布莱森而言，忽视对交易条件的考虑，会导致人们选择错误的组织交易的形式，而建立在这种错误组织形式基础之上的决策过程则会导致预料之外的结果。[③] 为了说明这个问题，布莱森还举出了美国政府不顾石油和天然气生产的特点，将用于石油生产的价格管制机制也应用于天然气生产，从而导致了天然气市场供应的短缺。他认为，交易成本途径在帮助我们理解组织和公共政策方面具有很大

---

① ［新西兰］穆雷·霍恩．公共管理的政治经济学——公共部门的制度选择．汤大华，译．中国青年出版社，2004：4.

② John M. Bryson. The Policy Process and Organization Form. Policy Studies Journal, 1984, 12 (3): 452.

③ John M. Bryson. The Policy Process and Organization Form. Policy Studies Journal, 1984, 12 (3): 458.

的应用前景。①

与布莱森将交易成本理论作为组织形式和政策过程研究的纽带不同，唐纳德·卡里斯塔（Donald J. Calista）则认为可以建立一种公共部门政策执行的交易成本理论。卡里斯塔认为，虽然政策执行的重要性日益受到人们的重视，但政策执行的轮廓并不清晰，缺乏可供检验的政策执行理论是问题的关键所在，② 而交易成本理论应该可以承担这个重任。卡里斯塔指出，私营部门的组织结构从职能制（U 型）转变为矩阵制（M 型）就是为减少交易成本而采取的措施，而这样的组织结构应该同样能够应用于公共部门的政策执行过程。进而，他以美国佛罗里达州的公众服务部（Human Services）重组为例，说明了公共组织从 U 型向 M 型转变所需要具备的三个条件。在另一篇文章中，卡里斯塔运用交易成本理论对组织集权和分权模式的转变给予了进一步的阐释。在他看来，公共部门的出现可以看做市场失灵所致，不过这又产生了一个悖论，即将组织集权模式看做一种最优的组织形式，认为集权模式中的领导人能够解决一切问题，③ 集权模式的种种好处使得决策者将其置于分权模式之上。在他看来，市场、集权和分权这三种组织模式分别对应着现场契约（spot contracting）、相机抉择契约（contingent claims contracting）以及关系契约（relation contracting），这三种契约实际上对交易条件有着不同的要求，反映了组织所解决的问题的差异性。④ 卡里斯塔指出，就交易成本理论中的有限理性和机会主义行

① John M. Bryson. The Policy Process and Organization Form. Policy Studies Journal, 1984, 12 (3): 460.

② Donald J. Calista. Employing Transaction Costs Analysis As a Theory of Public Sector Implementation, Policy. Policy Studies Journal, 1987, 15 (3): 461.

③ Donald J. Calista. Resolving Public Sector Implementation Paradoxes Through Transactions Costs Analysis: Theory and Application. Policy Studies Review, 1987, 7 (1): 232.

④ Donald J. Calista. Resolving Public Sector Implementation Paradoxes Through Transactions Costs Analysis: Theory and Application. Policy Studies Review, 1987, 7 (1): 235.

为而言，集权模式只能在某种程度上解决前者，而不能解决后者，而分权模式则不仅能够将决策者从日常事务中解脱出来，而且还通过授权和平等对待的方式有效解决了组织内部各部门的机会主义问题。就卡里斯塔而言，组织集权模式向分权模式的转变就意味着在组织内部，用自主权取代了权威命令的控制方式。①

在《经济政策的制定：交易成本政治学的视角》一书中，阿维纳什·迪克西特（Avinash K. Dixit）认为，政治关系中存在大量的交易成本，这影响了政策结果。如果把政策决策过程中的许多特征和结果视为各种交易成本以及参与者对这些成本策略的产物，那么，这些特征和结果将会被更好地理解和联系起来。② 在此基础上，他提出了“交易成本政治学”的概念。在迪克西特看来，经济政策的制定并不是一个简单的技术问题或工程控制问题，而是一个在真实世界里发生的政治过程，在此过程中，充斥着政策参与者之间的政治博弈和交易，存在着信息不对称和机会主义行为及由此引起的道德风险和逆向选择等问题。与把政策过程视为一个使社会福利最大化的黑箱不同，交易成本政治学认为政策制定过程受着立法机关、行政机构和利益集团等诸多参与者的影响，是一个“持续发生的、不完全和不完备的过程”。③

迪克西特在介绍他的交易成本政治学理论时，运用了比较分析的方法，从交易成本分析背景（合同、治理结构合有限理性）、交易成本的重要表现形式（信息碰撞、机会主义和资产专用性）以及交易成本分析主旨（比较制度分析、绩效标准）等方面阐释了交易成本政治学的主要内容，并重点介绍了政治学中节约交易成本的方法。

---

① Donald J. Calista. Resolving Public Sector Implementation Paradoxes Through Transactions Costs Analysis：Theory and Application. Policy Studies Review，1987，7（1）：236.

② ［美］阿维纳什·K. 迪克西特. 经济政策的制定：交易成本政治学的视角. 刘元春，译. 中国人民大学出版社，2004：6.

③ ［美］阿维纳什·K. 迪克西特. 经济政策的制定：交易成本政治学的视角. 刘元春，译. 中国人民大学出版社，2004：22.

此外，塔瓦雷斯（Antonio Fernando Freitas Tavares）在其博士学位论文《州和地方制度与环境政策：交易成本分析途径》中应用迪克西特的政治交易成本模型具体分析了美国州和地方政府围绕环境政策的执行所产生的政策干预方式和政策工具选择问题。

与国外诸多研究者将交易成本理论作为研究公共部门制度形式和政策过程的有效工具相比，将交易成本理论运用于国内相应领域研究的研究者还不多见。中山大学的马骏博士可以说是这方面的先行者，他不仅率先对交易成本理论在西方公共行政研究方面的应用情况进行了文献评估，指出后续研究需要解决的主要问题，而且还将交易成本理论作为研究税收生产和预算过程的理论工具，从中得出了颇有洞见的观点。在《中国省级预算中的非正式制度：一个交易费用理论框架》一文中，马骏博士及其合作者从交易成本的角度分析了包括预算产权、部分等级、完全等级等横向和纵向非正式制度在中国省级预算中产生的原因，认为这主要是政治家出于约束掠夺式的预算机会主义行为，减少预算过程中的事前和事后交易成本的目的。在《收入生产、交易费用和宪政体制》一文中，马骏博士将交易成本理论应用于分析宪政体制的选择，认为国家在收入生产过程中所面对的各种交易费用约束将影响到国家的政治选择，进而将影响到宪政体制的发育和维持。此外，陈喜强教授还从交易成本的视角考察了政府和社区组织之间互动关系的转变，认为出于减少政府和社区组织之间交易成本的考虑，政府和社区之间的关系将由垂直式行政隶属关系转变为横向式组织分工合作关系。①张紧跟博士在《当代中国地方政府横向关系协调研究》中将地方政府之间的冲突归因于交易成本过于高昂，从系统和环境变迁、制度安排以及行为主体特征等方面分析了地方政府横向关系发展中交易费用产生的原因，并从治理制度设计和选择的层面分析了可供选择的节约交易成本的制度安排。

交易成本理论在公共行政领域的应用使我们对公共部门的制度

---

① 陈喜强．政府与社区组织：从纵向控制到横向互动——基于交易费用视角的考察．中国行政管理，2004（11）．

结构和制度设计有了新的看法，许多看似无效的制度形式都有助于交易成本的节约，而这常常是组织得以生存的根源所在。正如威廉姆森所言，公共官僚机构只是可供选择的治理结构之一，它能够很好地履行某些交易，但也有些交易是其所不能胜任的，这实际上就为辩证地认识官僚机构的效率提供了新的视角，官僚机构既不像韦伯所说的那样有效率——“它的纯技术的优势超过任何其他的形式”，也不像尼斯坎南、奥斯特罗姆等人所言的那样低效率，关键是要立足于比较分析的角度。在交易成本理论看来，没有任何一种治理结构能够统治所有的交易类型，选择错误的治理结构，会导致相应的治理结构失灵，这就使得我们对“失灵”现象的关注不必局限于市场和政府失灵。实际上，市场和政府只是治理结构谱系中的两端，其间还有各种混合形式存在。

不过，交易成本理论在公共部门的应用还是存在一些问题，研究者们对交易成本理论在公共部门应用中的分析仍没有取得一致意见，交易、交易成本甚至激励契约都成为了分析单位，这与交易成本经济学只将交易作为分析的基本单位是不一样的。除了分析单位以外，交易成本理论在公共行政领域研究的出发点也存在差异，与效率成为交易成本经济学的研究目的不同，效率、公正、公平乃至自由都成为交易成本理论在公共行政应用方面的指导原则，这看似增强了交易成本理论的解释力，实际上却造成了混淆。交易成本如何衡量公正、公平和自由的高低？当效率与其他三个原则相冲突时，如何依据交易成本大小做出治理结构的有效选择呢？具体而言，并非所有问题都可以用经济分析方法，只有那些强调效率的问题才适用经济分析途径。国内的研究者虽然将交易成本理论作为分析地方政府横向联系形式的理论依据，但是这种横向联系的资产专用性、交易频率和不确定性具体表现在哪些方面，又是如何影响交易成本，进而影响横向关系协调的，这些问题并没有得到很好的解释。

即使如此，交易成本理论在公共行政领域应用中存在的上述问题并不影响它的生命力，为了不至于引起分析的混乱，本书将交易成本理论作为主要的理论基础，将中央政府和地方政府之间的交易——中央政策执行——作为分析单位，以效率作为指导原则，主要分析为了应对“政策执行鸿沟”现象，中央政府将选择哪些有助于节约交易成本的政策执行治理结构。

六、核心概念

在本书中出现得比较多，对问题分析比较关键的概念主要有以下三个：

（一）政策执行中的交易成本

交易成本也被称做交易费用，新制度经济学对交易成本的重视始于科斯的经典论文《企业的性质》。正是在1937年的这篇论文中，科斯用交易成本来解释了企业为何存在及其规模的问题。在1960年的《社会成本》一文中，科斯认为就污染损害的解决而言，交易成本只是政府干预的必要条件而非充分条件，如果交易双方能够通过较小的交易成本来解决环境污染问题，那么政府通过征税的方式来校正环境污染的外部性问题将是多余的。换句话说，国家是作为提供公共物品、消除外部性的最低交易成本机构出现的。①

科斯提出的交易成本思想虽然为各种社会现象提供了有力的分析工具，但是交易成本的内涵却一直都没有得到明确的界定，以至于有学者将交易成本看做一个应用得过于泛滥的概念，认为“交易成本这一理论工具名声不佳并非偶然……（其部分）原因在于，有理由相信几乎所有问题都能用恰当列出的交易成本加以合理解释”。②

科斯、诺斯以及巴泽尔是以契约的界定、实施与权利转移为依据界定交易成本的主要代表。科斯认为，交易成本就是“利用价格机制的成本”，虽然这个定义似乎并没有涉及契约和权利，但这些内容出现在科斯随后对交易成本的分类中，他认为这些“利用

---

① ［美］丹尼斯 C. 缪勒．公共选择理论．韩旭，等，译．中国社会科学出版社，2002：405.

② ［美］斯考特·E. 玛斯顿．交易成本经济学的实证研究：挑战、进展与发展方向//约翰·克劳奈维根．交易成本经济学的超越．朱舟，黄瑞虹，译．上海财经大学出版社，2002：61.

价格机制的成本”可以细分为寻找信息（发现相对价格）的成本、市场中谈判和签约的成本以及保证契约实施等方面的成本。① 诺斯直接将交易成本解释为由衡量所交换物品的价值属性的成本、保护权利的成本以及监察与实施协约的成本组成。② 巴泽尔将交易成本定义为，“与转让、获取和保护产权有关的成本”。③ 阿罗、威廉姆森和张五常等则立足于经济和制度运行的宏观角度来理解交易成本。阿罗将交易成本理解为，“经济系统的运行成本”。④ 威廉姆森继承和发扬了阿罗对此的理解，将交易成本解释为“经济中的摩擦力”，并具体将交易成本分为事前和事后两种。⑤ 张五常更是宽泛地将交易成本定义为“所有在鲁宾逊·克鲁索经济中不存在的成本”。⑥

表面看起来，交易成本的上述解释途径似乎大相径庭，其内涵有宽有窄，但却有着本质上的一致性，即都将交易成本看做在人与人之间的权利交换过程中所产生的成本，对交易成本本质的这种认识实际上来源于康芒斯对交易的理解，他认为，与交换不同，交易是对物质的东西的未来所有权的让与和取得，本身含有“冲突、依存和秩序”，进而，他将人与人之间的交易划分为买卖交易、管理交易和限额交易三大类。⑦ 不难看出，科斯主要是从买卖交易的角度来理解交易成本，后来的研究者则将交易成本的概念延伸到管理型和限额型交易中。

---

① ［美］科斯．生产的制度结构．盛洪，译．上海三联书店，1994：5-6.

② ［美］道格拉斯·C. 诺斯．制度、制度变迁与经济绩效．杭行，译．上海三联书店，1994：37.

③ ［美］Y. 巴泽尔．产权经济学．费方域，段毅才，译．上海三联书店，2003：3.

④ ［美］奥利弗·E. 威廉姆森．资本主义经济制度．段毅才，王伟，译．商务印书馆，2002：31.

⑤ ［美］奥利弗·E. 威廉姆森．资本主义经济制度．段毅才，王伟，译．商务印书馆，2002：32-33.

⑥ 张五常．经济解释．商务印书馆，2000：517.

⑦ ［美］康芒斯．制度经济学（上）．于树生，译．商务印书馆，1962：73-74.

本书倾向于从组织内部关系的角度来理解交易成本，将政府内部发生的交易成本看做政治交易成本，政策执行中的交易成本则被视为政治交易成本的一部分，是政策执行中的“摩擦力”，即中央政府为了保证政策的顺利执行而在监督、激励、控制等方面支付的成本。实际上，政策执行中的交易成本也可以看做产生于委托代理关系的代理成本，中央政府和地方政府之间本身就建立了一种契约关系。作为理性的经济人，委托人和代理人将各自追求自身偏好的最大化，在委托人的利益有赖于代理人的努力来实现的条件下，为了保证自身利益不受到损害，委托人将不得不在监督和控制代理人的行为方面支付必要的成本，并要承担因代理人的自利行为所产生的各种损失。政策执行中的交易成本具有以下几个特点：

第一，政策并不是在无摩擦的“真空”中执行的，正如诺斯所言，有效的经济市场的存在，需要竞争十分激烈，经由仲裁和信息反馈，这近似于科斯的零交易费用条件。这类市场即便是在经济世界也是十分稀罕的，在政治世界就更为稀少了。因而，交易成本在政治市场以及政策执行中是客观存在的，受着有限理性和机会主义行为的影响和约束，只能减少而不能根除。

第二，政策执行中的“摩擦力”对政策意图的顺利实现起着一种阻碍作用，使其在执行过程中被歪曲和变形，“政策执行鸿沟”通常是对理想政策效果的偏离。当阻力足够大或者产生的交易成本足够高时，政策执行就会脱离政策制定者的控制，处于一种“失控”状态。

第三，在政策执行中，这种“摩擦力”不仅会使政策执行效果出现偏差，从而导致不必要的损失，而且为了减少这种“摩擦力”，仍需要支付一定的成本。这些成本相对于政策执行的理想状态而言是一种资源的浪费，并不创造新的价值，只能实现交易价值在交易双方间的转移，因此有必要采取措施减少这些成本，进而要求采取适当的政策执行治理结构，并加以不断完善。

与交易成本的内涵相似，交易成本构成的研究也充满争议，研究者彼此间很难取得一致意见，研究角度不同，对交易成本类型的划分也会随之变动。本书在综合各种分类方式的基础上，将政策执行中的交易成本主要划分为监督成本（在了解和跟踪代理人行为信息方面支付的人力和物力等成本）、控制成本（为了保证任务的完成，将代理人的行为约束在委托人期望的范围内所发生的成本）、激励成本（为了推动代理人采取符合委托人利益的行为所花费的成本）以及因监督、控制和激励不当而造成的损失等。

（二）政策执行治理结构

政策执行治理结构实际上是由“政策执行”和“治理结构”两个术语组成，在解释政策执行治理结构内涵之前有必要了解政策执行和治理结构的具体所指。

虽然西方政策执行研究至今已经进入了第三个时期，但是关于政策执行的内涵并没有达成共识，研究者或者将政策执行理解为一种行为过程，或者将其看做一系列的活动或行动，没有哪一种观点能够获得一致认可。① 本书倾向于从过程的角度来理解政策执行，将其看做将政策付诸实施，实现政策效果的过程。

治理结构是在社会科学中应用得比较广泛的概念，也是交易成本理论中的核心概念。交易成本理论认为，交易类型和治理结构都具有各自的特点，为了实现节约交易成本的目的，需要将不同的交易类型与不同的治理结构相匹配，如果将所有的交易都纳入同一种治理结构形式，则会产生交易变异问题。② 一般认为市场和科层制是两种典型的治理结构。③ 治理结构概念虽然使用得较为广泛，但是对其内涵的理解通常是与“公司”或“政府”联系在一起的，很少有研究者对治理结构的含义做出比较明确的解释，威廉姆森则是其中之一。作为较早提出治理结构概念的研究者，威廉姆森认为

---

① 关于政策执行内涵的主要观点可以参见丁煌．政策执行阻滞机制及其防治对策．人民出版社，2002：22-24.

② ［英］马克斯·H. 布瓦索．信息空间．王寅通，译．上海译文出版社，2000：388.

③ 也有学者将其分为市场、宗族以及科层制或市场、宗法、科层以及采邑等四种。参见 William G. Ouchi. Markets, Bureaucracies and Clans. Administrative Science Quarterly, 1980, 25；马克斯·H. 布瓦索．信息空间．王寅通，译．上海译文出版社，2000.

治理结构是组织交易的制度框架，具体限定了交易双方的权利和义务以及对交易纠纷的处理等内容，是一种交易的完整性在其中得到确定的制度矩阵。① 按照威廉姆森将治理结构理解为制度框架的思路，政策执行治理结构也可以看做保证政策付诸实施所采取的制度框架。然而，这种简单的解释并不能说明建立制度框架的缘由以及制度框架的具体所指。有鉴于此，为了更好地说明政策执行治理结构的内涵，不妨转换视角，看看研究者们是如何理解“公司治理结构”的，毕竟政府治理与公司治理具有大体相同的特点，政策执行治理结构和公司治理结构产生的缘由也存在某种相似之处，即两权分离，前者表现为政策制定和执行权的分离，后者则是所有权和经营权的分离。与政府治理结构或政策执行治理结构研究相比，公司治理结构已经成为一个颇为成熟的研究领域。

哈特在《公司治理理论与启示》一文中指出了治理问题在组织中产生的两个条件：第一个条件是存在代理问题，即组织成员（可能是所有者、员工或消费者）之间存在利益冲突，委托人需要采取有效措施来促使代理人按照前者的利益选择行为方式。第二个条件是高昂的交易成本使得有关的交易细节并不能完全体现在交易契约中，也就是说，在交易成本的约束下，双方只能签订不完全契约而非完全契约。为了有效地解决代理问题，减少交易成本，就需要委托人即出资者或所有者设计出适当的制度安排来约束代理人即经营者的行为，由此产生了对公司治理结构的需要，然而，公司治理结构的内涵至今仍没有一个堪称权威或标准的定义，其边界仍然模棱两可。② 其中较有代表性的定义为：林毅夫等从强调市场机制的作用出发，认为所谓的公司治理结构，是指所有者对一个企业的经营管理和绩效进行监督和控制的一整套制度安排。③

---

① ［美］奥利弗·E. 威廉姆森．治理机制．王健，方世建，等．中国社会科学出版社，2001：479.

② 李孔岳，罗必良．公司治理结构的理论：一个综述．当代财经，2002（8）.

③ 林毅夫等．充分信息与国有企业改革．上海三联书店，1997：76.

简新华从企业内部权利分配和制约的角度出发，认为所谓公司治理结构，是指公司内部所有者、经营者和职工的权、责、利关系的构成以及能够对企业经营管理和绩效发挥激励监督约束功能的一整套制度安排。①

张维迎从强调企业所有者利益的角度出发，认为狭义地讲，公司治理结构是指有关公司董事会的功能、结构、股东的权力等方面的制度安排。广义地讲是指对有关公司控制权和剩余索取权分配的一整套法律、文化和制度性安排，这些安排决定公司的目标，谁在什么状态下实施控制，如何控制，风险和收益如何在不同企业成员之间分配这样一些问题。②

以上关于公司治理结构的界定虽然侧重点不同，但仍然存在相同之处，即都在所有权和经营权分离的情况下，考虑如何通过合理的公司治理结构的设计来解决因管理层的“卸责”行为而引起的代理问题，以更好地维护所有者的利益。

如果我们从两权分离的角度来看待政策执行过程，那么由政策执行者“卸责”引起的“政策执行鸿沟”问题也就类似于公司治理中的“代理问题”，政策制定者（中央政府）相当于公司治理中的委托人即董事会，政策执行者（地方官员）则相当于公司治理中的代理人即职业经理人，对地方政府行为的控制有赖于中央政府建立一套完善的治理结构。因此，政策执行治理结构可以看做在将政策付诸实施的过程中，中央政府为了实现政策目标，降低政策执行中的交易成本，对政策实施过程及其绩效进行监督和控制，以便在一定程度上解决“政策执行鸿沟”问题的一系列制度安排的总称，其主要内容包括：（1）如何配置和行使监督权；（2）如何控制和评价政策执行绩效；（3）如何设计和实施激励机制；（4）如何协调代理人之间的行为。

① 简新华．代理成本与公司治理结构//中国（海南）改革发展研究院．中国公司治理结构．外文出版社，1999：228.

② 张维迎．企业理论与中国企业改革．北京大学出版社，1999：86.

（三）职位产权

职位产权主要是指职位的占有者所拥有的行使职权和享有因此而产生的收益的权利，对依附在职位之上的各种资源的使用权和收益权可以看做职位产权的实质。与私人物品的产权具有人身依附性，可以被所有人及其成员长期持有和自由交易不同，职位产权具有明显的残缺性，职位的占有者只具有部分使用权和收益权，在正常的情况下，职位占有者不拥有对职位以及依附于职位之上的各种资源的所有权、自由处分权等权力。对于政府职位产权而言，这种残缺性还表现为政府职位的占有者被删除了剩余价值索取权，不能像一般的人力资本那样，通过分享利润用于再投资获得非人力资本产权。① 一般而言，职位产权的持有具有期限，职位并非为某些人永久占据，人们只是暂时占据相应的职位，② 其固定收益的大小具有非人格化的特征，不是主要取决于职位占有者的个人特征及讨价还价的能力，而是取决于职位的性质、目标和任务的复杂性。一旦职位产权占有者离开了该职位，就不再享有该职位产权所提供的收益和承受相应的约束。③ 相比较而言，职位产权的占有者在使用职位资源的过程中受到的制度约束要强于私人物品的拥有者，但是其获得固定收益以外的潜在收益的可能性也要高于私人物品的拥有者。

由于任何社会组织所能够提供的职位都是有限的，这就决定了职位的稀缺性，作为一种社会资源，人们对不同职位的需求取决于从中能够获取的收益以及需要支付的成本，政府职位的稀缺性随其潜在的净收益及其可实现性而变化。如果政府职位提供的净收益和一般社会组织提供的净收益大体相当，那么政府职位的

---

① 李和中．公共部门人力资本产权的性质及其运作．武汉大学学报（哲学社会科学版），2005（5）．

② ［美］詹姆斯·S. 科尔曼．社会理论的基础．邓方，译．中国社会科学出版社，1999：495.

③ 主要是指对依附在职位之上的各种资源的使用权，实际上，即使离职后，职位占有者仍有可能享有部分职位产权收益的积累，如关系期权或权力期权，并要承受一定的约束。

稀缺程度大体上相当于社会组织职位的平均稀缺程度。一旦政府职位提供的净收益要高于一般社会组织的职位，那么，对政府职位的需求将超出平均需求水平。与私营部门的职位产权主要由初始委托人（股东）或次级委托人（经理）分配不同，我国政府职位产权的变动主要由执政党（中国共产党）或次级委托人（政府）决定,①，初始委托人（公民）在职位产权分配中发挥的作用仍然有待加强。

在政府职位产权中，不同职位的产权流动性程度是不同的，总体而言，其流动性似乎要低于私营部门职位产权的流动性。在政府组织内部，政府职位产权的流动性随着职位高低而不同，领导职位的产权流动性要高于非领导职位的产权流动性。例如，我国地方官员虽然实行任期制，但是任期长短不一，有的是干满一届任期5年，有的则是2~3年就调换一个地方。据《小康》杂志报道，从1992年到2004年的13年间，河北邯郸市先后更迭了7任市长，平均每人任期不到两年。② 职位产权流动过快，再加上职位产出效果的滞后性和含糊性，使得政府职位的义务、权利和责任处于分离状态，地方政府官员可以从职位产权变动中获取更大的职位产权收益，作为委托人的中央政府利益也因此受到更大伤害。这意味着我国尤其是地方政府中也同样存在着职位产权的不确定性及其引起的各种代理问题。

七、研究的理论工具和方法

（一）交易成本理论

交易成本理论虽然来源于经济领域，但也可以被用于分析公共部门的交易情况，任何一种关系，不论是经济关系还是其他关系，只要它表现为或者可以表述为签约的问题，就都能根据交易成本经

---

① ［冰岛］思拉恩·埃格特森．经济行为与制度．吴经邦，等，译．商务印书馆，2004：295.

② 45岁高学历干部将成为我国县级官员主体，http：//news. sina. com. cn/c/2006-02-16/15469120373. shtml.

济学的概念做出评价。况且，即使不以利润最大化为追求目标，对效率的追求却是公共部门和私营部门共同面临的问题，毕竟在稀缺资源的约束下，公共部门也要考虑如何尽量地以最少的投入换取更多产出的问题。不过由于公共部门和私营部门在利益追求、环境约束和行为控制等方面都存在诸多不同，任何一种将经济学理论应用于公共部门分析的尝试都要格外小心，不加修改地直接将交易成本理论应用于公共部门将会产生严重的误导作用。① 因此，本书将交易成本理论的效率内涵进行了引申，认为公共部门的交易者不仅关注经济效率，还要关注政治效率和官僚效率。如果把交易成本理论所论及的效率看做一种经济效率的话，即主要关注生产活动和市场交易的投入和产出之间的比例，那么公共部门还存在着“政治效率”和“官僚效率”两种不同的效率表现形态。前者主要指追求选票或政治支持最大化的政治家以尽可能低的努力和成本获得尽可能高的选举支持。后者则指追求个人效用最大化的官僚尽可能地以最小的成本追求尽可能高的升迁机会，如果追求职位晋升能够作为官僚个人效用最大化的代名词的话。“政治效率”、“官僚效率”以及“经济效率”之间的关系既可能互相联系，也可能各自分离，许多看起来不具有经济效率的行为及其后果，可能蕴涵着节约交易成本的政治意图。如果不将“政治效率”和“官僚效率”引入公共部门的相关分析中，就很难运用交易成本理论解释一些不能用经济效率来加以说明的问题。换句话说，政治家具有的政治理性有可能会产生经济的非理性结果。比如，在政策 A 和政策 B 的选择上，政策 A 的效果能够产生比较高的经济效率，但对政治家本人的效率，也就是政治效率的影响较小，而政策 B 的效果则与之恰好相反，在这种情况下，出于追求政治效率最大化的考虑，政治家就很可能选择政策 B 而不是政策 A 了。换句话说，当从政治的角度分析某种交易的治理结构时，如果当前的治理结构不能满足政治上的需要，并且还存在更有效率的治理结构可供选择，那么“政治企

---

① Terry M. Moe. The New Economics of Organization. American Journal of Political Science, 1984, 28: 761.

业家”将致力于推动组织变革。① 这说明在应用交易成本理论来分析公共部门的行为、治理结构以及权力配置时，必须采用多种效率视角来观察和思考，否则就有可能被表面的现象误导。

（二）委托代理理论

在威廉姆森看来，用交易成本理论来分析问题，并不会排斥其他方法的应用，如果将交易成本理论与其他方法结合起来使用，将更有助于对问题的理解。② 在公共行政领域，将交易成本理论和委托代理理论融合在一起已经成为交易成本分析方法应用的一种趋势，迪克西特和霍恩等的交易成本分析实际上都建立在委托代理框架之上，离开了交易成本概念，代理成本可能将无法理解。弗鲁博顿和芮切特认为在某种程度上，管理型交易费用和政治型交易费用可以被解释为代理费用或产生于委托代理关系中的费用。③ 也就是说，代理成本可以看做狭义的交易成本，当交易成本为零的时候，代理成本也就不复存在了。本书的研究是建立在委托代理框架之上，通过分析治理结构和交易成本的关系，来揭示中央政府如何选择政策执行治理结构，以节约政策执行中的交易成本。因此，委托代理理论也是本书的重要理论工具之一。

当个人将某些事务委托他人处理的时候，委托代理关系随即成立，这种委托代理关系最早出现在法律领域，是一种民事法律关系，主要受相关民事法律的裁处。与法律意义上的委托代理关系不同的是，经济学领域的委托代理理论的发展建立在对股份公司的所有权和控制权的分离所引起的代理人“卸责”现象的关注的基础之上。这种委托代理关系仍然被视为一种契约关系，即一个人或更多的人（即委托人）聘用另一人（即代理人）代表他们来承担某

---

① Henk J. ter Bogt. A Transaction Cost Approach to the Automonization of Government Organization. European Journal of Law and Economics, 2003, 16 (2): 161.

② ［美］奥利弗·E. 威廉姆森. 资本主义经济制度. 段毅才，王伟，译. 商务印书馆，2002: 4.

③ ［美］埃里克·弗鲁博顿，［德］鲁道夫·芮切特. 新制度经济学. 姜建强，罗长远，译. 上海三联书店，上海人民出版社，2006: 65.

些责任，包括把若干决策权委托给代理人。① 委托代理关系的经济学理论主要关注在信息不对称和利益冲突的情况下，委托人如何推动代理人更好地对委托人利益负责，减少代理损失。在委托代理关系中，即使代理人有按照自己偏好行事的动机，只要委托人能够完全掌握代理人的个人情况及其行为信息，并付出一定的监督和激励成本，代理人就不得不按照委托人的要求履行职责。然而，信息不对称的存在提高了委托人控制代理人行为的难度，使其不得不承受代理人带来的“代理成本”，从而降低了资源配置的效率。

公共政策或政策制定与执行包含着私人部门中典型的委托人—代理人关系问题②，为了实现政策目标，政策制定者必须监督和控制执行者的一系列行为，然而，对公共部门代理人的控制不同于对私营部门代理人的控制，委托代理框架必须进行适应于公共部门特点的调整。诚然，公共部门和私营部门之间的区别决定了公共部门的委托代理关系具有不同于私营部门的特点。例如，就私营部门而言，一旦委托人（股东）不满意代理人（经理）的业绩就可以撤换代理人或者通过选择“退出”的方式来表达自己的不满。而在公共部门中，政府代理人具有天然的垄断地位，委托人很难行使自己的“撤销权”，而且一旦选定，委托人就要受代理人支配，双方之间是一种非自愿的委托代理关系，委托人很难通过“退出”来约束代理人，只能选择“呼吁”的方式。具体而言，公共部门中的委托代理关系主要有以下特点：

（1）经济委托人更多地考虑经济效率，关注如何使经济代理人在既定资源下提供更多的产出。对政治委托人而言，政治效率（官僚效率），即如何以更少的投入、更快的时间获得选举支持、职位晋升或者保证职位的稳定性是其主要偏好，为此，不惜以损害经济效率为代价。

---

① ［美］迈克尔·詹森，威廉·梅克林．企业理论：管理行为、代理成本与所有权结构//陈郁．所有权、控制权与激励．上海人民出版社，1998：5.

② ［英］简·莱恩．公共部门：概念、模型与途径．谭功荣，等，译．经济科学出版社，2004：218.

（2）诸如利润、销售额以及市场份额这样的经济产出指标通常是清晰和可衡量的，产出的可衡量性低却是公共部门的主要特点，从而使得政治委托人更难以分辨政治代理人的努力程度。正如詹姆斯·威尔逊所说的，在一个政府机构中消除偷懒现象的困难远远超出了标准的委托人—代理人理论所涉及的范围。① 政治代理人产出的可衡量性低主要是由以下几个方面的原因导致的：①出于平衡内部冲突，解决利益纠纷的目的，政治委托人需要出台一些内容含糊不清的政策，这些政策本身可能只是具有“广告效应”，并不是委托人意图的真实体现，反而给政治代理人留下了很大的创新空间，使其难以对政治代理人的表现做出有效评估。②政治代理人的产出效果通常需要很长一段时间才能完全显现出来，而政治委托人或政治代理人却具有一定的任期，很难及时衡量政治代理人的努力程度。③与经济代理人的产出可以通过货币或其他一致性指标来衡量不同，政治代理人的产出缺乏一种统一的衡量标准，很难通过市场手段来检验，对产出质量的评价在很大程度上建立在政治委托人主观感受基础之上，从而对不同的代理人的同一件委托事项，政治委托人可能得出不同的结论。

（3）与经济代理人相比，多项任务委托和多个委托人在公共部门更为常见。在政治委托代理关系中，政治代理人要承担多种任务，政治委托人的多元化以及政治委托人之间利益的异质性程度使得代理人对这些任务的重视程度不一，这要视其效率作用而定。而代理人的产出大多是不可衡量和多样化的，进一步增加了控制代理人绩效的难度。如果所要达到的目标是多重性的或不明确的，那么，很难说是否会有效完成或完全完成这些目标。②

（4）经济委托人可以借助激励合约的有效设计以及外部市场竞争来监督和约束代理人的行为。公共产出及其质量的可衡量性

① ［美］詹姆斯·Q. 威尔逊. 美国官僚政治.——政府机构行为的动因. 张海涛，译. 中国社会科学出版社，1995：191.

② ［美］詹姆斯·Q. 威尔逊. 美国官僚政治.——政府机构行为的动因. 张海涛，译. 中国社会科学出版社，1995：414.

差，而且政治代理人的产出又带有“团队工作”的特点，政治委托人很难根据代理人的具体绩效表现进行奖惩，经济激励在公共部门的使用面临着很大的限制。而公共部门通常并不面临破产或被收购的压力，公众也不能完全承担“用脚投票”的成本，蒂布特假设条件并不完全存在，这些都使得资本市场、产品市场乃至经理人市场并不能像约束经济代理人一样，对政治代理人发挥有效作用。总体而言，公共部门中事前有效激励措施的有限性，导致代理问题的解决只能寄希望于事后治理结构的选择。

（5）委托代理理论的经济学分析框架通常假定委托人和代理人之间存在信息不对称和利益冲突，从而产生了借助于激励和监督机制来解决代理问题的需要。与之不同的是，在公共部门的多委托代理框架下，委托人和代理人之间的信息分布和利益冲突程度则是一个变量，信息不对称和利益冲突仅是公共部门委托代理关系的一种，并不能概括公共部门委托代理关系的全部情况。①

（6）由于政治产出的不可衡量性、多项委托代理以及多个委托代理人等公共部门特性的存在，政治委托人更倾向于通过相对绩效比较，即通过“锦标制”式的绩效评估方式来权衡代理人的绩效和能力。

（三）研究方法

1. 案例研究方法

鉴于当前对“政策执行鸿沟”现象的把握大多从宏观角度进行考虑，本书拟通过具有中微观特点的个案分析方法来阐释中央政府对政策执行治理结构的选择及效果。案例研究是一种实证研究，它在不脱离现实生活环境的情况下研究当前正在发生和发展的现象；待研究的现象与其所处环境背景之间的界限并不十分明显。②案例研究的分析方法有助于我们了解政策执行的微观过程，通过收

---

① Richard W. Waterman, Kenneth J. Meier. Principal-Agent models: An Expansion. Public Administration Research and Theory, 1998, 8 (2): 173-202.

② ［美］罗伯特·K. 殷. 案例研究：设计与方法. 周海涛，李永贤，李虔，译. 重庆大学出版社，2004：16.

集和分析来源于文献、观察、访谈以及社会调查等多种渠道的资料，有助于更全面地把握事情的发生和发展情况。

罗伯特·K. 殷认为案例研究是研究关于“怎么样”以及“为什么”的问题。其包括五个方面：①要研究的问题；②理论假设（如果有的话）；③分析单位；④连接数据与假设的逻辑；⑤解释研究结果的标准。下面结合本书的案例来这简要地分析前三个方面的问题。

（1）要研究的问题。一般认为，研究的问题可以分为何时、为什么、怎么样、在哪里以及谁等五个方面的内容。殷认为，当所研究的问题涉及“怎么样”和“为什么”的时候，案例研究是比较好的研究方法。本案例所要分析的主要问题是：转型期的乡镇煤矿管制政策为什么会出现“政策执行鸿沟”现象？中央政府在政策执行治理结构方面作出了怎么样的选择和调整来解决该问题？

（2）理论假设。理论假设是围绕所研究的问题展开的，阐明了研究者期望从案例研究中探寻到的结果，能够使研究者将注意力集中在利用案例材料来证明提出的假设。本书的中心假设是：为了矫正“政策执行鸿沟”现象，将乡镇煤矿的管制置于自己的控制之中，中央政府将通过比较分析的方式选择交易成本较小的政策执行治理结构来约束地方政府的行为。

（3）分析单位。分析单位被用来考察和总结同类事物的特征，解释其中差异的单位。① 可作为分析单位的对象包括个人、行为、组织、群体等。依据交易成本理论的特点，本书将中央政府和地方政府之间发生的政策执行交易作为分析对象，主要考察为了保证交易的效果，中央政府是如何调整政策执行治理结构的。

2. 文献分析法

虽然本书的研究是建立在个案分析基础之上的，但是由于客观条件的限制，案例分析的主要材料来源于和乡镇煤矿管制有关的官

① ［美］艾尔·巴比．社会研究方法．邱泽奇，译．华夏出版社，2000：120.

方正式出版的文件、领导讲话和新闻报道等，因此，文献分析法实际上是本书的重要研究方法。文献分析法是在第一手材料难以得到或不够用时，通过收集和分析以文字、数字、音像等形式出现的文献资料来研究社会现象、社会发展规律和趋势的研究方法。

3. 比较研究法

比较研究法就是对不同事物或同一事物在不同发展阶段的表现进行比较和分析，以认识其差别、特点和本质的一种辩证逻辑思维方法。比较研究法主要可以分为纵向比较和横向比较两种，通过比较可以全面地分析问题和差距的根源。本书从纵向比较的角度来考察政策执行治理结构的选择及其在不同时期产生的政策效果。

八、研究框架

本书共分为六章，其逻辑结构如下：

第一章是导论，侧重于提出研究的问题；对与该问题有关的文献进行梳理；界定本书涉及的核心概念；提出本书的中心假设；介绍本书所运用的主要理论工具和研究方法。

第二章则是在委托代理框架下，应用交易成本理论的相关原理分析转型期间制度环境的变迁及其对地方政府官员行为动机实现的影响，并具体提出关于政策执行治理结构选择的研究假设。由于在委托代理框架下，为了有效约束代理人的行为，委托人通常需要在监督、激励和控制等机制方面进行选择和调整，以解决委托代理关系中出现的代理问题。因此，本书的有关节约交易成本的基本假设也主要围绕这三个方面展开。

第三章至第五章是本书的案例研究部分。其中，第三章分析了乡镇煤矿管制政策的“政策执行鸿沟”现象，重点介绍了乡镇煤矿管制政策出台的背景以及基本的政策内容，描述了乡镇煤矿管制政策在执行中出现的问题，使中央政府的政策意图不能得到很好地实现。第四章具体分析乡镇煤矿管制政策出现“政策执行鸿沟”现象的内在机制，重点阐述了中央政府与地方政府间的利益竞争关系以及双方的多委托代理关系是如何影响地方政府官员行为动机及其行为选择，进而导致中央政策意图落空的。第五章则侧重于分析为了解决乡镇煤矿管制政策中的“政策执行鸿沟”现象，中央政府是如何调整政策执行治理结构，以减少交易成本，从而实现管制效果的，并以此来验证本书第二章提出的基本理论假设。

第六章作为结论部分，总结了全书的分析思路，具体剖析了中央政府在政策执行治理结构调整方面的不完善之处，进而提出了相关政策建议。

第二章

政策执行治理结构选择的交易成本分析框架

按照交易成本理论，交易及其治理并不是孤立进行的，而是要受到制度环境和交易者特性的双重影响，制度环境通过影响交易成本来对治理结构的选择产生影响，制度环境的变化引起治理的比较成本的变化。① 交易者的特性——有限理性和机会主义则被看做交易成本产生的根源，它们赋予交易不确定性，使得交易预期不可能通过事前的详细规划来加以确定，而必须依靠事后治理结构的选择来达到节约交易成本、完成交易的目的。作为一系列用来建立生产、交换与分配基础的基本的政治、社会和法律基础规则的制度环境，② 主要是通过社会利益主体之间的博弈，经过公共选择过程建立和形成的，治国者在其中起着主导作用。它不仅界定了活动于其

---

① ［美］奥利弗·E. 威廉森. 治理机制. 王健，方世健，等，译. 中国社会科学出版社，2001：272.

② ［美］科斯，阿尔钦，诺斯等. 财产权利与制度变迁. 刘守英，等，译. 上海三联出版社，2000：270.

中的人们行为的选择集，对权利的配置、个人的活动空间和资源的可获取性等进行了明确的约定，而且对规范和调解人们行为的具体制度安排进行了限定，各种制度安排需要与既定的制度环境保持一致。

“政策执行鸿沟”现象在我国转型后广泛出现应该可以看做受到了制度环境变迁的影响。转型本身就是由制度环境变迁所推动，使人们的行为方式和价值观念等都发生了很大变化，也促使地方政府的行为动机和角色发生了深刻转变。一般而言，对转型期的内涵主要有两种理解，一是体制的转轨（institution transition），即从高度集中的计划再分配经济体制向社会主义市场经济体制的转轨；二是结构的转型，即从农业的、乡村的、封闭的传统社会向工业的、城镇的、开放的现代社会的转型。① 本书则侧重于从经济体制转型角度来看待转型期，将其看做从1978年改革开放以来我国逐步推行的由计划经济体制向完善的市场经济体制转变的一段过渡时期，这段过渡时期的政治、经济和社会体制的特点既不完全符合计划经济体制的要求，也没有满足成熟市场经济体制的要求。从表面来看，经济体制转型推动了资源配置方式和配置结果的转变，更深层次的是，经济转型还促使社会结构、社会运行机制以及社会价值观念发生了深刻变化，而蕴涵其中的则是各种社会利益的分化和整合，原来由计划经济体制调节的利益格局逐渐为市场经济体制调节的利益格局所取代。社会各阶层和群体的利益意识在转型期逐渐觉醒，政府不能再以单一的利益主体的名义出现，统率社会各阶层和群体的利益要求，进而使政府和社会之间、中央政府和地方政府之间充斥着摩擦和矛盾。这种利益分化改变了地方政府在我国政治体制中所扮演的角色，使其不再仅仅以中央政府代理人的面目出现，而是积极寻求所代表的地方利益和自身利益，进而提高了中央政府和地方政府间交易的难度，也对中央政府解决交易困境问题提出了更高的要求，中央政府不能凭借一套既定的、适应计划经济体制要求的治理结构来保证转型期所有政策执行的效果。

---

① 陆学艺等．中国新时期社会发展报告．辽宁人民出版社，1997：1.

从计划经济体制向市场经济体制的转型显然是建立在多次和多种制度环境演变的基础之上，通过全方位的社会变革来带动市场经济体制的最终建立。本书在此主要考察对地方政府在转型期的行为产生至关重要的影响的两种制度环境的变迁，即合法性基础的转换以及财政分权制度的推行。前者对地方政府的行为取向以及激励和约束地方政府的具体制度安排产生了影响，后者则导致地方政府的角色和价值取向发生了变化。

就交易者特性而言，交易成本理论只是指明了有限理性和投机是交易者的基本个性特征，而处于政治市场中的交易者的投机取向是不同于交易者在经济市场中的投机取向的，因此，对政治市场交易者，尤其是地方政府官员投机取向或者行为动机的分析是本章另外一个重点内容。在具体说明制度环境和交易者特性之后，本章的第三节将在委托代理框架下，依据制度环境和交易者特性对政策执行的影响，提出具体的关于政策执行治理结构选择的研究假设。第四节是对本章内容的小结。

第一节　制度环境的变迁

一、合法性基础的转换：以经济建设为中心

任何政府的统治都不能完全建立在强力或物质诱惑的基础上，必须寻找政权得以巩固、人们能够认同和顺从的合法性基础。一切经验表明，没有任何一种统治自愿地满足于仅仅以物质的动机，抑或仅仅以情绪的动机，抑或仅仅以价值合乎理性的动机，作为其继续存在的机会。毋宁说，任何统治都企图唤起并维持对它的“合法性”的信仰。① 在韦伯看来，“合法性就是人们对享有权威的人们的地位的承认和对其命令的服从”。社会公众之所以会信任某种统治并依其命令行事，可能是出于传统、情感、某种价值信念或是

① ［德］马克斯·韦伯．经济与社会．林荣远，译．商务印书馆，1998：239.

对某些成文规定的认可。① 统治的合法性能够降低被统治者的服从成本，使统治者发布的法令能够得到被统治者的遵从，如果大多数公民都确信权威的合法性，法律就能比较容易和有效地实施，而且实施法律所需的人力和物力的耗费也将减少。② 合法性对于政治统治的极端重要性使得统治者都致力于寻求、发掘和维护本国的合法性资源，以维护统治的正当性，减少统治的摩擦和冲突。

在自韦伯以来的众多学者对合法性内涵及其来源的探讨中，政府统治的有效性，即在大多数居民和大企业或武装力量这类有力量的团体看政府的基本功能时，政府系统满足这种功能的程度，③ 能否构成合法性的来源成为其中的分歧之一。与李普塞特将有效性和合法性截然分开，认为两者并不存在前者决定后者的关系不同，亨廷顿则将有效性看做统治合法性可供选择的来源之一，他在论述威权政权的合法性基础选择时，认为 20 世纪 60 年代和 70 年代的威权政权几乎毫无例外地被迫把政绩当做合法性的主要来源之一，如果不是唯一来源的话。④ 本书并不想对能否把来源于有效性——政府绩效——的合法性作为独立的合法性类型进行评述，这也超出了本书的研究范围。本书倾向于认为，有效性虽然不能成为与韦伯意义上的传统、魅力和法理性权威相并列的合法性类型，但有效性对统治合法性的维持无论怎么强调都不过分，各种合法性类型都不能忽视对公民需求的满足，如果一个政府长期以来始终不能满足人民的需要，难以想象这个政府会有可靠的合法性。⑤ 事实上，韦伯在分析三种合法性类型时，也指出了有效性的重要意义。在谈到个人魅力型合法性时，他就指出，如果个人魅力者“长久未能取得成

① 郑戈．韦伯：法律与价值．上海人民出版社，2001：67.

② ［美］加布里埃尔·A. 阿尔蒙德等．比较政治学：体系、过程和政策．郑世平，译．上海译文出版社，1987：36.

③ ［美］西摩·马丁·李普塞特．政治人——政治的社会基础．张绍宗，译．上海人民出版社．55.

④ ［美］塞缪尔·亨廷顿．第三波——20 世纪后期民主化浪潮．刘军宁，译．上海三联书店，1998：59.

⑤ 胡伟．合法性问题研究政治学研究的新视角．政治学研究．1996（1）.

就，尤其是倘若他的领导没有带给被统治者以幸福安康，那么他的魅力型权威的机会就会消失”。① 而韦伯在谈到以对成文规定的遵从为基础的法理型“合法性”统治时，也认为法律秩序的正当性来自于人们对特定外在后果的预期或者是对利益情势的判断。② 有效性或政府绩效对统治合法性的影响也体现在我国转型时期政府对经济增长绩效的重视程度上。

在结束“文化大革命”，全国百废待兴之际，中央政府提出将国家的工作重心从“以阶级斗争为纲”转到以“经济建设为基础”上来，由此拉开了我国经济建设的大幕。不少研究者已经就转型期以来我国政府合法性基础转换进行了讨论，其中不乏颇有见地的观点。③ 因而，本书在此只是从当时内外部环境的角度简要分析我国选择有效性——经济增长——作为政府合法性基础转换的原因及其对中央与地方政府间交易行为的影响。

中华人民共和国成立后的很长一段时期，在实现共同富裕的共产主义的美好前景的感召下，人们的物质利益诉求受到了严重束缚，期盼通过短期的奉献获得长期的回报，这种对美好前景的宣传和憧憬、对共产主义信念的灌输以及国家领导人在国家政权建设中通过身体力行展现的个人魅力就构成了转型前政府合法性的主要来源。在精神感召和意识形态宣传下，人们自觉服从政府的领导，尽可能地为共产主义目标的早日实现做出各种牺牲。然而，政府合法性基础的构建并不能长期脱离实际的绩效表现，政府绩效表现不佳，不能够兑现早期的美好诺言，无意中会滋生一种怀疑、沮丧和悲观的社会氛围，诱导人们重新审视政府行为和理念，进而动摇自身对政府合法性的信念。在东西方阵营对抗的 20 世纪七八十年代，

① ［德］马克斯·韦伯．经济与社会．林荣远，译．商务印书馆，1997：270.

② 郑戈．韦伯：法律与价值．上海人民出版社，2001：91.

③ 参见张健．合法性与中国政治．战略与管理，2000（5）；康晓光．经济增长、社会公正、民主法治与合法性基础——1978 年以来的变化与今后的选择．战略与管理．1999（4）；裴德海．合法性资源的供给与再生．江淮论坛．2004（1）．

随着获取信息渠道的多样化，人们开始了解到资本主义和社会主义经济绩效的巨大反差，由此可能对马克思主义者许下的美好生活的诺言产生不信任感，一旦任由这种不信任感蔓延下去就会严重动摇政府的统治基础。除了面临国外的竞争约束外，国内落后的经济状况、人们生活的窘迫感和对改善生活水平的迫切需要并为此不惜铤而走险,① 也迫使政府选择经济增长作为当前一切工作的重心。为了突出社会主义的优越性，经济发展就成为头等大事，邓小平在不同的场合多次发表了关于促进经济发展的讲话。经济增长被邓小平看做体现社会主义优越性和“满足人民群众日益增长的物质文化生活需要”的主要方式，成为政府合法性的新来源，这一点体现在 1978 年党的十一届三中全会决定的“将党的工作重心转移到经济建设上来”。值得注意的是，经济增长虽然成为维持政府合法性的主要途径，但是政府并没有放松意识形态诉求，而是拓展了意识形态的内涵与外延，使其具有更多的灵活性和包容性，为国家经济的转型和健康发展扫除意识形态上的障碍。

“以经济建设为中心”的工作重心的转移给我国的政治、经济和社会生活等方面带来了巨大变化，这已经是无可争辩的事实，干部任用制度的变化就是其中之一，这种变化进而影响了政府尤其是地方政府的行为方式。一方面，经济建设的开展对干部队伍人才素质提出了更高要求。另一方面，在衡量干部能力的各种标准中，与经济发展速度相关的指标在干部任用选拔中占有相当大的比重，地方政府官员对中央政府的忠诚度在干部选拔任用中的作用逐渐降低。“以经济建设为中心”提高了地方政府发展经济的主动性，通过追求经济发展速度来显示自身能力，无疑成为各级地方政府官员的理性选择。换句话说，“以经济建设为中心”助长了地方政府片面追求地方经济发展的“政绩导向”，使其不惜以牺牲环境、公民个人的合法权益乃至中央政府的利益来追求经济增长，从而导致“政绩工程”的泛滥和地方经济的“虚假繁荣”。

---

①　如安徽凤阳小岗村 20 户农民私下的分田到户行为就反映了当时的那种“衣不裹体，饭不饱肚”的惨状。

为了保持上下一致追求经济增长的连续性，上级单位通过将经济发展指标层层分解和加码的方式分摊到下级单位，并附之以各种奖惩要求的责任状，这就自上而下地形成了转型期的压力型体制。① 地方政府即使想平衡经济发展与环境保护、教育水平等社会发展的关系，促进各方面的和谐发展，但是在“压力型体制”面前，它们也会产生莫名的“无力感”，无法冲破“压力型体制”的束缚，除了疲于应付上级政府交付的各种任务以外，实际缺乏应有的自主权。在衍生于“以经济建设为中心”的制度环境的“压力型体制”的作用下，地方政府的利益与其上级政府有着更密切的联系，双方形成了同盟或庇护关系，地方政府官员追求自身利益和满足上级要求的能量得到了最大限度地释放，他们违背中央政策精神，损害中央政府利益，追求地方经济发展的行为并不会受到上级官员的惩处，反之，如果地方政府官员以损害上级政府的利益为代价而维护中央政府利益，那么可能还会受到上级政府或明或暗的惩治。如果执行中央政策不仅不利于地方政府官员获得奖励，还使其面临被上级政府斥责的危险，那么选择性地执行中央政策将成为其追求“官僚效率”的理性选择。毕竟，对于理性的个体而言，丧失已经拥有的资源比获得额外资源对自我的生存会产生更大的精神和身体威胁。② 那些能够满足地方经济发展的中央政策或者符合上级政府官员利益要求的政策将在地方政府政策执行时位于前列。一旦中央政策和地方政府的利益追求发生冲突，“政策执行鸿沟”现象就可能会出现。

毋庸置疑，在经济增长或政绩基础之上的合法性建设在我国的转型期也逐渐显露出了“政绩困境”，效率和公平、经济增长和环境保护等矛盾并没有在政绩型合法性框架内得到有效协调和解决。单一的经济增长速度显然不能成为政府合法性的唯一支撑，生活水

① 荣敬本等．从压力型体制向民主合作体制的转变　县乡两级政治体制改革．中央编译出版社，1998：28.

② ［美］林南．社会资本——关于社会结构与行动的理论．张磊，译．上海人民出版社，2005：45.

平的提高使得人们对政治参与、民主法制等提出了更高要求，这随之唤起了决策者和研究者对合法性基础的反思和调整。中央政府提出的依法治国、建立和谐社会、追求科学发展观等治国理念实际上就是这种思考在实践中的体现，这种治国理念的反思和转变将逐渐影响地方政府行为方式。尽管如此，对于我国这样的发展中大国而言，通过追求经济增长来实现共同富裕在相当长的一段时期内仍是党和国家的工作重心，只不过这种增长需要从片面追求速度转变到速度和质量并重，这也将使得对地方政府行为的有效调控成为中央政府极为紧迫的任务。

二、财政体制转型：财政分权改革的实施

按照传统的财政分权理论，由于地方政府在提供公共物品的过程中更加贴近纳税人，更容易了解纳税人的需求和效用函数，当纳税人具有“用手投票”和“用脚投票”的权利时，将会选择那些提供公共服务的质量和数量与自己缴纳的税收相称的地方居住。传统财政分权理论不仅论证了地方政府存在的必要性，而且还说明由地方政府掌握更多的资源配置方面的权力，将能更好地满足纳税人的个性化需求，实现资源配置的“帕累托”效率。但是，传统的财政分权理论大多是从规范的角度解释分权的必要性，其论证的条件在“真实世界”中并不完全具备，而且根源于西方“土壤”的传统财政分权理论并不能有效地说明我国转型期实施财政分权的理由。为了更好地解释财政分权的内在机制，本书将通过交易成本理论中的“团队生产”模型来说明转型期实施财政分权的必要性及其对地方政府行为的影响。就此而言，财政分权体制改革也可以看做复制了企业的激励约束机制。

在阿尔钦（Armen A. Alchain）和登姆塞茨（H. Demsetz）提出的团队生产模型中，由于团队的产出是合作劳动的结果，每个成员对最终产出的贡献是彼此难以衡量和监督的，因而需要专门的监督者来履行监督职责，降低队成员的偷懒程度，而为了保证监督者有效地开展监督工作，在市场竞争的基础上让其享有团队产出的残余报酬是最好的激励机制。在这个团队生产模型中，信息费用和激

励机制是古典企业产生的关键。在一个完全信息或交易成本为零的世界中，团队成员彼此之间的努力程度、对产出的最终贡献等情况都能够一清二楚的话，或者成员之间彼此利益一致，不具有偷懒的投机心理，那么就不需要设置专门的监督者职位来提高队的生产效率了。如果监督者不能享有剩余报酬，那么他也将缺乏监督的积极性，偷懒或者与其他成员合谋来谋取不当利益。团队生产模型虽然是用来说明古典企业的产生是高昂的信息费用使然，然而，它所蕴涵的原理——交易成本过大——也能用来说明实施财政分权的缘由。

在转型之前，我国实行的是“统收统支”的财政管理体制，地方政府的所有收入都要上缴国家财政，再由国家财政统一安排资金的支出项目。在“统收统支”的体制下，地方财政收入的多寡与本地经济发展的好坏关系不大，由中央政府统一分配，地方政府在统一分配中所占有的比重则取决于地方官员的声望、地方政府的地理位置及其重要性等方面的因素。这种“一灶吃饭”式的财政管理体制是建立在信息完全和利益一致的假设之上的，中央计划者被看做无所不知的全能管理者，它能够通过精密的计算实现资源的优化配置，能够缔造有关社会变化的一个综合性理论，用它来引导社会;① 与此同时，社会主义的劳动者也被假想为具有一致的利益，除了国家利益之外，再无特殊利益，“人们的需求有着根本的和谐一致”。② 显而易见，信息完全和利益一致的假设使国家机器运行在一个“零交易成本的世界中”，这种假设是与现实相违背的。经济计划的制订需要计划者对需求数量和结构、供给能力、技术水平以及环境变化等掌握详尽的信息，并能够计算出供求平衡所需要的具体投入数量，这无疑需要耗费巨大的交易成本，并超出了个人的理性范畴。中央计划当局不可能像一个企业的经理人员那样

① ［美］查尔斯·林德布罗姆．政治与市场．王逸舟，译．上海三联书店、上海人民出版社，1995：368.

② ［美］查尔斯·林德布罗姆．政治与市场．王逸舟，译．上海三联书店、上海人民出版社，1995：371.

成功地收集、处理整个国民经济的绝大部分宏观、微观信息，也不可能准确、及时地作出决策，并直接监督各微观单位执行这些决策。①

与团队生产一样，整个国家的产出和经济增长也是全体劳动者合作和努力的结果，不能有效显示成员的努力水平或者成员的报酬不能与其努力程度挂钩时，成员就有偷懒的动机和行为，从而导致生产的低效率和产出的下降。在计划经济体制中，劳动者的利益被看做具有“同质性”，大家共同为实现共产主义目标而奋斗，每个劳动者都被号召为此而作出牺牲，国家为其提供并不能体现其劳动价值的工资，个人利益需求被严重压抑着，在这种情况下，由于“干与不干”、“干多干少”并没有什么差别，劳动者自然就会产生卸责和偷懒的行为。虽然国家为了提高劳动生产率也设立了无数个监督者岗位，国有企业和政府的领导层本身就是社会生产的监督者，但是这些监督者并不能享有监督剩余，自然也就缺乏监督的动力了。在“统收统支”的财政管理体制下，地方经济发展的好坏与地方政府能够掌握的财政收入并没有必然联系，而是取决于地方政府自身的地位和谈判实力。因而，地方政府的主要精力不是放在有效履行监督和执行职能，推动地区经济的发展和提高地方财政收入上，而是用于和中央政府讨价还价，向中央政府抱怨，诉说预算缺口给地方经济发展造成的困境，争取从中央政府获得更多的预算和经济资源。因此，在财政集权的管理体制下，地方官员的行为特征类似于尼斯卡宁（William A. Niskanen）的官僚经济模型，追求预算的最大化。②

与团队生产模型不同的是，计划经济体制国家还可以通过意识形态教育来唤起和维持劳动者对国家利益的认同，通过成员之间的彼此监督和揭发来惩罚生产中的卸责者和投机者。于是，精神激励

① 胡书东．经济发展中的中央与地方关系——中国财政制度变迁研究．上海三联书店，2001：42.

② 杨瑞龙．中国制度变迁方式转换的三阶段论——兼论地方政府的制度创新行为．经济研究．1998（1）．

就被看做物质激励的替代和补充，充当着控制者的角色。计划经济体制国家的意识形态教育将国家计划者的观点和追求作为宣传和灌输的重点，是一个通过纯粹单向度的政府说服实施的制度，是一个旨在实现中央的理想抱负的制度。① 然而，意识形态教育对生产的促进作用也存在临界点，超过了临界点，意识形态教育产生的效用就呈现出弱化的趋势。当个人的奉献与觉悟长期无法获得物质上的回报，仍然是饥一餐饱一餐，当宣传的目标仍然遥不可及的时候，社会的运行就会出现问题，作为劳动者努力的替代品，卸责和偷懒将是其降低劳动消耗的最好选择。当包括搜集信息、激励和代理成本在内的交易成本长期得不到有效降低的时候，社会经济的运行就会日趋下降和停滞，以至于产生严重的社会危机。

在队生产模型中，为了解决团队生产中的“卸责”问题，阿尔钦和登姆塞茨引入了监督和激励机制，设立监督职位，赋予监督人拥有全部剩余报酬的权力，并通过市场竞争机制来监督和控制队生产监督人的行为，由此推动了古典企业的产生。我国转型期的财政分权改革实际上也遵循了同样的思路，只不过作为社会经济发展监督人的地方官员的角色早已存在，亟待解决的是推动地方政府履行监督职能的激励机制，解决的办法就是“分灶吃饭”。

自 1980 年起，我国推行了又一次的财政体制改革，由“分灶吃饭”取代了“一灶吃饭”的财政管理体制，其目的在于改善对地方政府的激励机制，使地方官员成为地区经济发展收入的“剩余索取者”和“剩余控制者”。“分灶吃饭”的财政管理体制虽然有各种不同的具体形式，② 但其实质是在中央政府和地方政府之间划分收入，在给中央政府上缴一定比例和数量的财政收入之后，地方政府可以自由支配剩余的财政收入。在这种分权的财政管理体制

① ［美］查尔斯·林德布罗姆．政治与市场．王逸舟，译．上海三联书店、上海人民出版社，1995：76.

② 参见周振华．体制变革与经济增长——中国经验与范式分析．上海三联书店，1999：152.

之下，地方官员占有和支配的财政收入的高低不再主要取决于中央政府的分配和划拨，在很大程度上是由地区经济发展状况以及与中央政府签订的收入上缴合同有关。正如激励和监督机制的引入推动了古典企业的产生一样，"分灶吃饭"的财政管理体制的实行强化了对地方官员的经济激励作用，地方官员可以将可支配的"剩余收入"投入那些能够在短时期内显示其能力高低的经济建设领域，也使地方官员的角色发生了转变。在保留原有的作为中央政府的代理人，执行中央政策的"政治角色"之外，地方官员还成为谋取"剩余利润最大化"的"政治企业家"，① 而以"经济建设为中心"的治国理念的提出则进一步强化了地方官员对"企业家"身份的认同感，实际上充当了相当于董事长和首席执行官的角色。② 地方官员角色的转变使其对待中央政策的态度也相应地发生了变化，地方官员不再是仅从代理人的身份来评判中央政策的内容，而是用"经营者"或"企业家"的眼光来审视中央政策对地方"剩余利润"造成的影响，这种角色和价值观念的转变实际上可以说明"政策执行鸿沟"现象为何在转型期大量出现。

财政分权体制改革对地方政府行为以及中央政府和地方政府之间交易的影响在于：首先，改变了中央政府和地方政府之间的权力对比关系，降低了地方政府对中央政府的财政依附性。几乎在推动财政分权体制改革的同时，中央政府还在投资、人事、金融领域进行了相应的分权改革，这些分权改革的实施不仅使地方政府获取了资源投入的收益权，而且还具有将这些资源投入转化为财政收入的自主权和决策权。在分权体制下，可供地方政府支配的财政收入更主要地取决于地方官员通过吸引资本、人才和资源等方式推动地方经济发展的能力，而不是与中央政府讨价还价的能力，这使得地方

---

① 关于转型期地方政府角色的转变的论述，可以参见邱海雄，徐建牛．市场转型过程中地方政府角色研究述评．社会学研究，2004（4）．

② Jean C. Oi. The Role of the Local State in China's Transitional Economy. The China Quarterly，1995（144）：1132-1149.

政府不仅仅是单纯作为中央政府的代理人而存在，还成为地方利益的代表者、地方政府官员自身利益的追求者以及中央政府利益的竞争者，进而使得地方政府之间竞争的性质和内容也发生了相应的变化。其次，改变了地方政府与地方企业之间的关系。一般而言，生产经营状况是竞争性企业面临的“硬约束”，一旦企业财务状况不佳，企业就面临着破产倒闭的威胁。与此相似，地方官员在具有“企业家”身份的同时，也要面临相应的财政约束和合法性约束，“合法性约束”虽然更为重要，但是其实现仍然依赖于可供地方官员支配的财政收入水平。财政分权体制赋予了地方政府相对独立的税收产权主体的地位，那些有助于提高地方政府税收的企业就会受到地方政府的别样的待遇和关注，那些不能增加地方税收，反而要求地方政府提供财政补贴的企业则相对地受到地方政府较少的关注。最后，在“分灶吃饭”的体制之下，中央政府在与地方政府划分收支的同时，也将弥补财政收入不足的责任转移给了地方政府。也就是说，一旦出现了财政赤字，地方政府将不得不依靠自身的力量加以解决，这样一来，地方官员面临着很强的预算约束。预算约束的强度呈现出自上而下逐渐加强的趋势，越是基层政府官员，承担的财政支出责任越重，可自由支配的合法预算越少，其筹集财政收入的积极性和紧迫感也就越强。

制度环境变迁为地方官员创造了“政治企业家”① 的身份，不过与经济市场中的“企业家”相比，“政治企业家”不大可能将获得的剩余利润据为己有，使其作为提高自身收入水平的主要来源，而地方官员的任期制和交流制度也使得“政治企业家”不大可能将获得的收益用于谋求地方经济的长远发展。那么作为“政治企业家”的地方官员的行为动机究竟是什么呢？这种动机又是如何对“政策执行鸿沟”现象产生影响的呢？

---

① 柯武刚和史漫飞认为政治企业家是指那些靠推行或阻碍制度变革以谋取政治好处的任何机构，参见［德］柯武刚．制度经济学．史漫飞，译．商务印书馆，2001：490.

第二节　行动者动机分析①

有限理性和机会主义是交易成本理论作出的关于交易者的人性假设。前者意味着交易者虽然尽量追求理性的结果，但是受个人能力所限，并不能搜集关于交易的全部信息，也不能对未来作出准确的预测，将交易中可能发生的风险都考虑进去，从而签订面面俱到的交易合同。理性有限是一个无法回避的现实，因此就需要正视为此所付出的各种成本，包括计划成本、适应成本以及对交易实施监督所付出的成本。② 后者则是指不充分揭示有关信息，或者歪曲信息，特别是指那些精心策划的误导、歪曲、颠倒或其他种种混淆视听的行为。③ 在交易过程中，“逆向选择”和“道德风险”是两种典型的投机风险，交易者可以通过操纵信息的方式为自己谋取不正当的利益。

按照公共选择理论的基本观点，行动者的个人特征不会因其所处的市场环境的差异而出现变化，追求个人私利最大化是个人的一致性追求。也就是说，政治交易者也具有有限理性和机会主义的个性特征。然而，一旦将交易成本理论应用于政治交易或者说政策执行分析，那么交易者追求的利益将不同于经济市场交易者，后者追求的主要是经济利益，只不过是谁受益、谁受损的问题，前者的利益追求将更为复杂，既可能是经济利益，也可能是政治利益，还可能是两者的混合。因此，有必要仔细分析政策执行过程中的两个主要交易主体，即中央政府和地方政府各自的行为动机，根据假设的交易者的动机来理解交易者的行为。值得一提的是，地方政府虽然

---

① 由于地方政府的决策以及中央政策的执行主要受地方政府领导人即“一把手”的影响，因此，本书将地方政府的决策看做通过地方政府“一把手”来完成的，将地方官员看做地方政府的“一把手”。

② ［美］奥利弗·E. 威廉姆森. 资本主义经济制度. 段毅才，王伟，译. 商务印书馆，2002：70.

③ ［美］奥利弗·E. 威廉姆森. 资本主义经济制度. 段毅才，王伟，译. 商务印书馆，2002：72.

是作为中央政府代理人而存在，但是地方政府的行为却主要借助于地方官员——地方行政首长——的行为体现出来，因此对地方政府行为动机的分析实际上是建立在对地方官员行为动机的分析的基础之上。此外，地方政府本身并不是一个无缝隙的整体，而是由具有不同利益和任务的地方政府工作部门及其官员构成，他们直接承担着将中央政策付诸实施的任务。地方官员和地方政府工作部门官员就构成了中央政府在中央政策执行过程中要面对的两个主要交易者，共同成为中央政府的代理人。不过，本书假定作为中央政府的共同代理人，地方官员与地方政府工作部门官员具有类似的行为动机，而且地方官员的行为直接影响着地方政府工作部门官员行为动机的实现，二者实际上也构成了委托代理关系。因此，地方官员的行为动机就成为本书分析地方政府动机的重点。①

依据诺斯的国家模型，国家统治者也是“经济人”，在面临竞争约束和交易成本约束的条件下，依据选民团体实力的大小，统治者有针对性地提供服务，追求垄断租金的最大化。在此，统治者追求的垄断租金实际上可以用多种形式来表示，既可能是财政收入的最大化，也可能表现为统治的持久性、统治者在国际上的声望等。由此出发，本书将中央政府的行为动机假定为：通过出台相关的公共政策来谋求获得政治支持的最大化，从而实现政权的稳定性和持久性，而无论是推动经济发展还是维护政权的稳定性，中央政府都面临着极为紧迫的交易成本约束，从而产生了减少交易成本的需要。按照丹尼尔·布罗姆利的“制度交易”理论，可以将中央政府实现这种政治支持最大化的公共政策类型分为四种：（1）提高生产效率；（2）重新分配收入；（3）重新配置经济机会；（4）重新分配经济优势。② 本节的余下内容将在委托代理框架下重点分析地方官员的行为动机及其对地方官员行为的影响。出于分析的方

① 为了分析的方便，有时候会把地方官员和地方政府工作部门官员统称为地方政府官员，用地方官员的行为指代地方政府的行为。

② ［美］丹尼尔·W. 布罗姆利. 经济利益与经济制度——公共政策的理论基础. 陈郁，等，译. 上海三联书店、上海人民出版社，1996：153-168.

便，本书将地方官员看做无差异动机的行动者。

就地方官员或官僚的行为动机而言，西方研究者很早就提出了较有说服力的行为假设，如“官僚力图使其自由决定的预算最大化”（尼斯坎南，2004）、“官僚追求自主权的最大化”（威尔逊，1995）以及“机构形塑”模型（敦利威，2004）等。毫无疑问，这些行为假设大多具有真实世界的经验支持，但是这种源于对西方政治生活的观察和体验所提炼出的行为假设对我国地方政府官员行为的解释仍然有待验证。因此，本书对地方官员行为动机的假设立足于转型期我国政府体制本身的特点。

一、职位晋升追求

在委托代理关系中，为了实现自己的目标，委托人必须设计出有效的激励合约，以引导代理人将个人利益的实现寄托在委托人目标基础之上，在委托人和代理人利益结合最为紧密的地方，委托人的利益通常最容易得到满足。与股东可以通过采取将经理的收入与公司利润挂钩的方式来激励代理人的行为不同，政府机构通常缺乏诸如高工资和高奖金这样强效的激励机制，也就是说政府机构内部存在激励不足的特点。低效度的经济激励通常需要使用高效度的其他激励机制来补充，由于政府官员的收益通常与其在层级制中所处的位置有着密切关系，职位越高就意味着官员来自职位产权的收益越大，有鉴于此，泰尔勒（Tirole）才认为，在政府机构内部存在激励不足的情况下，对职位晋升、工作前景以及重新当选等职业发展的关注在政府机构内部取代了金钱对人员的激励作用。①

政府职位实际上是一种稀缺资源，不可能所有的代理人或者潜在的晋升候选人都能够被委托人提升，只有其中的最优秀者才能从中脱颖而出。于是，晋升就取代了物质激励，成为政府委托代理关系中，委托人激励和约束代理人的高效激励机制，也成为政府官员的主要追求目标。政府官员对晋升的追求也可以看做对职位产权收

---

① Jean Tirole. The Internal Organization of Government. Economic Papers, 1994（46）：7.

益的追求，罗斯（1986）认为，在多阶段的竞争中，与最高职位相关的报酬创造了对于所有较低职位的雇员的激励。① 组织成员的行为可以看做由其动机和组织制度共同影响和塑造，动机是成员行为的内部发生装置，而制度则是组织成员行为的约束机制。由于通过物质报酬激励地方官员努力工作存在各种困难，“提拔制度以及各种监督制度就构成政府体制中最重要的激励约束机制”。② 职位晋升虽然能够将中央政府和地方官员的利益联系在一起，但其前提是，委托人能够直接影响和控制代理人的晋升路径。随着制度环境的变迁，我国的干部管理制度也相应地做出了调整，从 1984 年起施行了“下管一级”的干部管理制度，在这种情况下，中央政府在省级以下地方官员的任用和晋升方面只存在间接影响力。一旦委托人和代理人之间的利益只有微弱的联系，代理人的投机心理和投机冲动就会不自觉地被释放，所以转型以来地方官员对中央政策的不服从大量存在于省级以下的各级政府之中。与此同时，地方官员的晋升要求也在转型期发生了变革。在转型前，地方官员的晋升主要是考核其对中央政府的忠诚程度和中央政府命令及计划的执行情况，在转型期，能力和个人特征则成为对地方官员考核的主要指标。

在委托人和代理人之间存在信息不对称的前提下，代理人能力、品性等方面的信息难以被委托人了解，逆向选择风险就存在于委托代理关系之中。当信息不均匀地分布时，不仅存在着对获取信息的刺激，而且存在着对传播信号的刺激。③ 信号的传递和表现通常需要消耗成本，代理人将选择自身能够承受的最经济和最方便的信号传递方式。经济市场中的逆向选择风险的解决可以借助于信号传递和信息甄别的手段，前者是指代理人向委托人发送关于自己真

---

① ［新西兰］穆雷·霍恩．公共管理的政治经济学——公共部门的制度选择．汤大华，译．中国青年出版社，2004：130.

② 王小龙．经济转型与激励机制——政府治理与私人交易中的契约设计．经济科学出版社，2005：218.

③ ［美］肯尼斯·阿罗．信息经济学．何宝玉，等，译．北京经济学院出版社，1989：166.

实能力的信息，后者则意味着委托人通过提供具有不同风险和酬劳的激励合约来筛选代理人。要使代理人能够如实地公开其掌握的关于自己能力的真实信息，就需要在酬劳和信息之间建立联系，以促进委托人所需要的信息公开化。

但是，低效度的物质激励是政府部门的共性，政府部门的工资、奖金等货币报酬都受到了很大约束，政府官员的收入不能随意增减，激励合约难以在挑选代理人的过程中发挥作用。当委托人难以通过信息甄别来选择代理人时，代理人主动进行信号传递就成为有效途径，通过信号传递有效反映代理人能力的高低，而信号传递的长短和强弱就成为代理人吸引委托人注意力的关键。地方官员不仅要向委托人传达自身能力有关的信号，还需要考虑“官僚效率”问题，即如何以最经济的成本，在最短的时间内以最强的信号向委托人传递有关自身能力的信息。因而，在不能向官员支付更多的报酬，或不能创设一个更高工资的职位的条件下，竞争能通过提供获得固有高层职位的机会来维持激励。① 相对而言，我国当前政府职位产权固定报酬的等级差距是比较大的，这自然强化了政府官员追求晋升的动力，据报道，北京市 2004 年进行了被称为“3581”的工资薪酬改革。改革后，科级、处级、局级的月薪约能达到 3000 元、5000 元和 8000 元。由此可见，公务员的工资待遇和职务的关系更加密切，而职级之间的工资差别很小，一个级别之间最多相差几十元。②

职位晋升竞争类似于“锦标制”，每个待晋升者能否获得晋升将取决于与其他竞争对手相比，自己发送信号的长度和强度情况，从竞赛中脱颖而出的地方官员将获得晋升。这种“锦标竞赛”有助于减少上级委托人在挑选合适代理人过程中遭受的外界噪音的干扰，能够较容易地选拔出参与“锦标竞赛”的优胜者。纳尔波夫

---

① ［新西兰］穆雷·霍恩．公共管理的政治经济学——公共部门的制度选择．汤大华，译．中国青年出版社，2004：130.

② 刘英丽．《公务员法》：入仕未必求升官，http：//cul. sina. com. cn/s/2005-03-24/117172. html.

(Barry J. Nalebuff) 和斯蒂格利茨 (Joseph E. Stiglitz) 认为，这种包括职位晋升在内的“锦标竞赛”所提供的激励效果在一定条件下要强于单纯依靠基于个人产出的激励方式。① 在这种“锦标制”中，地方官员早期的职业生涯将对其今后的晋升路径产生至关重要的影响，只有从“锦标”中获胜才能获得参与下轮“锦标”、晋升更高职位的资格。在美国社会学家罗森鲍姆 (James Rosenbaum) 看来，成员在组织中获得晋升的时间越早，该成员在今后晋升的可能性就越大，其晋升的职位也高于那些晚于自己获得晋升的成员。② 由于以经济建设为中心在转型期已经成为全国各级政府工作的重心，借助于地区经济增长水平的高低来显示自身能力就成为地方官员的有效选择，地方官员掌握的“剩余财政收入”的自由支配权则为此创造了可行性条件。经济发展越快，国内生产总值越高，上缴的税收越多，表明地方官员的能力越强，地方官员获得晋升的可能性也就越大。

除了能力因素以外，地方官员的个人特征也会对其职位晋升产生影响。个人特征包括是否为党员、与上级的关系、年龄及学历等因素。实际上，除了通过代理人主动发送信号来解决逆向选择风险问题外，委托人在提拔官员的过程中对中共党员的资格要求，也是委托人主动降低逆向选择风险的另一条途径，毕竟，加入执政党就意味着个人要承担更多的义务，更加注意自己的言行要求，受到更多的约束。除了是否具备党员身份外，对官员忠诚度的考察更为看重的是委托人和代理人之间的关系，毕竟，委托人和代理人之间的同质性越高，委托人的利益就越有保障，委托人和代理人关系的密切程度就成为其同质性高低的关键衡量标准。对上级的个人忠诚和

① Barry J. Nalebuff, Joseph E. Stiglitz. Prizes and Incentives: Towards A General Theory of Compensatioin and Competition. The Bell Journal of Economics, 1983 (14): 27-29.

② James Rosenbaum. Tournament Mobility: Career Patterns in a Corporation. Administrative Science Quarterly, 1979, 124.

来自于下属的个人忠诚，在官僚组织中发挥着重要作用。① 象征着年轻化和知识化的年龄和学历因素在官员晋升中的决定作用也日益凸显，按照中组部2006年2月份颁布的《关于进一步加强县（市、区、旗）党政正职队伍建设的意见》的意见精神，县党政正职队伍要以45岁左右的为主体，一般应具有大学本科以上文化程度。在关于地方官员晋升的众多考核指标中，年龄要求无疑是种很难弄虚作假的“硬约束”，这意味着在职业生涯早期没有获得晋升的地方官员很可能会失去参与下一轮晋升“锦标”的资格，在竞争中被淘汰出局。而依据《党政领导干部职务任期暂行规定》，地方官员在同一层次职务的任期不能超过15年。这意味着，如果地方官员在这期间不能正常晋升到更高的级别，那么他将不得不退出领导岗位，而这显然是那些关注自身职业生涯的地方官员所不愿意见到的。这种“锦标制”式的职位晋升制度固然能够降低委托人获取信息的成本，利用市场竞争机制来推动地方经济发展，但是这种“赢者获得最高荣誉”的晋升制度也存在诸如地方官员“共谋”、恶性竞争等方面的弊端。就此而言，职位晋升竞争的残酷程度不亚于市场经济竞争，强化了代理人通过各种方式向上级委托人发送信号的动机和能力，那些与经济增长无关的中央政策精神自然也因此而受到地方官员，尤其是省级以下地方官员的漠视和抵制。毫无疑问，转型期的职位晋升制度本身就隐含着地方官员选择性执行中央政策的激励风险。

二、职位产权收益最大化追求

虽然职位晋升是中央政府控制代理人的强效激励机制，但其只能部分解释地方官员的行为，因为符合上述晋升标准的官员毕竟只是少数，此外，还有些地方官员并不情愿被提拔，这就提出了一个问题，对于那些不符合晋升要求或不愿被晋升的地方官员而言，他们的行为动机是什么？本书认为实际上可以将追求职位产权收益的

① ［美］安东尼·唐斯．官僚制内幕．郭小聪，等，译．中国人民大学出版社，2006：75.

最大化作为官员行为的主要动机。职位产权是一种相对产权,① 是指职位的占有者所拥有的使用职位所赋予的各种资源和享有因此而产生的收益的权利。与其说地方官员追求的是政府职位或者通过追求更高的职位来更好地显示个人能力，还不如说他们看重的是依附在政府职位之上的各种资源和收益。在罗斯看来，在组织层级制结构中，如果依附于高级职位的报酬不够丰厚的话，那么那些已经成功晋升到一定级别的官员将失去继续追求晋升的动力，而是想方设法地保住既有的职位及其收益。②

资源的稀缺程度在某种意义上是由资源的供应程度及其对需求者的价值共同决定的。在资源供应有限的情况下，需求者的购买行为主要受资源满足其需要的程度而定。在转型期，政府职位受到了众多职业需求者的追捧，这主要在于政府职位创造的价值大大超过了需求者从其他职位中获取的收益。需求者历经千辛万苦获得了政府职位，通常意味着他在一段时间内拥有了该职位的“产权”，享有一定的权利，履行一定的义务，形成了与组织内外其他人交往的行为和收益预期。不仅如此，政府工作的完成除了借助于该职位占有者的人力资源外，还取决于政府为该职位所分配的资源数量，在等级制的政府机构中，资源的分配是不均衡的，对这种资源占有数量的大小和类型就在某种程度上决定了该职位的价值及其可能产生的产权收益。按照巴泽尔的观点，权力界定的高额交易成本使得部分权利被留置在公共领域，由政府来行使,③ 这就使得政府成为这些公共资源的事实所有者。权力、信息、预算等就是这些资源的一般表现形式，它们是依据职位的特性和职位目标来分配的。除此以外，在国有经济成分占主导地位的条件下，政府还是庞大的国有资产的

① ［美］埃里克·弗鲁博顿，［德］鲁道夫·芮切特．新制度经济学：一个交易费用分析范式．姜建强，罗长远，译．上海三联书店、上海人民出版社，2006：160.

② Sherwin Rosen. Prizes and Incentives in Elimination Tournaments. The American Econominc Review, 1986 (76): 713.

③ ［美］Y. 巴泽尔．产权经济学．费方域，段毅才，译．上海三联书店、上海人民出版社，2003：89.

实际所有者，资产保值、增值的任务是借助于行政等级来完成的。在一级地方政府内部，对国有资产的管理权最终落实到了具体的职位上，因而对职位的占有就预示着不同程度地获得了对国有资产的支配权，由此而形成了等级产权。① 职权本身在大多组织中不仅是一种报酬，而且在社会主义经济中，管理人的权力与掌握分配收入和公共财产收益的权力是紧密结合在一起的。② 在转型期的监督约束机制还不健全的情况下，政府职位占有者依据其所占据的职位高低而享有对依附于职位之上的各种资源的支配权和收益权，出于产权的“趋利动机”，在个人产权得不到预期收益的场合，个人可以凭借其事实上的控制权，“关闭”有效利用其人力资源的通道，从而增加别人利用其人力资源的成本，降低人力资源的价值。③ 除了与职位占有者“拉关系”、“走后门”之外，资源使用者很难通过正规渠道获取职位占有者所支配资源的使用权时，政府职位便成为占有者用来谋求利益的资本，能够为占有者带来剩余利润，如对财政分成收入的占有、权钱交易等。资本与职位占有者的物质资本和经济资本相结合能够为其提供远远高于职位资本本身的收益。

在信息不对称和利益冲突的条件下，政府职位占有者的产权收益就主要由两部分构成：个人因人力资本产权转让而获得的正常报酬以及个人将受托使用的资源偏离政府的意愿、违背资源使用的规则所获取的收益或者来源于其他途径的收益，在政府官僚体制中，前者可以看做一种固定报酬，后者则是变动的收益，主要取决于政府职位占有者受约束的程度以及资源需求者对其所掌握资源的重视程度和出价水平。在监督约束机制尚不完善的情况下，后一种收益往往构成了政府职位占有者的主要收益来源。换句话说，通过结构

---

① 李孔岳，罗必良．政府控制国有企业的方式与效率分析．南方经济．2004（2）．

② ［美］魏昂德．职位流动与政治秩序//边燕杰．市场转型与社会分层：美国社会学者分析中国．北京三联出版社，2002：165．

③ 李和中．公共部门人力资本产权的性质及其运作．武汉大学学报（哲学社会科学版），2005（5）．

联系，获取和使用的资源超出了等级制结构中的位置自身所被分配的,① 其获取的收益也超出了职位本身所提供的。有时候，政府职位占有者即使没有通过不正当行为谋取私利的可能，他所掌握的职位资源也能给其带来收益。与此同时，这种职位产权收益既可以通过有形收益的方式表现出来，也可以是诸如声望、名誉这样的无形收益，处于不同政府职位的政府官员看重的产权收益表现形式也可能存在很大差异。作为理性逐利人,② 地方官员将追求职位产权收益的最大化，这种职位产权收益最大化给其带来的好处在于：（1）通过职位晋升能够获取更大的资源支配权和收益权；（2）能够极大地改善地方官员的生活和工作条件，使其将更多的潜在收益转变为现实的享受；（3）预示着受约束的可能性更低，职位占有者更有条件将职位资本物质化，而因此受到查处的风险却相应降低；（4）拥有更多的资源来追求实现更大收益的机会。

在转型期，地方官员将不再满足于忠实而完美地执行中央政策，而是寄希望于通过中央政策来实现自身的利益需求——职位产权收益的最大化，凡是对职位产权收益最大化影响不大的中央政策，将受到地方官员较少的关注。一般而言，对政府职位产权收益最大化的追求可以看做所有政府官员在任何时期的一致追求，不过，这种追求的实现方式和实现程度却要受到政府官员所处的制度环境和制度安排的约束和影响。在转型期，地方官员将大部分精力用于有利于职位产权收益最大化的政策领域，即有助于促进地方经济建设或受上级政府重视的政策领域。地方经济建设的发展对地方官员职位产权收益最大化的影响在于：（1）有助于通过经济绩效指标的完成情况显示地方官员的职业能力，从而提高获得晋升的几率；（2）即使不能获得晋升或因晋升的职位不理想而放弃晋升机会，地方经济建设发展所提供的财政收入，也能够提高地方官员可支配的财力，从而为其改善福利待遇提供有利条件；（3）地方经

① ［美］林南．社会资本——关于社会结构与行动的理论．张磊，译．上海人民出版社，2005：42.

② 丁煌．政策执行阻滞机制及其防治对策．人民出版社，2002：46.

济发展能够为其提供精神上的激励，使其因为改善了地方公众的生活和工作条件而受到地方人士的尊重和崇拜；（4）增加了地方官员和上级政府讨价还价，谋取更大行动独立性和政策执行自主权的机会；（5）地方官员行动自主性的增强会削弱中央政府对地方政府的监控，从而进一步增加了地方官员的职位产权收益；（6）促进地方经济建设为地方官员将职位资本化创造了条件。

对职位产权收益的衡量成为地方官员是否追求职位晋升的主要标准，当预期能在职位晋升中获胜，晋升的收益大于目前职位产权收益时，地方官员将积极追求晋升的可能性，否则，地方官员追求晋升的动力将减弱，维持既有职位产权收益的最大化或寻求调换到同一级别的其他职位或者干脆辞职“下海”将是其理性选择。地方官员对职位产权收益最大化的追求在张静所著的《基层政权：乡村制度诸问题》中有所体现。张静通过乡村调查发现，经济转型不仅使地方官员的角色发生了深刻变化，而且还转变了地方官员对政府职位的态度，具有很强的功利色彩。在她看来，如今在基层做干部的人，所指望的并不仅仅是升迁．更多的是看重职位能够带来的收益。组织部门因此面临着“后继乏人”的选人困难。干部职位功利化的另一个现象是任期缩短。人们利用干部期权取得经营资格、建立关系以后，便不愿意再为公事付出时间，转而忙于自己的企业经营。在不少人眼中，干部身份和经历是日后方便私人经营的“执照”。①

总体而言，本书将追求职位产权收益最大化看做地方官员的行为动机，占有了职位资本，地方官员实现产权收益最大化可以有两种途径：要么通过尽职尽责地履行政府职能，获取正当的职位产权收益和职业荣誉感；要么通过投机的方式，在短期内实现收益的最大化。究竟选择哪种途径既取决于地方官员的“效率观”，也要视转型期的制度约束条件而定，而职位产权的流动性以及流动的条件要求本身就蕴涵着地方官员投机的内在冲动。追求职位晋升只是地

① 张静．基层政权：乡村制度诸问题．浙江人民出版社，2000：59.

方官员动机的一部分,① 地方官员追求职位产权收益最大化并不意味着那些对职位晋升发挥作用的约束条件对其就不产生影响了，在当前干部选拔任用制度以及政府绩效考核等行政管理制度的约束之下，地方官员将作出符合自身职位产权收益最大化的行为选择。作为中央政府的共同代理人，地方政府工作部门官员也具有与地方官员相似的行为动机和路径选择。

第三节　政策执行治理结构选择的假设

一、“政策执行鸿沟”的内生机制

威廉姆森将交易成本的产生归因于交易者的个性特征（有限理性和投机倾向）以及交易的属性（不确定性、交易频率和资产专用性），然而，将经济领域的交易成本的来源应用于政策执行过程中的交易成本分析时，还需要结合政策执行本身的特点将这些影响因素给予适应性的调整。一般而言，政策执行过程中的交易成本的来源可以归纳为以下几个方面：

（一）信息的不对称性和投机心理

信息不对称是指信息在委托人和代理人之间分布不均匀，代理人拥有更多的私人信息，比如代理人比委托人更清楚自己的个性特征，如学历、能力、年龄等信息，以及在代理关系的履行过程中，代理人拥有更多的关于自己行为及其后果方面的信息等，这种私人信息以不利于委托人利益的方式被代理人应用。信息不对称与信息量的初始分布、委托人和代理人获取信息的能力和交易成本有关，是委托代理关系中的常见现象。医生和患者之间、保险人与被保险人之间、雇主与雇员都广泛存在这种现象，罗瑟拉·莱沃吉

---

① 由于转型期地方官员对职位产权最大化的追求更多的是与职位晋升联系在一起，职位晋升可以看做一种狭义的职位产权收益最大化追求。因此，在一般情况下，本书仍然将职位晋升等同于地方官员的行为动机。

(Rosella Levaggi) 将这种信息不对称关系称作主仆合约关系。① 我们从前面的分析得知，政策制定者与政策执行者实际上是围绕政策实施而形成委托代理关系。在这种委托代理关系中，就政策的实际执行情况而言，双方拥有的信息量一般是不同的，相比之下，政策制定者总处于“信息劣势”地位。信息不对称的存在促使处于“信息优势”地位的交易者通过操纵和歪曲信息来谋取自身利益，这就产生了所谓的投机行为。由于政策执行者只是被动地实施既定政策，很少能参与到政策制定阶段的利益博弈中，在此种情况下，政策的实施就有可能与政策执行者的利益存在冲突。为了减少与委托人之间的利益冲突，政策执行者会在政策实施阶段，以损害委托人的利益为前提，将自身的利益诉求及其满足体现在政策实施中，与其他利益也同样受损的政策相关者形成“共谋”关系。这使由投机心理所引发的“道德风险”问题出现在政策实施阶段，而为了解决这种“道德风险”问题，以政策制定者为中心的政策共同体就必须在信息搜集、政策执行监控等方面投入大量的交易成本。从另外一方面来看，既然信息不对称所导致的“道德风险”问题是委托代理关系中不可避免的现象，那么政策制定者就应该以谨慎和灵活的态度来选择合适的政策执行者，即选择那些与政策制定者在价值观念、信仰以及利益等方面存在更多一致性的代理人来执行其所委托的任务。然而，政策执行者的选择“既是一项技术任务，又是一项政治任务”,② 其中充满了并非政策制定者能够掌握和控制的不确定因素。况且，信息的不对称性在政策执行者的选择过程中仍然存在，那些寄希望于通过获得某项政策实施的代理权来谋取不当利益的政策执行者，就可能利用自己的“信息优势”来迷惑和欺骗政策制定者，使其在选择过程中做出错误的判断，这又会出现委托代理关系中的“逆向选择”问题。

---

① ［英］彼得·M. 杰克逊. 公共部门经济学前沿问题. 郭庆旺，等，译. 中国税务出版社，2000：274.

② ［美］詹姆斯·安德森. 公共决策. 唐亮，译. 华夏出版社，1990：121.

（二）交易涉及的利益冲突程度

委托代理关系的建立并不意味着委托人和代理人之间形成了一致的利益偏好，只是表明委托人和代理人各自将自己利益的实现托付在这种关系之上。代理人交换给委托人的只是自己的行为，委托人可以在一定的时间和空间内支配和控制代理人的行为，代理人的利益并没有随之消失，从而将委托人的利益等同于自己的利益。一旦条件许可，代理人追求自身利益的投机心理就会膨胀，并转化为实际行动。一方面，信息的不对称使得委托人对代理人的控制并不完美，代理人依然掌握着自己努力的方向和程度，可以将行为的不良结果归因于外界条件的干扰，而将行为产生的良好效益归功于自己的努力，最大限度地使自己“少干活，多受益”。另一方面，委托人在支配代理人行为的同时，也将自身拥有的资源的使用权委托给代理人，只是保留从这种代理行为获取收益的权利，代理人可以使这些资源偏离委托人希望的用途，用于谋取个人私利，如公车私用、公款消费等就属于这种类型，或者未经委托人允许，将其交付使用的资源用于存在高风险的领域，以更好地显示自己能力或谋求私人利益，即使这种行为能够潜在地促进委托人的利益。这种损人利己的投机行为将根据代理人和委托人之间利益关系的密切程度和重合程度以及代理人受约束程度而有所不同，由此对委托人产生的影响也有所差异。

（三）交易者的有限理性

即使信息不对称性及其引发的投机行为存在于委托代理关系中，如果委托人和代理人都具有完全理性，委托人就能够在代理人的投机行为出现之前，察觉并惩处代理人的投机行为；而代理人能够事先就对政策实施环节会出现的问题、需要准备的资源等事项了如指掌的话，那么交易成本也就不会产生，即使有，数量也是有限的。正是由于个人自身知识的不完全性、未来的不确定性以及个人想象力的约束，使得人类不能达到真正的完全理性，而只能是有限理性。① 基于有限理性的个人属性，政策制定者必须在信息搜集、

① ［美］赫伯特·西蒙．管理行为．詹正茂，译．机械工业出版社，2004：87-90.

行为监控等方面投入必要的成本，才能清楚地掌握政策执行者的行为动向。政策执行者为了履行与政策制定者所达成的协议，也必须在信息搜集等方面支付一定的交易成本。

（四）激励关系的影响

在委托代理关系中，为了推动代理人更好地服务于自己的利益，委托人必须为代理人提供最优的激励契约。巴纳德比较早地认识到组织提供的诱因对组织成员行为和组织目标的影响，在他看来，诱因不恰当会导致组织解体、组织目的的改变或协作失败。① 与私营部门相比，公共部门的委托代理关系更为复杂，多委托人、多任务以及共同代理等委托代理关系在公共部门中更为常见，这也预示着公共部门的激励制度会对政策执行产生更为深远的影响。代理人对政策执行的影响随着不同委托人提供的激励强度、不同代理任务被赋予的激励权重以及代理人彼此间的利益冲突等方面的影响而有所不同。因此，政策执行本身就可以被理解为是一种随着时间而变化的激励关系，这些激励关系既可以是已经实现的，也可以是正试图去实现的。② 米提利克（Barry M. Mitnick）和贝克奥夫（Robert W. Backoff）认为，激励制度应该是帮助我们更好地理解政策执行的重要因素，政策执行问题可以借助于“激励失灵”来给予解释。

（五）政策的可塑性

由于政策一般是多方利益相关者进行利益博弈的产物，因而，在政策制定阶段，出于节约交易成本的考虑，政策制定者往往会出台或制定一些内容和条款都模糊不清的政策，在实施政策之前，政策执行者需要花费一定的交易成本来具体解读委托人所交付实施的政策的具体内涵。与此同时，模糊的政策内容又为政策执行者利用行政决策中的自由裁量权谋取私人利益提供了便利条件，因为政策

---

① ［美］C. I. 巴纳德．经理人员的职能．孙耀君，等，译．中国社会科学出版社，1997：110.

② Barry M. Mitnick, Robert W. Backoff. The Incentive Relation in Implementation//George C. Edwards Ⅲ. Pubilc Policy Implementation. JAI Press, 1984: 60.

内容的模糊性导致缺乏评价政策执行效果的有效标准。于是，作为代理人的政策执行者就会倾向于按照自己的意图和利益考虑来理解委托人的政策内容，甚至不惜以歪曲既定政策目标，完全损害委托人利益为代价，与他人达成“共谋协议”来追求私人利益。可以说，政策内容越抽象和含糊不清，在具体政策执行过程中产生的交易成本可能就越大。因而，政策制定者被迫把在政策制定阶段节约的交易成本用于监控代理人的行为动向，这反而造成了更多社会资源的浪费。

（六）资产专用性

关于资产专用性在政府官僚机构中是否存在的问题，莫（1990）和威廉姆森（1999）分别给出了不同的答案。前者认为政府机构并不存在资产专用性问题，威廉姆森则对此进了反驳，认为物质资产专用性可能在政府机构中并不存在，但人力资本专用性在许多政府机构中都存在。事实上，在政策执行过程中，不仅存在人力资本专用性，物质资产专用性、场所专用性甚至时间专用性都可能存在。有些政策的实施可能就需要进行巨额的专用物质设备投资，这种投资一旦完成，就不能改作他用了，而有些政策对实施的时间可能又有着专门要求。

以上简要分析了导致政策执行中的交易成本产生的几种来源，下面将结合前四个因素来说明基于委托代理关系的政策执行过程是如何受它们影响的，有关政策的可塑性和资产专用性对政策执行的影响将在后文的分析中有所涉及。

（一）中央政府和地方政府之间基本的委托代理关系

政策出台后，大多数并不能自行实施，通常都要诉诸某个特定的机构来履行，除了挑选政治家与选择议程的周而复始之外，政府部门还必须雇用公务员以执行政策制定①，特定机构的寻找及其此后的执行过程就构成了委托代理关系的形成过程。就我国的政治体制而言，地方政府一直以来都是作为中央政府的代理人而存在的，

① ［英］简·莱恩．公共部门：概念、模型与途径．谭功荣，等，译．经济科学出版社，2004：220.

天然地垄断了中央政策的执行权，中央政策的执行过程也就是中央政府和地方政府之间委托代理关系的运转过程。凭借对政策执行的垄断以及对信息传递渠道的控制，地方政府在很大程度上抵消了中央政府施加给自己的压力，并且可以影响甚至操纵中央政策，尤其是当这些政策不利于地方政府利益的时候。与大多数委托代理关系一样，信息不对称和利益冲突构成了中央政府和地方政府之间委托代理关系的重要特征，代理问题严重困扰着中央政策的实施，即地方官员倾向于按照自己的利益来选择性执行中央政策，这种代理问题随着地方政府的利益主体地位在转型期间日益突出而逐渐恶化，也使得“政策执行鸿沟”现象呈现出日益蔓延的趋势。

一方面，信息传递中的信息损耗和信息噪音的普遍性和复杂性加重了中央政府和地方政府间的信息不对称的程度。政策执行中的信息损耗主要是指：（1）有关政策及其执行情况的信息在传递过程中出现理解偏差、统计错误、遗漏等非主观性的失误而导致中央政府不能及时、准确地了解相关情况。（2）地方官员出于自利向中央政府有选择性地传递信息，尽量夸大对其有利的信息，淡化和掩饰对其不利的信息，塔洛克的等级歪曲模式就恰当地描述了层级制组织中的信息传递特征。① 在政府层级的委托代理关系链条中，信息在层层链条中都得到真实传播的可能性实际上只有 1/32，只要信息在某个链条被扭曲，链条以下的各层级所接收的信息则均被“污染”。相对而言，信息的歪曲传播在中央政府和地方官员之间更为普遍。政策执行中的信息噪音则意味着政策效果除了受地方政府官员主观努力影响之外，外界环境的变化、政策彼此间的协调配合等因素也对政策效果的实现产生影响，有效的计量和比较方式的缺乏导致政策效果不能如实反映地方政府官员的努力水平，信息的歪曲传递则进一步加重了信息传递中的噪音。在政策执行中的信息损耗和信息噪音的影响下，地方政府选择性执行中央政策的激励会随着政府层级的延伸呈现出逐步加强的趋势。因为在交易成本的干

---

① ［美］安东尼·唐斯. 官僚制内幕. 郭小聪，等，译. 中国人民大学出版社，2006：124-126.

扰下，中央政府无法对地方政府执行中央政策的结果作出有效的判断，即“政策执行鸿沟”的出现究竟是由于外界因素的干扰还是地方政府官员的主观制造的，并在此基础上，作出正确的激励选择。① 这实际上也意味着在信息不对称的掩护下，地方政府选择性执行中央政策，扭曲中央政策意图的行为也很难被中央政府有效查处，从而纵容了地方政府的机会主义行为。

除了受信息损耗和信息噪音的影响外，中央政府缺乏克服信息不对称的可供替代的有效途径也是恶化中央政府和地方官员间信息不对称性的主要影响因素。大体而言，私营部门信息不对称的克服可以借助于以下各种途径：（1）激励代理人主动向委托人提供信息；（2）借助于诸如审计或会计事务所这样的独立第三方来提供信息；（3）通过政府施加的压力来获取信息；（4）借助于同行间的竞争来获取信息。与之相比，以上途径的作用很难在政策执行中完全发挥功效。政府信息传递具有较强的层级性和隐秘性，地方政府事实上掌握和操纵了信息传输渠道，充当了自上而下和自下而上信息的主要传输者，当所传递的信息不利于地方政府官员对职位产权收益的追求时，他们就缺乏反映真实情况的主动性。这种对信息传递的垄断加重了中央政府和地方官员间的信息不对称程度，使中央政府更难以对地方官员的行为做出正确判断。政府的垄断地位及其掌握的强权还使得这样的信息传输具有很强的封闭性，诸如新闻媒体这样的独立第三方很难获取和传递有关政策执行的真实信息。于是，信息在传递过程中被歪曲或反映着代理人的喜好，中央政府的信息“劣势”地位被加强而不是缓解。值得注意的是，鉴于中央政府和地方政府间的信息不对称以及对地方政府选择性传递信息的了解，中央政府并不会在信息传递过程中无所作为，自身也会对信息质量做出独立的判断，尽可能地减少信息噪音和信息损耗产生

① 安德鲁·韦德曼认为正确有效的执行受到执行者能力和外界随机因素的影响，参见 Andrew Wedeman. Incompetence, Noise, and Fear in Central-Local Relations in China. Studies in Compatative International Development, 2001, 35 (4): 67。

的干扰。但是，中央政府对信息的鉴别也会受到有限理性的约束。因此，中央政府和地方政府对信息的传递和鉴别可以相应地匹配为四种不同的情况，这可能导致中央政府高估或低估“政策执行鸿沟”现象的严重性。如象限Ⅱ所示，如果地方官员传递的信息掩饰了“政策执行鸿沟”现象，但是中央政府却对这种现象作出了错误的判断，即认为地方政府传递的信息是真实的，政策执行很顺利，那么中央政府就不会相应地纠正地方政府的行为，从而就会延误解决政策执行问题的时机（见图 2-1）。

		地方政府	
		信息真实	信息不真实
中央政府	信息真实	Ⅰ	Ⅱ
	信息不真实	Ⅲ	Ⅳ

图 2-1

另一方面，“政绩合法性”和“分灶吃饭”重塑了中央政府和地方政府之间的交易关系，使之由行政系统内部的命令和服从的管理型交易逐渐过渡到基于谈判、讨价还价和协商的市场型交易方式与管理型交易关系共存的局面。① 在这种管理型交易关系和市场型交易关系共存的环境中，地方政府成为独立于中央政府的经济主体和产权主体，对中央政府的利益依附性出现不同程度的下降。在转型期，地方政府官员职位产权收益最大化的实现主要受地方经济建设和地方政府所拥有的可支配资源和收入的影响。中央政府和地方政府间围绕权力划分、税收产权的调整、资源分配等展开的谈判皆可以看做由地方政府官员对职位产权收益的追求和维护引起的。由于公共政策是对利益的权威性分配，中央政策的出台通常意味着中央政府和地方政府间以及地方政府之间的利益分配出现了调整和变

① 张曙光教授将这种共存的交易关系视为非市场型的谈判交易关系，参见张曙光．中国转型中德制度解构与变迁．经济科学出版社，2005：41-63.

化，如地方政府可支配的预算收入和预算外收入，以及能够创造上述收入的各种资源控制权的变化等，地方政府官员则依据这种调整对自身职位产权收益的影响做出有针对性的回应。就此而言，我们似乎不能直接将私营部门委托代理关系中的目标非一致性假设直接用来分析政策执行中的代理问题，因为中央政府和地方政府的目标在很大程度上存在一致性，即追求经济增长和政权的稳定。与其将“政策执行鸿沟”看做由中央政府和地方政府官员目标不一致引起的，还不如将其看做由政策执行所产生利益分配影响了地方政府对地区经济增长的追求，进而影响了地方政府官员的职位产权收益所致。当地方政府难以借助各种渠道将自己的利益要求反映给中央政府，并使其体现在既定政策中时，地方政府就会将自己利益的实现和满足纳入政策执行过程。既然公共政策的制定及其实施会影响中央政府和地方政府间的利益关系，那么政策执行对中央政府和地方政府各自利益关系的影响可以大体出现四种不同的情况（见图2-2）。

		地方政府	
		有利	不利
中央政府	有利	Ⅰ	Ⅱ
	不利	Ⅲ	Ⅳ

图 2-2

也就是说，中央政府和地方政府的利益关系并非没有重合之处，中央政策的命运随这种利益重合的范围及其大小而变动，而且中央政府对地方政府执行中央政策的行为的控制力度也随之有所不同。那些使中央政府利益和地方政府官员职位产权收益能同时得以满足的政策在实践中并不容易出现“政策执行鸿沟”现象。已有研究表明，中央政府和地方政府是种动态关系，中央政府对地方政府的控制程度依据政策问题领域、中央和地方政府之间的利益分配情况以及中央政策对现状的改变程度而变动。① 当中央政策涉及中央政府和地方政府之间的预算安排、物质资源分配以及项目计划等有形资源的分配时，作为理性的经济人，地方政府将更倾向于在政策过程中采取与中央政府讨价还价以及策略执行的行为。② 换句话说，当中央政策位于象限Ⅱ或Ⅳ时，中央政策在执行中更容易出现偏差和代理问题，即地方政府按照有利于自身利益的方式扭曲中央政策的真实意图，这种政策执行偏差被有的研究者认为是中国政治体制的内在特征。③

（二）政策执行中的多代理人关系层面

政策执行实际上反映了公共部门的多重委托代理关系，除了中央政府和地方政府间的直接或间接委托代理关系外，地方政府内部的各层级之间也相应地存在着委托代理关系。在中央政府和地方政府之间的委托代理关系链条中，地方政府及其层级内的代理人首先是作为中央政府的代理人而存在的。因此，政策执行中的委托代理关系首先也可以看做一种“一对多”的委托代理关系。在这种多代理人的委托代理关系中，地方政府之间存在“竞争”和“合作”两种不同的关系。地方政府间的竞争关系主要是针对同级地方政府官员而言，在“政治集权，经济分权”的制度环境中，地方政府官员的职位产权收益主要受其上级委托人影响，彼此之间需要在政治市场中进行“角逐”才能脱颖而出，互相存在着直接的利害关系。“合作”则主要是就上下级地方政府官员而言，基于上下级官员具有共同的利益取向，上级官员或包容或认可下级官员的行为，并有意识地向中央政府歪曲信息，双方形成一种庇护关系。这种代理人间的竞争或合作关系对中央政府和地方官员间信息不对称的影响是多方面的。一方面，“锦标竞赛”式的代理人间的竞争有助于

① Jae Ho Chung. Studies of Central-Provincial Relations in the People's Republic of China：A Mid-Term Appaisal. The China Quarterly，1995（142）：504.

② Jae Ho Chung. Studies of Central-Provincial Relations in the People's Republic of China：A Mid-Term Appaisal. The China Quarterly，1995（142）：505.

③ Linda Chelanli. Centre and Pprovinces：China 1978-1993. Clarendon Press，1998：22.

提高中央政府和地方政府间的信息透明度，那些在竞争中处于劣势的代理人或许会有目的性地向中央政府透露某些信息，尤其是不利于竞争对手的信息，使中央政府能够更清楚地了解政策执行情况。与此同时，代理人之间的竞争不利于培养合作行为，为每个竞争者提供了从事破坏性活动的内在激励，这种破坏性活动给竞争对手造成的破坏力要高于对自己的影响。① 另一方面，代理人间的合作则可能进一步促使信息在层级传递过程中被扭曲和失真，每个层级的地方官员都尽量向中央政府传递有利于自己的信息，中央政府很难辨别出信息传递中的“干扰”因素。

（三）政策执行中的多委托人代理关系层面

一般而言，多委托人是公共部门委托代理关系中的常见现象而非例外。在中央政府和地方政府间的多重委托代理关系中，位于每个层级的地方政府官员实际上面临着多个委托人的约束。这些委托人在价值观念、目标导向和激励能力等方面存在着差异，委托人彼此间的影响力也不同，这些因素都会影响到代理人感受到的激励强度，委托人之间关系的改变也会相应地影响代理人的行为。在政策执行过程中，中央政府和地方官员的上级构成了其需要应对的主要委托人。除此之外，地方政府内部也并非铁板一块，由具有不同利益的工作部门及官员组成，地方政府中的工作部门及其官员也面临着相似的多委托人约束。在这种多委托人的委托代理关系中，委托人彼此间的委托事项及偏好可能是不一致的，除了中央政府交付的政策执行任务以外，地方政府官员的上级还会根据自身的需要向他们托付部分委托事项。此时，代理人将面临较为困难的选择，即应该优先满足和回应哪个或哪些委托人的利益需求，对该委托人需求的满足又会对其他委托人产生何种影响。总体而言，在这种多委托人的委托代理关系中，委托人的目标、地方政府官员的利益追求、委托人各自控制的资源以及所提供的激励都会对代理人的行为产生

① Barry J. Nalebuff, Joseph E. Stiglitz. Prizes and Incentives: Towards A General Theory of Compensation and Competition. The Bell Journal of Economics, 1983 (14): 40.

影响，但是委托人提供的激励诱因是更为根本的推动因素。代理人对委托事项的态度和行为随着委托人发出的激励信号的差异而有所不同。

换句话说，地方政府官员将优先考虑和采取那些符合其上级利益要求的行为，更倾向于执行那些对自身的职位产权收益有着更为直接影响的委托人交付的任务，即使上级政府的要求违背了中央政策精神。在这种多委托人的委托代理关系中，处于层级体制中的地方政府官员面临的委托人与其在层级中所处位置呈现出负相关关系，即越是基层的地方政府官员需要回应和满足的委托人越多。而中央政府对地方政府官员职位产权收益的影响则与地方政府官员所处的层级呈正相关关系，即越是基层的地方政府官员，其职位产权收益受中央政府的影响越弱，进而基层地方政府官员选择性执行中央政策的可能性也就越高。除了地方政府官员与上级政府以及中央政府会在政策执行中形成多委托人的委托代理关系以外，一些中央政策通常需要地方政府中的多个工作部门协同才能完成，这进而在政策执行中形成了另外一种多委托人的委托代理关系，即相对于政策对象而言，涉及政策执行的多个政府部门就处于委托代理关系中的委托人地位。实际上，这种政府层级内的各个工作部门也可以看做中央政府的代理人，属于政策执行中的多代理人关系层面。

（四）政策执行中的多任务代理关系层面

除了多代理人和多委托人的委托代理关系以外，中央政府和地方政府间还形成了一种多任务的委托代理关系。地方政府官员承担着中央政府委托的大部分政策执行任务，需要同时考虑诸如治安、环保、教育和经济发展这样的代理任务，由此而处于一种由相互冲突、干扰以及相互协调的政策执行任务构成的任务网络之中，任务的履行彼此间会产生不同程度的外部性。在这种由多任务代理构成的委托代理关系中，地方政府代理执行的中央政策具有不同的特点，有的政策内容抽象，有的政策内容具体；有的政策执行任务的委托伴随着中央政府提供的资源；有的政策执行任务的完成则需要地方政府以自筹资源的方式解决；有的政策内容彼此间存在竞争关系，有的则具有互补和合作关系；有的政策产出容易衡量和计算，有的却无法衡量。不管怎样，地方政府官员对执行任务的选择也面临着与多委托人委托代理关系类似的选择，即哪种或哪些代理任务应该在地方官员的行为选择集中处于优先地位，在地方政府官员分配努力程度、可供支配的资源等方面得到更为优先的考虑。无论地方政府承担的政策执行任务彼此间具有什么样的特点，代理任务对职位产权收益的影响则是地方政府官员安排代理任务优先顺序的根本激励信号。

与私营部门的委托代理关系相似，政策执行中源于信息不对称和利益冲突的代理问题主要表现为逆向选择和道德风险这两类一般性问题。逆向选择主要是指委托人在不了解可能对自己产生不利影响的信息的情况下与代理人签订合同所面临的对己不利的困境。逆向选择问题可以归因于作为他人决策基础的信息、信仰和价值的不可观测性。① 道德风险则是指代理人在确保自身效用极大化的前提下，损害委托人或其他代理人效用的行为。道德风险源自代理人事后行为的不可观测性。② 简而言之，逆向选择问题主要出现在交易前的交易对象选择方面，而道德风险主要产生于交易后对代理人行为的控制方面。由于地方政府天然地充当了中央政府的政策执行机构，道德风险问题更为普遍地存在于政策执行过程，政策执行问题就演变为关于中央政府如何控制代理人的行为，使其更好地为中央政府的利益服务的问题。在委托代理关系中，代理问题几乎很难被完美地加以解决，“政策执行鸿沟”现象也与此类似，中央政府很难通过各种途径彻底解决此类问题，只能通过各种政策执行治理结构的选择，要么改变由地方政府垄断执行中央政策的局面，选择其他社会主体来将中央政策付诸实施；要么将地方政府的行为更好地置于中央政府控制之下，以抵消或控制地方政府的作用。中央政府要想对地方政府施加有效的控制，限制地方政府官员的行动空间，

---

① Terry M. Moe. The New Economics of Organization. American Journal of Political Science, 1984 (28): 754.

② Terry M. Moe. The New Economics of Organization. American Journal of Political Science, 1984 (28): 755.

就面临着交易成本的约束，为了提高政策执行的效率，中央政府需要选择能够节约交易成本的政策执行治理结构。①

面对地方政府的“选择性”行为，中央政府并非束手无策。既然信息不对称和利益冲突导致的交易成本过高是引导地方政府行为选择的内在根源，那么，中央政府就会把减少政策执行中的交易成本作为政策执行治理结构选择的出发点。

二、“去分权化”选择

公共资源保护和开发中的“囚徒困境”模型被认为是解释政府起源和政府出现的一个具有说服力的工具（见图2-3）。

		囚徒甲	
		欺骗	合作
囚徒乙	欺骗	(0，0)	(-1，11)
	合作	(11，-1)	(10，10)

图2-3

在该模型所描绘的公共资源保护和开发过程中，囚徒甲和乙分别拥有“合作”与“欺骗”两种策略选择，如果甲乙双方彼此能够通过合作的方式，调适各自的行为，那么双方合作的总收益将最大化，各自在合作中获得11个单位的收益。然而，由于双方在最大化各自收益的理性原则的指导下，分别选择了欺骗的不合作行为，从而使得双方陷于最恶劣的状况，此时双方的策略选择就形成了纳什均衡。

研究者们已经就摆脱囚徒困境局面探讨了很多可行的方法。比

① 交易成本的量化问题是交易成本分析的难题，也是交易成本理论颇受指责的缘由之一。与经济交易成本分析相比，政治交易成本更难以准确衡量。但是，中央政府可以通过政策执行情况来感受交易成本的高低。如果政策执行一再受阻，则表明交易成本过高，造成政策执行的阻力。

如人们可以通过建立长期的动态博弈关系来摆脱由个人理性造成的集体福利损失的境况。① 然而，这种通过个体之间的自发合作来解决囚徒困境局面的方式，需要在团体规模、人员动机以及人员流动等方面满足一定的条件，否则，“公地悲剧”仍然会出现。因此，通过政府干预的方法来解决囚徒困境问题在大多数情况下就成为了一种可行的选择，政府是作为一种解决“囚徒困境”所需交易成本最小的治理结构出现的。在政府干预过程中，政府履行着个体因交易成本过高而搁置在公共领域的权利，② 从而能够通过惩罚和强制措施来防止“公地悲剧”的出现。在政府干预的情况下，甲乙双方的收益情况发生了变化，政府对采取欺骗行为的甲或乙施加2个单位的惩罚，则个体的“欺骗”动机就消失了，合作将是双方的最佳选择，此时，集体收益也最大化了（见图2-4）。

		囚徒甲	
		欺骗	合作
囚徒乙	欺骗	(-2，-2)	(-1，9)
	合作	(9，1)	(10，10)

图2-4

“囚徒困境”模型只是阐释了政府产生的内在机理，主要是建立在信息完全和交易费用为零的理想假设基础之上的，并没有考虑政府的内部管理成本问题。在科斯看来，市场交易和组织内部管理都是有成本的，正是这种管理成本和市场交易成本之间的比较界定了政府扩张的规模和干预的范围。为了降低内部交易成本，私营部门通常诉诸组织管理体制的调整，重新规划企业内部的管理流程，

① ［美］埃利诺·奥斯特罗姆．公共事务的治理之道：集体行动制度的演进．余逊达，陈旭东，译．上海三联书店，2000.

② ［美］Y. 巴泽尔．产权的经济分析．费方域，段毅才，译．上海三联书店，2003：89.

通过治理结构的变革来达到提高交易效率的目的，企业组织结构由职能制向矩阵制的演变以及业务外包的盛行都可以看做私营部门节约交易成本的努力。与此相似，政府管理体制的变革也预示着政府在减少内部交易成本方面的努力，集权和分权体制就可以看做随着交易成本的增减而相应进行的调整。本章第一部分在制度环境变迁内容中已经从交易成本理论的角度简要诠释了我国实行财政分权的内在机制，但这是不是意味着为了降低交易成本，中央政府只能一味地采取分权的改革措施呢？

转型以来，地方政府成为活跃的市场主体，充当了推动国家经济发展的“利润中心”，在产品市场、要素市场以及政治市场各自展开竞争，地方政府这种市场化行为实际上类似于在市场上竞争的公司。众所周知，市场竞争主体对利润的追逐会产生严重的外部性，进而引发严重的集体行动问题，如环境污染及其治理等，从而产生了借助于政府干预来约束市场竞争主体行为的需要。一旦市场主体不能通过讨价还价和互相约束达成具有可实施性的协议或者交易成本过高以至于不能达成相关协议，那么政府就替代市场来优化资源配置。但是，中央政府出台的政策通常有赖于地方政府的执行，这种对政策执行的天然垄断实际上使得中央政府和地方政府之间形成了类似于“资产专用性”的依赖关系，地方政府可以凭借垄断地位而要挟中央政府或向中央政府“敲竹杠”，如要求中央政府提供更充足的资金支持或给予更优惠的政策待遇等。那么，对于那些具有“集体行动性质”的中央政策的执行而言，地方政府彼此间是否会采取自愿合作的态度对待中央政策呢？

与市场竞争主体主要接受价格信号的引导相似，中央政策提供了地方政府行为的选择集，它对地方政府官员职位产权收益的影响成为引导其作出行为选择的“价格信号”，职位晋升或职位产权收益最大化在政治市场上取代了利润对经济市场主体的激励作用，成为引导地方政府官员行为的高效度激励手段。与威廉姆森认为低效度激励是科层制组织的普遍特征不同，本书认为对职位晋升或对职位产权收益最大化的追求实际上就构成了地方政府官员行为的高效度激励，如同“重新当选是对政治家的高效度激励一样”，职位晋升能够给地方政府官员带来更多的职位产权收益，如同公司利润能够给公司经理带来更多红利和奖金一样，职位晋升所增加的职位产权收益可以看做对政府内部激励不足的补偿。

在行为取向日益“市场化”的环境下，投机心理和有限理性导致地方政府互相之间倾向于持有不合作的态度和猜疑心理，以追求各自职位产权收益最大化，而具有集体行动性质的中央政策却对地方政府间的合作有着更高的要求，如果地方政府彼此间不能一致行动，那么某个地方政府的行为就会具有相应的外部性，对其他地方政府产生某种示范效应，从而导致中央政策的整体效果难以实现。固然地方政府之间能够借助于互相协商、谈判和监督甚至成立专门的行动委员会的方式来督促各自在执行中央政策的过程中采取一致性的行动，从而将政策执行权置于地方政府的共同监控和协调之下。但是，这种地方政府之间的协调通常需要耗费较为高昂的交易成本，主要表现为：(1) 用于获取对方行为和环境信息的成本；(2) 彼此协商、讨价还价，达成一致意见的成本；(3) 监督协议实施的成本；(4) 对违约行为施加惩罚的成本；(5) 因违约造成的损失成本。通过自发协调的方式采取一致性行为来遵守中央政策，地方政府的这种行为类似于文森特·奥斯特罗姆所言的自组织理论，但是地方官员之间的自主协调需要克服制度供给、可信承诺和相互监督问题,① 并需要在信息收集、信息交流、成本分担、协议实施和监督等方面满足相应的条件。② 一般而言，地方官员彼此之间相互合作达成一致性协议的情况并非不存在，但是，如果依据机会主义的行为假设，地方政府一旦获取机会，如彼此间的监督成本过高使得监督流于形式、彼此间的信息严重不对称，中央政府因监督成本过高而无暇顾及每个地方政府的行为等，就会采取“敲竹杠”或“违约”行为以“损人利己”，那么地方政府之间彼此达

① [美] 文森特·奥斯特罗姆．公共事务的治理之道：集体行动制度的演进．余逊达，陈旭东，译．上海三联书店，2000：69-75.

② [美] 麦克尔·麦金尼斯．多中心治道与发展．毛寿龙，王文章，等，译．上海三联书店，2000：77-80.

成一致来追求共同利益就成为一种例外了。例如，中央政府对环境污染的治理有赖于地方官员之间的通力协作，在这种有赖于集体行动才实现共同利益的环境下，地方政府彼此间就会存在“搭便车”心理，认为本地区的环境污染物排放量对环境总体质量的影响是微不足道的，这就会导致公共物品供给不足甚至某个地方的公共物品的供给出现极度短缺的现象，环境污染的控制目标迟迟难以实现。除了投机心理的作用以外，转型期的干部任用体制也不利于地方政府间的“集体行动”。在职位晋升竞争的驱使下，一旦中央政策不能推动地方政府官员在职位晋升竞争中脱颖而出，地方政府官员就不仅会采取“对策”行为，而且还会妨碍其他官员对中央政策的履行，因而竞争性报酬体制也创造了对于破坏行为的激励。①

因此，如果依靠地方政府执行中央政策而导致的交易成本过高，中央政府就会面临新的选择，要么选择继续依赖地方政府，寄希望于通过提高监控力度来督促地方政府对中央政策持有一致性意见；要么实行垂直管理，建立隶属于中央政府的政策执行机构，将中央政策的执行置于自己的控制之下。那么，中央政府将会做出怎样的选择呢?② 两种政策执行治理结构各自产生的交易成本可以为中央政府的选择提供依据，用科斯的话来说，选择的“关键在于避免较严重的损害”。③

按照交易成本理论的观点，金钱、利润以及对重新当选的渴望对市场竞争主体产生的高效度激励作用，会助长竞争主体的机会主义行为，使其在信息收集、讨价还价以及监督契约执行等方面花费过多的交易成本，从而不得不选择通过“去市场化”和“去政治化”的方式将部分交易移入科层制组织进行。本书假定，

---

① ［新西兰］穆雷·霍恩．公共管理的政治经济学——公共部门的制度选择．汤大华，译．中国青年出版社，2004：133.

② 或许还有第三种选择，即中央政府可以选派忠于自己的官员去担任地方上的“父母官”，但是在经济转型期的制度环境影响下，这些官员的行为也会偏离中央政府利益。

③ ［美］科斯，阿尔钦等．财产权利与制度变迁．刘守英，译．上海三联书店、上海人民出版社，2000：4.

为了应对职位产权收益最大化的高效度激励作用，解决地方政府机会主义行为和集体行动问题，一旦依赖地方政府执行中央政策的交易成本过高，导致政策执行的效率低下，中央政府将采取“去分权化”或“纵向一体化”的方式将授予地方政府的权力重新集中到中央政府手中，由中央政府亲自执行该项政策。① 中央政府在地方政府之外建立自己的组织体系，这在任何现代民族国家都是必需的，对于中国这样的大国来讲就显得尤为迫切而必要了。② 我国的税收、金融监管等管理体制的变革就似乎反映了上述交易成本分析路径。

1994 年我国实行分税制改革以前，在“分灶吃饭”的财政管理体制下，中央政府和地方政府围绕税收征缴而形成的委托代理关系就出现了严重的集体行动问题。中央政府没有独立于地方政府的税收征缴机构，与地方政府共用一套税收征缴系统。而在“下管一级”的干部管理体制下，税收征缴机关主要是作为地方政府的直接代理人而存在，这就为地方政府的机会主义行为提供了可趁之机。为了尽可能多地截获本应和中央政府共享的税收，地方政府竞相采取了刁难中央政府所属的国有企业的发展、“藏富于民”以及转移预算内资金等投机行为，使中央财政收入占 GDP 的比重急剧下降。为了解决税收征缴中的代理问题，中央政府不得不通过“去分权化”的方式，组建了隶属于中央政府的税收征缴机构。

不仅如此，通过“去分权化”或“纵向一体化”的政策执行治理结构的选择，中央政府通过将某项政策交给专门的执行机构来履行，可以摆脱多任务代理对地方官员行为选择的干扰，有利于培养政策执行机构的责任感和使命感，而这种使命感有助于领导人克

---

① 这并不意味着一旦出现“集体行动问题”，中央政府就要采取“去分权化”的策略，在交易成本理论看来，政府集权体制只是纠正“市场失灵”的最后一道屏障。

② 郑永年，王旭．论中央地方关系的集权和民主问题．战略与管理，2001（3）．

服人员偷懒的问题,① 成为保证政策执行的有效途径。

三、监督方式的选择

在委托代理关系中，激励和监督措施是委托人控制代理人行为，使其更好地为自己的利益服务的两种基本途径。与私营部门委托代理关系不同，激励不足是政府委托代理关系的基本特征之一，政府无法用分红、奖金等激励契约来奖励表现优异的政府代理人，即使职位晋升对政府代理人而言是种高效度的激励手段。当事前的激励机制不能提高代理人的努力水平时，就需要借助于事后治理结构的选择，监督制度就属于事后治理结构。提高对代理人的监督和处罚力度已经在研究者之间达成了共识，惩罚力度对代理人的威慑作用取决于代理人投机行为被发现和曝光的概率。在这种情况下，委托人所要考虑的就是使用何种有效的监督手段。

监督机制的主要功能在于辨识诸如天气、自然灾害等外界随机因素对行为结果的干扰，通过检查、督促等措施强化代理人的行为，减轻随机变量的不利影响，使代理人的努力朝着有利于委托人利益的方向分配，其本身并不创造新的价值，只能实现价值的转移。就此而言，监督活动本身意味着社会资源的浪费，需要耗费巨额的成本支出，主要表现为监督主体在履行监督职能时的成本支出、被监督主体为应付监督所花费的相关支出以及这些成本应用于其他方面所能够产生的收益等。因而，当监督活动的边际成本等于监督活动产生的边际收益时，监督主体的监督活动将达到最优选择。既然监督是一项成本甚高的活动，从节约成本的角度出发，监督主体就面临着监督治理结构的选择问题，不仅要选择监督收益大于监督成本的监督方式，而且还要满足监督成本最小化的选择标准，这种从交易成本角度选择有效监督方式的途径长期以来被研究

---

① ［美］詹姆斯·Q. 威尔逊. 美国官僚政治——政府机构行为的动因. 张海涛，译. 中国社会科学出版社，1995：116.

者所忽视。① 鉴于存在多种形式的监督，在交易成本理论看来，监督机制的选择应该依据其所需要的交易成本而定，通过比较分析的方式，选择交易成本较小的监督机制。

从交易成本途径来研究公共部门委托人对代理人行为的监督问题，西方学者已经取得了比较突出的研究成果。在他们看来，交易成本是影响治理结构选择的自变量，交易成本的增减可能带来监督机制的改变。就性质而言，对官僚行为的监督可以看做公共产品，政治家、选民、利益集团等都可以看做其生产主体，按照奥尔森的集体行动理论，当集团成员个人或某些成员可以从集体物品的提供中获得很大一部分总收益的时候，他们就会提供该类集体物品。② 当选民或利益集团等其他监督主体感到自身利益受到官僚严重侵犯时，他们也会主动履行监督职责，向政治家汇报和反映有关官僚行为的情况，这就为政治家转嫁监督成本提供了可行的途径，搭乘选民或利益集团的“便车”，这种自下而上的监督方式被西方学者称为“火警”监督。③ 在马寇宾斯（Mathew D. McCubbins）和施瓦茨（Thomas Schwartz）看来，“警察巡逻”和“火警”监督是国会监督官僚行为的两种可供选择的监督方式，前者是集权式的监督方式，后者则注重分权和激励的作用。对于“警察巡逻”监督而言，为了发现官僚的违规行为，国会议员需要将过多的精力和监督成本投入举行听证会、进行田野调查以及阅读官僚机构记录等活动中，

---

① John D. Huber, Charles R. Shlpan. The Costs of Control: Legislators, Agencies, and Transaction Costs. Legislative Studies Quarterly, 2000: 25-47.

② ［美］奥尔森．集体行动的逻辑．陈郁，郭宇峰，李崇新，译．上海三联书店，2003：38. 通常的分析认为，监督成本的存在将使得承担监督职责的社会公众作为委托人倾向于“搭便车”，但这种分析忽视了监督的收益和监督的地域性问题。与选民投票过程中的“理性无知”不同，选民的监督产生的收益具有较强的确定性，其感受到的收益通常要大于其投入的成本。此外，社会公众中的群体意识以及身份认同感等也会促进监督行为。

③ Mathew D. McCubbins, Thomas Schwartz. Congressional Oversight Overlooked: Police Patrols Versus Fire Alarms. American Journal of Political Science, 1984 (2): 166.

不能有效地履行其他立法职责，在国会议员看来，“警察巡逻”监督属于比较昂贵的监督方式，要耗费大量的机会成本。① “火警”监督却能将国会议员从繁重的监督任务中解脱出来，将监督成本转嫁给选民、行政机构或法院，在政策实施中明确立法意图。由于议员和选民之间存在直接的利益关系，议员必须关注选民的利益是否受到官僚的侵犯，一旦选民感受到利益受到侵害，他们就会向议员大声呼吁，这样议员只需要在接到选民抱怨的时候展开调查即可。他们不仅能够将大量精力和时间投入对其再次当选有利的事情上，而且还能够解决“警察巡逻”监督存在的监督范围有限的弊端，使政府官僚时刻提防是否触犯了选民的利益。② 一旦政府官僚了解到“火警”式监督的存在，他们就会充当国会议员忠实的代理人。③

除了借助于“火警”这种比较节约交易成本的事后监督方式以外，马寇宾斯、诺尔（Roger G. Noll）以及温加斯特（Barry R. Weingast）认为，还可以通过行政程序控制这种事前监督的方式来实现节约交易成本，防范政府官僚道德风险的目的，而且行政程序控制还为“火警”监督提供了前提条件。在他们看来，一方面，由议会自上而下进行的直接监督并不完美，不能有效地发现官僚的不服从行为。④ 另一方面，人们一般是从规范性角度来理解行政程序，将其看做保障公平和合法性的有效手段，实际上，行政程序还

① Mathew D. McCubbins, Thomas Schwartz. Congressional Oversight Overlooked: Police Patrols versus Fire Alarms. American Journal of Political Science, 1984 (2): 168.

② Mathew D. McCubbins, Thomas Schwartz. Congressional Oversight Overlooked: Police Patrols versus Fire Alarms. American Journal of Political Science, 1984 (28): 166.

③ John D. Huber, Charles R. Shlpan. The Costs of Control: Legislators, Agencies, and Transaction Costs. Legislative Studies Quarterly, 2000 (25): 33.

④ Mathew D. McCubbins, Roger G. Noll, Barry R. Weingast. Administrative Procedures as Instruments of Political Control. Journal of Law. Economics and Organization, 1987, 3: 244.

具有节约监督成本的作用。国会议员通过事前的行政程序设计，能够减缓国会和政府官僚之间的信息不对称性，并能够保障重要选民参与官僚决策的权利，如果选民感受到自身利益受到官僚决策的侵犯，他们就会向国会反映。①

虽然我国与西方国家实行的并不是同一套政治体制，但是如何有效控制官僚行为却是政治家所面临的共同问题，所不同的是，西方国家主要关注国会议员对政府官僚的控制问题，而我国则需要考虑中央政府如何控制地方政府官员的行为，使其忠实地履行中央政策意图。因此，西方学者对监督方式的研究成果也可以为中央政府所借鉴和采纳。总体而言，“警察巡逻”监督一直是中央政府监督地方政府的主要手段，珍·奇（Jean C. Qi）认为，中央政府主要通过常规式和非常规式两种方式来控制地方政府的行为，中央政府派出工作组调查地方政府官员的行为就是典型的非常规式控制方式。② 借助于这种集权的“警察巡逻”监督，中央政府能够提高中央政府和地方政府间的信息透明度，从而对政策执行情况作出真实有效的评价。每当某项重要的中央政策出台之后，中央政府就会派出相关的巡视组和督察组到各地检查督促，推动地方政府对中央政策精神的贯彻落实。如为了加强对党政“一把手”的监督，解决信息传递过程中的“梗阻”问题，中央政府从 2003 年开始设立中央巡视组并将其制度化，向 31 个省、自治区、直辖市派出五个巡视组，了解和掌握中央政令的畅通情况是巡视组的主要职责之一。除了中央巡视组以外，各省、自治区和直辖市也向各地市派出数目不等的巡视组。

但是，中央政府已经日益感受到这种监督方式的弊端：首先，中央政府人手和精力有限，不能巡视所有地方，这样就很难发现和

---

① Mathew D. McCubbins, Roger G. Noll, Barry R. Weingast. Administrative Procedures as Instruments of Political Control. Journal of Law. Economics and Organization, 1987, 3: 273.

② Jean C. Qi. State and Peasant in Contemporary Chian. University of California Press, 1989: 85.

查处不服从中央政策的全部地方政府官员。其次，地方政府长期以来形成了一套对付中央检查监督的有效手段，一旦中央督察组离开，中央政策仍然会被地方政府官员违背。再次，这种监督所需要的信息直接依赖于地方政府，如果中央政府的检查监督不利于地方政府官员的利益，中央政府的督察组也很难发现有关地方政府的不服从行为的信息。最后，有些政策的效果无法通过量化的方式表现出来，对这些政策执行情况的监督和评价只能诉诸政策对象的感悟而不是地方官员的汇报。为了减少监督成本，提高监督效率，投诉热线、公众信箱、举报奖励等具有“火警”监督特征的监督手段也越来越多地被中央政府应用于对地方政府行为的监督之中，与政策执行有关的行政程序方面的制度也在逐渐完善，如为了提高乡镇煤矿清理整顿的效率，中央政府就详细规定了地方政府验收乡镇煤矿的具体标准，并要求地方政府将关闭的乡镇煤矿名单及时在地方主要媒体上公布，以便接受社会监督。在安德鲁·韦德曼（Andrew Wedeman）看来，常规监督和“警察巡逻”可能无助于有效控制地方官员的不服从行为，中央政府被迫求助于周期性的“地区运动”，这类运动通常是在地方的抗议者拉响了“火警警报”之后进行的。① 事实上，我们经常可以看到，当某项重要政策决定出台之后，中央政府都要设置相应的监督举报电话或出台相关的监督举报制度，鼓励社会公众向中央政府揭发地方政府官员的违法乱纪行为。例如为了打击地方党政干部任用中的不法行为，中央组织部设立了“12380”统一举报热线电话。为了进一步推动政务公开工作，中央政府在2005年3月，出台了《中共中央办公厅 国务院办公厅关于进一步推行政务公开的意见》，要求以保障人民群众的知情权、参与权和监督权等民主权利、维护人民群众的根本利益为出发点和落脚点，提高行政机关行政行为的透明度和办事效率。因此，本书假定为了减少信息的不对称性，节约监督成本，中央政府

---

① Andrew Wedeman. Incompetence, Noise, and Fear in Central-Local Relations in China. Studies in Compatative International Development, 2001, 35 (4): 61.

将在倚重“警察巡逻”监督方式的同时，加强对“火警”监督途径的运用。

四、激励制度的选择

在委托代理关系中，代理人的行为通常要受激励结构影响，任务的激励强度不同，代理人在任务上分配的努力程度也就不同，行为结果通常与代理人的努力具有很强的相关性。在存在利益冲突的情况下，为了更好地维护自身利益，诸如收益分享、计件工资这样的基于产出的激励制度，通常是较为理想的激励契约选择，它对全面监控、期望行为的具体指定、强制性的科层、上级了解下级的努力成本的信息这几个方面的要求均不多。① 基于产出表现的激励制度类似于分权式的管理方式，代理人报酬的高低取决于自身的努力，而不是委托人的统一安排，代理人收入的提高建立在委托人利益实现的基础之上，委托人和代理人之间形成了紧密的利益纽带，具有典型的“激励相容”的特点，这就间接地减少了委托人用于监督和控制代理人行为的交易成本。前面章节有关制度环境变迁的分析内容就指出，转型时期，中央政府推行的“财政承包制”就属于基于产出的“激励制度”，通过让与地方政府部分利益，来换取地方政府对中央政府推行的改革措施的支持，一旦中央政府和地方政府之间确定了收入分享的比例，地方政府财政收入的高低就主要取决于自身的努力水平。

虽然这种高效度的分权式的激励结构有助于降低委托代理关系中的交易成本，但是一般只适用于单项任务代理或者委托人很容易衡量代理人绩效表现、代理人的行为过程不易监督以及行为结果主要受代理人主观努力水平影响的场合。在代理人绩效不易衡量或者多任务委托代理关系中，诸如计时工资或固定工资这样的低效度激励结构却更能够维护委托人利益。例如，教师通常要承担教学和科研两项任务，相对于教学而言，科研的完成情况通常可以借助于量

---

① ［美］盖瑞·J. 米勒. 管理困境. 王勇，等. 上海三联书店、上海人民出版社，2002：148.

化指标来衡量，并且受外在随机因素影响程度较小，更能反映出教师的努力程度，这样一来，学校就会对教师科研情况的考核给予较高的权重，实行科研绩效工资。在这种高效度激励措施的推动下，教师自然就会将大部分精力投入科研中，从而对教学质量造成了影响。针对多项任务代理关系，研究者一般认为应该对代理人实行不与绩效好坏挂钩的固定工资制度，这样可以使得代理人平均分配完成任务的时间和精力，① 而这种固定工资制度实际上就是威廉姆森所言的低效度激励形式。威廉姆森认为，在科层组织中，实行类似于市场的高效度激励措施会使得企业资产的使用受到损失，假如企业对员工实行计件工资的话，员工就会以牺牲机器使用寿命和损耗程度为代价，片面追求产量，这就导致企业要承受非必要损失。与私营部门相比，多项任务代理在政府组织中更加普遍，这些任务的执行结果有的能够衡量，有的则不能衡量，公共部门也更多地使用固定报酬这样的低效度激励契约。

然而，除了固定工资这种激励方式以外，政府官员的行为还要受其他高效度激励机制的引导，否则，既然不能投入任何努力成本，政府官员都能获取固定收益，那么行政管理效率就很难提高了，这显然与实际情况并不吻合。泰尔勒就认为，个人声誉、职位晋升、在私营部门谋职的可能性等构成了对政府官员行为的另一种激励途径。虽然低效度激励被看做公共部门的共性，但是由于个人待遇的好坏通常与职位高低有着密切关系，职位晋升实际上可以被看做类似于利润分成这样的高效度激励措施，而能否晋升则又取决于委托人的具体考核指标如何确定。政策执行本身就蕴涵着某种形式的激励关系，代理人精力的分配要受到相应的激励契约的影响。委托代理理论认为，为了均衡分配代理人的精力，在多任务委托代理关系中，委托人对代理人的激励应该遵循“平衡激励”的原则，

① Bengt Holmstrom, Paul Milgrom. Multitask Principal-Agent Analysis: Incentive Contracts, Asset Ownership, and Job Design. Journal of Law, Economics and Organization, 1991, 7: 25-27; Jean Tirole. The Internal Organization of Government. Oxford Economic Papers, 1994 (46) 3-6.

即对代理人从事的这些任务给予强度一致的激励，在提高某项任务的激励时，或者可以增加该项任务本身的回报，或者通过降低另一种任务的回报实现。否则，代理人会将更多的精力投入那些能够给其带来更大报酬的领域，这就造成了由激励不均衡引起的外部性。就对地方政府官员的晋升激励而言，这种“激励平衡”原则并不是指实行前文所论及的固定工资式的低效度激励，而是意味着平衡地方政府官员晋升考核中的绩效指标权重，引导地方政府较均衡地分配自己的时间、精力和资金投入。

在转型期的激励契约中，中央政府给予地方政府官员的激励强度实际上是不一致的，以经济建设为中心意味着与经济发展紧密相关的指标如财政收入、经济增长率等在地方政府官员晋升考核中占据相当大的比重，那些有助于推动地区经济发展的中央政策则相应更容易受到地方政府的重视，有志于追求晋升的代理人会将更多的精力和时间投入能够引起委托人注意和重视的政策领域和任务中来。① 反之，那些与地区经济增长无关甚至相冲突的中央政策将会受到地方政府的抵制和抗拒。环境保护、耕地保护等中央政策就是因为无助于地区经济的发展以及地方政府官员职位产权收益最大化而受到地方政府的抵制。这种“激励强度”的不均衡在某些政策领域产生了较高的交易成本，中央政府不得不在那些无助于促进地区经济发展，从而不利于地方政府官员职位产权收益最大化的政策领域中投入更多的监督和控制成本。因此，“政策执行鸿沟”现象也可以视为“激励失灵”的结果，即激励方案并不能够将代理人的努力投向符合中央政府利益的领域和方向。

虽然“激励失灵”在一定程度上推动了“政策执行鸿沟”现象的产生，但是中央政府和地方政府之间达成的激励契约并非不能调整，政策执行所处环境的变动性通常会对中央政府提出完善激励契约的要求。针对“激励失灵”所产生的巨额交易成本，中央政府可以相应地调整激励契约。因此，为了保证那些无助于经济增长

---

① 这也意味着对地方官员的激励考核仍然是建立在基于产出的激励基础之上的。

的政策能够被地方政府遵从，中央政府通常采取“要么全有，要么一无所有”的方式，也就是说，即使地区经济增长再快，但是如果中央政府的某项政策的效果没有落实，那么地方政府官员全年的工作绩效都要被否决。这种“要么全有，要么一无所有”的激励方式实际上就是一种“选择性的激励平衡策略”，即中央政府将一些具有优先地位的中央政策执行情况纳入对地方政府的考核指标，通过采取层层签订“目标管理责任状”的方式来影响地方政府的政策执行偏好，推动这些具有优先权的中央政策的执行。例如，中央政府为了推动计划生育政策在各地的落实，就实行了“要么全有，要么一无所有”的制度，从而取得了不错的政策效果。这种激励方式部分缓解了“激励强度”不均衡产生的不利影响，使某些政策和那些有助于推动经济发展的中央政策一起受到了地方政府的同等对待，这实际上降低了地方政府关注这些政策领域的机会成本，间接地提高了对地方政府执行这些中央政府优先考虑政策的激励力度。因此，本书假定为了减少“激励失灵”导致的“政策执行鸿沟”现象，中央政府将要么采取基于分权式的激励方式，要么遵循“激励平衡”原则，① 通过调整绩效考核制度，拓宽绩效考核的内容和领域，将更多地受到地方政府忽视的代理任务纳入对地方政府官员的绩效考核中，以便节约政策执行中的交易成本。

五、控制方式的选择

在私营部门的委托代理关系中，委托人对代理人行为的控制通常借助于产出指标，通过明确的利润、销售额等产出指标来衡量代理人的努力程度。这种控制途径不需要委托人详细跟踪了解代理人的行为过程，而只需要依据产出目标的完成情况就能够对代理人作出奖励或惩罚的决定以及对代理人的行为作出相应的调整。与私营

① “激励平衡”包括两方面的内容：既是指将以前没有纳入政绩考核的政策产出纳入地方政府绩效，也是指在政绩考核契约中降低有关“经济增长”的考核比重。

部门的控制机制不同的是，在传统公共行政理论看来，对官僚行为的控制必须求助于精巧的程序设计，借助于各种规章制度来保证官僚行为的一致性和可预见性。然而，这种通过投入来控制官僚行为的事前控制机制对官僚的行为和服务热诚抱以高度的信任感，忽视了官僚在政策执行中拥有的自由裁量权所可能引起的代理问题，而且对政治家的计划能力提出了过高的要求，需要政治家详细了解官僚的行为细节，全面预测可能会发生的意外事件。这种注重事前规则设计的控制机制不但不能降低官僚对政策的抵制，反而会产生大量的浪费和效率低下的政策执行现象。有鉴于此，新公共管理理论呼吁将市场机制引入公共部门管理，依据结果或产出来衡量和控制官僚行为。结果在政策框架中的地位非常突出（至少在发现执行鸿沟之后如此），① 产出控制途径能够减轻程序设计的重担，释放出政策执行者的活力，减少官僚行为控制过程中发生的讨价还价、协商等方面的成本，使人们除了单纯遵守条例之外，从完成另外一些事情的感受中得到工作上的满足。② 用诸如产出衡量这样的事后控制代替事前控制也能起到降低监督成本的作用，就此而言，作为某种机制或某项活动的副产品，在监督有效果时，从信息角度来说，这些机制或活动便成为优越于其他机制或人的有效监督方式。③ 除此以外，通过政策目标和政策产出的对比还有助于评估政策执行的效果，及时发现政策执行中存在的各种问题。实际上，产出控制途径长期以来都是中央政府控制地方政府行为的主要手段，如各级政府之间相互签订岗位目标管理责任状，由此而形成了自上而下的“压力型体制”，即一级政治组织（县、乡）为了实现经济赶超，完成上级下达的各项指标而采取的数量化任务分解的管理方

---

① ［英］简·莱恩．公共部门：概念、模型与途径．谭功荣，等，译．经济科学出版社，2004：140.

② ［美］史蒂文·凯尔曼．制定公共政策．商正，译．商务印书馆，1990：244.

③ ［日］今井贤一等．内部组织的经济学．金洪云，译．上海三联书店，2004：84.

式和物质化的评价体系。① 在压力型体制下，地方政府官员完成这些计划指标的情况就成为对其进行奖惩的主要依据。产出控制途径除了能够节约控制成本以外，在“锦标制”的压力型体制下，当地方政府官员的绩效受到同一种环境因素的影响时，地方政府官员之间的绩效比较将向委托人提供有关他们努力程度和能力的真实信息，从而也能够节约监督成本。

尽管如此，产出控制也并非无懈可击，相对于私营部门而言，政府产出通常显得模糊不清或者很难被衡量和计算，很难与报酬挂钩，在调动地方政府积极性方面的作用有限。况且，由于产出的完成情况要受外界的偶然因素与代理人努力程度的共同影响，代理人掌握着关于自身行为的真实信息，这就不难排除地方政府官员也可以借助于产出的模糊性和影响的不确定性来“卸责”或弄虚作假。产出控制机制的不完善必然要求其他控制手段的补充，而意识形态教育正好能够弥补产出控制途径的不足，在林德布罗姆看来，说服和训导制度也是实现社会控制的有效方式。②

在委托代理关系中，通过适当的方式影响和改变代理人的目标函数，使之与委托人的目标保持一致，这是解决委托人和代理人之间利益冲突的另一种途径。一旦代理人和委托人之间的目标完全一致，那么委托代理关系中的交易成本也将趋向于零。意识形态教育就是实现代理人目标函数调整的有效途径，它是关于世界的一套信息，它们倾向于从道德上判定劳动分工、收入分配和社会现行制度结构，③ 这种控制方式能够潜移默化地改变地方政府官员对职位产权收益的衡量和计算方式，减少政策执行的阻力和交易成本。成功

---

① 参见荣敬本，崔之元等．从压力型体制向民主合作体制的转变．中央编译出版社，1998：28。“压力体制”实际上可以看做“锦标制”，在锦标竞赛中，地方官员不仅要力争头名，而且还要避免被“末位淘汰”，后者比前者对地方官员的行为影响更大。

② ［美］查尔斯·林德布罗姆．政治与市场．王逸舟，译．上海人民出版社，1995：72.

③ ［美］科斯，阿尔钦等．财产权利与制度变迁．刘守英，译．上海三联书店，2004：379.

的意识形态教育能够充当政治动员和内部控制机制，使地方政府官员作出执行中央政策是符合自身职位产权收益最大化需要的判断，合理处理长期利益和短期利益、整体利益和局部利益之间的关系，树立正确的政策执行观念，将政策产出指标的完成建立在正常工作程序基础之上。在成功的意识形态感召下，地方政府官员通过投机的方式追求职位产权收益最大化的行为就被维护整体利益和长期利益的信念所统一，即使在缺乏有效监督和激励的情况下也会做出符合公共利益的选择，从而有效地避免政策执行中出现的“集体行动困境”和“搭便车”现象。具有意识形态诉求特征的内部控制机制的完善有助于建立一种更为负责和更具创新性的官僚体制，能够在地方政府官员中培养关注公共利益和全心全意为人民服务的“公益精神”，这种“公益精神”是政策执行的润滑剂，能够减少政策执行的摩擦。除此以外，恰当的意识形态教育还能够减少中央政府的激励成本，中央政府应对环境变化对激励契约的要求通常具有一定的时滞性，并且很难满足地方政府的全部利益要求，这时中央政府可以诉求于意识形态教育，“以便使足够的人改变他们的欲望，认为能够提供给他们的诱因是恰当的”。① 因此，本书假定，为了减少对地方政府的控制成本，相对于政策投入导向而言，中央政府将倾向于选择能够节约政策执行中交易成本的政策产出和意识形态教育作为经济的控制手段。

第四节 小　　结

本章分析了转型期制度环境的变化对地方政府行为的影响，认为“以经济建设为中心”的发展战略将地方政府官员的职位产权收益与地方经济发展水平建立了密切的联系，而财政分权方面的制度环境变迁则使地方政府官员拥有了实现职位产权收益最大化所需要的经济资源支配权。制度环境的变迁使地方政府具备了选择性执

---

① ［美］C. I. 巴纳德．经理人员的职能．王永贵，译．中国社会科学出版社，1997：118.

行中央政策的条件，当频繁遭遇“政策执行鸿沟”现象时，中央政府将会设法控制地方政府的行为，使地方政府官员对自身利益的追求建立在维护中央政府利益基础之上。作为理性的逐利人，中央政府对地方政府行为的控制也将遵循节约交易成本的原则，在此基础上，作出符合自身效率观念的政策执行治理结构选择。对节约交易成本的政策执行治理结构选择假设的检验将是后面三章的相关内容，第三章将侧重介绍乡镇煤矿管制政策的“执行鸿沟”现象。

第三章

乡镇煤矿管制政策“执行鸿沟”

时下，关于乡镇煤矿的新闻报道总是和“官股”、“血煤”等现象联系在一起，这似乎已经成为中央政府关于乡镇煤矿管制的政策出现“执行鸿沟”现象的有力佐证。这种观点是否反映了实际情况呢？一般而言，对社会现象的理解不能局限于现象本身，而是要透过隐藏在现象背后的各种因素来对事件的发展趋势作出正确的判断。因此，本书从乡镇煤矿产生和发展的背景来理解我国当前乡镇煤矿管制政策的出台及其在一段时期内的执行效果。本章主要分为四个部分：第一部分论述国家放松煤矿管制的背景及其主要内容；第二部分阐述中央政府重新对乡镇煤矿实施管制的缘由；第三部分则分析中央政府对乡镇煤矿重新管制的内容及初始效果；第四部分则是对本章内容的小结。

第一节　煤炭工业放松管制的时代

一、放松管制的背景

在中华人民共和国成立之初，我国就确定了优先发展重工业的

“赶超战略”，希望加快实现我国的工业和现代化，赶超世界发达国家的经济发展水平。然而，优先发展重工业却需要满足巨额的资金投入的要求，由此衍生出重工业的三个基本特征：建设周期长；在经济发展早期，大部分要素投入需要从国外进口；初始投资规模巨大。① 这种重工业优先发展的战略要求与我国当时的经济资源禀赋产生了极大的矛盾。我国经济发展的起点低、底子薄、经济产业结构极不平衡，农业和轻工业在国民经济中所占比重分别大大高于工业和重工业。1952 年，我国实现国民收入 589 亿元，人均 104 元，农业占工农业总产值 810 亿元的 56.9%，轻工业则占工业总产值的 64.5%。② 这种经济发展状况显然无法为重工业发展提供充足的资金积累，以支撑“赶超战略”的实现。鉴于经济发展的初始条件，我国选择了以扭曲产品和要素价格的宏观政策环境、高度集中的资源计划配置制度和毫无独立自主权的微观经营机制为主要内容的三位一体的高度集中的计划经济体制。③ 对社会生产和生活实行全面管制可以看做这种经济体制的主要特征，一方面通过人为压低工资、利率、汇率、原材料以及农产品价格，实行产品统购统销制度，降低重工业的成本投入和资金需求，将农业和轻工业领域的利润通过价格“剪刀差”的方式转入重工业；另一方面在生产和流通领域通过公私合营、社会主义改造以及农村集体化运动，实现国家对城市和农村经济发展的绝对控制。这种不顾我国资源禀赋而推行的“赶超战略”虽然在一定时期内能够推动国民经济的快速发展，但是这种发展却是建立在抑制消费、恶化收入分配以及产业结构发展失调的基础之上的，由此产生的直接后果就是“短缺”的出现，能源和原材料的供应不能满足发展的需求，成为制约国民经济快速发展的瓶颈。作为重要的基础性能源，煤炭的生产和需求

① 胡书东．经济发展中的中央与地方关系．上海三联书店，2006：11.

② 国家统计局国民经济平衡统计司．国民收入统计资料汇编 1949—1985．中国统计出版社，1987：7-10.

③ 林毅夫等．中国的奇迹：发展战略与经济改革．上海三联书店，2003：29-54.

自然也受到了这种全面管制的影响。

(一) 煤炭供应的影响因素

我国是世界上开发利用煤炭最早的国家，早在新石器时代就发现和学会使用煤炭，在公元前1世纪，煤炭就被用于冶炼钢铁。作为最主要的能源资源，我国的煤炭具有储量多、分布广、煤质较好、品种比较齐全等特点。截至2000年，我国煤炭探明保有储量10077亿吨，含煤面积达55万平方公里，资源探明率19.9%，按照国际通行标准划分，中国现有的煤炭经济可开发剩余可采储量为1145亿吨，约占世界同类储量（9842亿吨）的11.6%。① 在我国现有的由煤炭、石油、天然气和水等一次性能源构成的能源消费量中，煤炭所占的比重在20世纪50年代达到90%以上，此后，随着石油、天然气等其他一次性能源的开发，煤炭占的比重有所下降，但一直维持在70%左右的水平。然而，作为支柱性的能源基础，我国的煤炭工业却是在尤为艰难的基础上起步的，中华人民共和国成立前后，煤矿主要分布在东北、华北和华东的山东、安徽两省，绝大多数矿井都处于停产和半停产状态，1948年全国煤炭产量只有2010万吨，全国约有煤炭工人31万人。② 为了迅速扭转煤炭工业的不利局面，1950—1952年的经济恢复时期，国家采取了“恢复生产”和“重点建设”的发展方针，一方面对现有煤矿进行技术改造和恢复生产，提高煤矿的生产能力，另一方面在东北有重点地建造新矿井，三年时间里，共开工建设新矿井和露天矿17处，设计能力1251万吨。③ 经过三年的经济恢复时期，我国的原煤产量由1949年的3243万吨提高到1952年的6649万吨，增长了105%。在此基础上，国家在“一五”时期也将煤炭工业列为当时重点工业建设的主要项目，以便更好地满足国民经济发展和人民用煤需求。在当时重点建设的156个项目以及694个大中型建设项目中，煤炭工业分别占了24项和150项，共完成基本建设投资35.55

① 王家成，赵志林．中国能源发展报告2001．中国计量出版社，2001：35.
② 张明理．当代中国的煤炭工业．中国社会科学出版社，1988：19-21.
③ 张明理．当代中国的煤炭工业．中国社会科学出版社，1988：23.

亿元。经过“一五”时期的重点建设，到1957年，我国原煤产量达到13073万吨，比1952年增长96.6%，“一五”时期年均增长14.5%。①

然而，在当时的经济体制下，为了支持重工业优先发展的战略目标，国家采取了包括市场进入退出管制和价格管制在内的全面管制，这使得包括煤炭在内的能源工业的发展也受到很大影响。重工业优先发展的目标要求国家掌握绝对的资源配置权和剩余利润的分配权，这样才能够最大限度地将资金和资源等向重工业倾斜，减少国家推动经济发展的交易成本。基于这个出发点，超越当时资源比较优势而执行重工业优先发展战略的任务，历史性地落在了国有企业身上。② 因为基于对国有企业的所有权，国家当时能够控制国有企业的一切生产经营活动，国家指令代替了价格信号的作用，使其不能自由进出某个产业领域。而私人企业在价格信号的引导下通常会选择进入利润高的产业领域，从而无法保证“赶超战略”的一致性和连贯性。这种国有化的指导思想直接影响了我国煤炭供应主体的构成。1949年后，我国的煤炭工业按照所有制划分为国营煤矿（包括中央国营和由省地县管理的地方国营煤矿）、公私合营煤矿和私营个体小煤窑等三种类型，国营煤矿在其中所占的比重最大，按照1949年的产量计算，国营煤矿占68.2%。在以后的社会主义改造中，公私合营和私营小煤窑的比例不断减少，国有资本在煤炭行业占据了主导地位。按照投资主体的不同，我国的煤矿企业主要分为国有重点煤矿和地方煤矿两大类，前者主要由中央政府安排建设，产品由国家计划分配，主要供应国有重点企业和大中城市用煤。后者则由地方政府筹资建设和管理，生产的煤炭主要供应地方国有企业，主要由省、地、县和乡镇煤矿组成，1984年以前，国有重点矿产量占全国煤炭产量的50%以上，成为影响煤炭行业

---

① 《中国煤炭工业年鉴》编委会：中国煤炭工业年鉴（1982）. 煤炭工业出版社，1983：9-10.

② 林毅夫. 充分信息与国有企业改革. 上海人民出版社，1997：19.

发展的主要力量。①

作为工业发展的“粮食”，煤炭价格的制定权一直掌握在中央政府手中，通过实行统一的指令性生产计划和统收统支的财政体制，国有企业生产所需要的投资和其他生产要素都由政府无偿拨付，生产产品的数量、规格等指标都要接受国家的统一指令，产品的调拨和销售由国家计划决定，产生的利润上缴国家统一分配，发生的亏损则由国家财政承担。在“赶超战略”的推动下，煤炭价格增长缓慢，不能真实反映煤炭的生产成本，据世界银行报告，我国的能源价格只有其边际成本的60%左右。② 煤炭价格偏低主要表现在两个方面：其一是煤炭价格不能反映成本支出，导致煤炭企业利润低甚至亏损，1978 年，国有重点煤矿的煤炭出厂价为 15.91 元/吨，而其成本却高达 16.12 元/吨，每吨煤要亏损 0.21 元；③ 其二是与其他商品之间的比价低，按照 1981 年的国内外煤炭及其他商品的价格计算，我国每吨钢可换煤炭 34.285 吨，而当时的联邦德国、日本和美国的每吨钢可换煤炭 4.41 ~ 6.516 吨，国内的比价比国外要高出 5.3 ~ 7.8 倍。④ 为了扭转煤炭价格偏低的局面，中央政府曾多次提高煤炭价格，但是煤炭企业亏损的状况并未改观，价格提高的幅度赶不上生产成本的涨幅。据统计，全国每吨原煤的平均成本由 1953 年的 9.97 元，上升到 1985 年的 29.33 元，33 年上升了近两倍，平均每年递增 3.4%。而同期每吨原煤的平均出厂价由 11.1 元提高为 26.05 元，仅提高 1.35 倍，平均每年递增 2.7%。⑤ 然而，煤炭实际上是一种缺乏需求价格弹性和供给弹性的商品。每年经济发展所需要的煤炭总量通常较为确定，受价格变

---

① 1993 年前国有重点煤矿被称为国家统配矿，地方国有煤矿被称为地方国营煤矿社队企业，在 1984 年更名为乡镇企业。

② 中国社会科学院工业经济研究所. 中国工业发展报告 1999. 经济管理出版社，1999：142.

③ 田源，乔刚. 中国价格改革研究 1984—1990. 电子工业出版社，1991：387-391.

④ 张明理. 当代中国的煤炭工业. 中国社会科学出版社，1988：643.

⑤ 乔荣章. 价格补贴. 中国物价出版社，1990：104.

动的影响较小，而且计划价格的调整通常是一种事后调整，很难反映对煤炭的真实需求。供给价格弹性的缺乏也使得煤炭的供给受价格变动的影响很难在短期内体现出来。这是因为煤炭生产的投资周期长，投资规模较大，所受资金约束也较强，从初始投资建设到正式生产通常要经过很长一段时间，这使得煤炭的市场供应量很难在短期内提高。煤炭价格严重偏低，产生了相应的外部性效应，助长了其他企业的“投资饥渴”。

由于煤炭计划价格不能真实反映煤炭的市场价值，煤炭成本得不到必要的补偿，有些应由成本负担的煤矿安全措施、技术措施以及改革采煤工艺等所需要的工程和设备，不得不因紧缩开支而缓办或停办。国有煤矿企业缺乏扩大再生产的能力，不得不依靠国家财政支持来维持自身的生存和发展。与此同时，国家由于财政困难，财政入不敷出，对煤矿基本建设投资的比重并不稳定，主要依据煤炭的市场需求情况而定，投资缺乏前瞻性。“一五”时期，煤炭投资占工业投资总额的 12.3%，“二五”时期上升到 13%，但是“三五”时期和“四五”时期却分别只有 9.2% 和 9.6%，这 10 年比前 10 年下降了 3%，新增煤炭生产能力 14900 万吨，平均每年增加 1490 万吨。① 煤炭投资缺乏前瞻性以及煤炭供需价格缺乏弹性导致煤炭市场供应很难满足市场需求。

1978 年 12 月，党的十一届三中全会决定将党的工作重心转移到以经济建设为中心，党的十二大进一步确立了我国经济发展的长远目标，决定在 20 世纪末实现工农生产总值比 1980 年翻两番。经济发展目标的明确对我国的煤炭供应提出了更高的要求，工农业生产总值翻两番意味着煤炭生产量在 20 世纪末最低也要在 1980 年的基础上翻一番，达到 12 亿吨以上，而当时的煤炭行业发展形势并不乐观。

为了尽快从“文化大革命”造成的影响中走出来，20 世纪 80 年代初，煤炭工业部确定了“稳产调整”的方针，决定用 2～3 年的时间进行矿区设备更新改造，弥补安全欠账以及改善职工的生活

① 马洪，孙尚清．中国经济结构问题研究．人民出版社，1981：271．

条件，而当时全国原煤产量从 1978 年起已连续四年徘徊不前。1976—1978 年国家对煤矿基础建设方面的投资虽然从“四五”时期的 9.6% 上升到 10.4%，但因此前的欠账太多，加上逐年衰老、报废的矿井还要减少生产能力，所以新增能力并没有明显增加，平均每年增长 1420 万吨。① 与 1979 年的产量相比，1980 年的原煤产量甚至出现负增长，煤炭供应水平很难满足国民经济发展的需要，工业企业因缺煤缺电，开工不足，约有 20% 的生产能力不能发挥作用。② 在当时的煤炭价格管制的政策环境下，地方国营煤矿的煤炭价格长期过低，每吨只卖 18 元，比国家统配煤矿的价格低得多，③ 进而使得地方国有煤矿亏损严重，1980 年的亏损额上升到 40780 万元，比 1978 年增加了 3 倍，亏损面高达 66.5%。④ 地方国有煤矿的严重亏损使得当时的地方政府无心投资地方煤矿，通过地方煤矿产量的提高来满足地方煤炭需求。这是因为 1978 年财政“分灶吃饭”之后，中央政府和地方政府明确了各自的收支范围，地方政府主要负责地方煤矿生产经营所需要的投资，不仅如此，中央政府还削减了支援地方煤矿建设的资金，并取消了对地方煤矿的亏损补贴。面对这种状况，地方政府通过计算发现，与其自己投资建设地方煤矿，还不如向中央政府伸手要煤炭计划，将地方煤炭需求的满足建立在与中央政府讨价还价以及国有重点煤矿增产的基础之上。1979 年地方国有煤矿产量为 17146 万吨，1992 年才上升到 20289 万吨，年均仅增长 1.8%。煤矿建设资金的缺乏导致 1980 年的煤炭产量出现了下滑，由 1979 年的 63554 万吨下降到 1980 年的 62013 万吨，以至于当时的煤炭工业部部长高扬文不得不在 1981 年借助于新闻媒体的帮助，鼓励缺煤的省市到煤炭资源丰富的地区建设煤矿。⑤

---

① 马洪，孙尚清．中国经济结构问题研究．人民出版社，1981：271.

② 叶青，张宝明．中国乡镇煤矿．煤炭工业出版社，1998：29.

③ 高扬文．三十年的足迹：高扬文回忆录．煤炭工业出版社，1994：476.

④ 张明理．当代中国的煤炭工业．中国社会科学出版社，1988：175.

⑤ 《中国煤炭工业年鉴》编委会．中国煤炭工业年鉴（1982）．煤炭工业出版社，1983：9，16，114.

总体而言，国家对煤炭生产的市场进入管制，使得国有煤矿成为煤炭供应的主体，煤炭价格管制又导致国有煤矿缺乏扩大再生产的能力，不得不依靠国家财政投资来保证煤炭供应量，国家财政状况的不稳定进而使得煤炭供应缺乏稳定性。在这些因素的影响下，煤炭在全面管制时期出现了供应紧张的局面。既然煤炭供应很难满足市场需求，那么是否能够通过压抑煤炭需求的方式来减缓煤炭供应紧张局面呢?在全面管制体制下，煤炭市场需求的影响因素是多方面的。

（二）煤炭需求的影响因素

1. 计划经济体制的影响

在传统的经济管理体制下，国有企业成为政府的附属物，其生产计划和要素投入都由国家统一安排，企业收入与成本支出之间的联系被“割裂”和“软化”，企业经营绩效的好坏与企业生存状况关系不大。国有企业的这种“软预算”约束使其无需考虑投资成本及其收益问题，即使投资失败，也有主管部门或政府出于“父爱”考虑而为企业排忧解难，这些因素使得国有企业天然地具有一种“投资扩张”的本能，对数量和规模的追求成为企业完成生产计划的主要手段。“投资扩张”面临的约束并不是预算和需求，而是诸如煤炭、石油这样的生产资源，在这种资源约束的体制下，投资意图和企业、非营利机构以及中高层部门的增长饥渴几乎是不可满足的，它们总是超过经济制度的物质资源约束。① 为了获得企业生产经营活动所需要的各种生产要素，一方面，国有企业连同其主管部门与中央计划者讨价还价，争取获得更多的要素投入品。另一方面，企业尽可能地积聚生产要素，以防止企业的正常生产经营活动因投入要素的不足而中断，生产要素供应的不稳定性则进一步强化了企业的这种“囤积倾向”，而这反过来又导致了“物资短缺”的出现。匈牙利经济学家科尔纳对社会主义经济体制中“短缺现象”的这番解释基本上可以描述出企业对煤炭需求的膨胀状态。与此同时，煤炭的低价格也使得煤炭的消费群体根本没有节能

① ［匈］亚诺什·科尔纳．短缺经济学（下卷）．张晓光，等，译．经济科学出版社，1986：236.

意识，刺激了对煤炭的需求，使经济以一种“粗放式”的方式增长。而在投资建设煤矿存在严重亏损的情况下，不少地方官员将建设煤矿的资金用于购买煤炭，向中央政府争要煤炭供应指标，这使煤炭短缺的局面进一步加剧。为了满足生产领域对煤炭资源的需求，生活领域的用煤需求也受到了强烈抑制。1965 年全国生活用煤炭为 7500 万吨，平均每人消费 103 公斤，到了 1978 年，全国生活用煤炭总量达到 10063 万吨，但平均每人消费煤炭只有 105 公斤，13 年平均每人增加 2 公斤。①

值得注意的是，我国煤炭行业虽然存在科尔纳所言的整体性短缺现象，但是这种整体性短缺似乎并不像科尔纳所说的那么严重，至少 1978 年以后的煤炭供需状况并没有呈现出这种整体性短缺的趋势（见表 3-1）。

表 3-1 **1978—1992 年我国煤炭生产量、消费量、库存量表②**

单位：万吨标煤

年度	1978	1979	1980	1981	1982	1983	1984	1985
原煤产量	44127	45323	44232	44358	47613	50129	56367	62277
原煤消费量	40400	41773	43519	43128	45743	49002	53391	58125
当年库存	3727	3550	913	1257	1870	2027	2976	4152
累计库存	3727	7277	8190	9447	11317	13344	16320	20472
年度	1986	1987	1988	1989	1990	1991	1992	
原煤产量	63802	66259	70031	75314	77110	77689	79691	
原煤消费量	61284	66014	70864	73670	75213	78979	81566	
当年库存	2578	245	-833	1644	1898	-1290	-1865	
累计库存	23050	23295	22462	24106	26004	24714	22849	

① 马洪，孙尚清．中国经济结构问题研究（上册）．人民出版社，1981：277.

② 肖国安等．煤炭市场经济导论．煤炭工业出版社，1995：94，1 吨煤＝0.714 吨标准煤。

从表 3-1 中不难看出，1978—1982 年，虽然每年的煤炭库存量均低于正常的库存量水平，按照国际通行的库存量标准，煤炭的库存量应该保持在当年煤炭消费量的 10% 左右，① 但是五年累计的煤炭库存量却达到了 1. 1317 亿吨标准煤，占 1982 年煤炭消费量的 25% 左右。由此可见，全国性的煤炭需求短缺并不是当时放宽煤矿管制的主要原因。

2. 交通运输条件的限制

与全国整体性煤炭短缺相比，我国面临着更为严重的煤炭局部性短缺现象，由表 3-2 可以看出，华北一直是我国煤炭的主要产区，煤炭产量占全国的比重 1985 年为 34. 5%，1990 年为 35. 3%，1995 年为 37. 4%，生产大于消费。华北地区的煤炭富余量不断增加，1985 年、1990 年和 1995 年的煤炭富余量分别达到了 10903 万吨、15783 万吨和 16475 万吨，大大超过了华北地区的合理煤炭库存量水平。与此同时，由于煤炭资源分布以及开采条件限制，东北、华北和中南地区的煤炭需求却没有得到有效满足，煤炭供需缺口不断扩大，严重制约了当地经济发展。

表 3-2　**1985—1999 年各大区煤炭生产和消费平衡②**　单位：万吨

地区	1985			1990			1995		
	生产	消费	余+缺-	生产	消费	余+缺-	生产	消费	余+缺-
华北	30103	19200	+10903	38087	22895	+15783	50883	34408	+16475
东北	14730	16367	-1637	18447	20178	-1731	16208	19754	-3546
华东	12717	19092	-6375	14697	25708	-11011	20059	36878	-16819
中南	13099	14305	-1206	15245	18019	-2774	19893	25791	-5898
西南	9543	8964	+579	12707	11549	+1158	17836	15689	+2147
西北	7306	6054	+982	8754	7777	+977	11193	10555	+638

① 潘伟尔. 2004 年煤炭经济运行评析. 中国煤炭，2005 (3) .

② 周凤起，王庆一. 中国能源五十年. 中国电力出版社，2002：478.

煤炭供需的局部失衡主要与我国煤炭资源分布和交通运输状况有关。煤炭是大宗散装物资，运输制约着煤炭的交易，煤炭产量的70%左右要靠铁路运输。① 我国煤炭生产基地主要在华北地区，山西、陕西和内蒙古西部更是煤炭重点开发区，煤炭消费则主要集中在缺少能源的华东和中南地区，由此形成了西煤东运、北煤南运的基本流向。由于主要资金投入都流向重工业建设领域，与煤炭行业一样，交通领域也面临着投资资金短缺、交通运输不能满足需求的局面。我国1953—1988年的36年间用于交通运输的基本建设投资仅占国民经济总投资的14.2%，其中1953—1978年为15.3%，1978—1988年为13.4%。铁路建设投资在此期间也呈下降趋势，由“一五”时期的11.4%、“三五”、“四五”时期的13.1%和11.1%降至“六五”时期的4.5%，从而导致铁路营业里程后续乏力。“一五”至“四五”期间平均每年增加新线950公里，“五五”期间降至560公里，“六五”期间降为300公里。② 交通运输尤其是铁路运力的不足，使我国一方面大量煤炭积压在产煤地区，1981年山西外运的煤炭由于铁路运力不足，就积压了1800万吨，另一方面用煤地区却面临较严峻的煤炭短缺问题。除了交通运输能力不足的影响外，铁路行业凭借所处的垄断地位，也会产生利用手中的车皮计划权寻租的冲动，故意不满足煤炭调拨的运输需求，这些机构故意安排短缺，目的是为了从那些受配给限制的消费者手里获得利益。③

3. 地方保护主义约束

除了交通运力不足导致煤炭出现局部短缺现象以外，地区之间的封锁和竞争也是导致局部短缺现象出现的重要原因。1978年以后，随着各项经济改革政策的推行，经济发展速度成为选拔和提升

---

① 日中经济协会．中国经济的中长期展望．经济科学出版社，1988：160.

② 国家物资部燃料司等．中国能源供求趋势区域平衡及对策．中国物资出版社，1991：143.

③ ［俄］安德烈·施莱弗，罗伯特·维什尼．掠夺之手．赵红军，译．中信出版社，2004：100.

地方官员的重要指标，地方官员成为独立的利益主体，地方官员之间的竞争也随之由“幕后”走向了“台前”。由于职位晋升类似于“政治锦标赛”，一旦在竞赛中被淘汰出局，就很可能失去下次晋升的机会，而职位晋升越早，越有利于地方官员今后的职业发展。为了在职位晋升竞争中脱颖而出，获得最大化的职位产权收益，同时阻止其他地方经济的高速发展，地方政府之间互相封锁，实行地方保护主义，限制产品和生产要素的“进入”和“流出”。原来由外地供给的能源、原材料和其他投入品，现在因为中央统一调配物资体制的取消或者受到极大削弱而中断供应，或者供给不足、不及时，就会造成人为的短缺。① 作为经济发展的主要推动力的煤炭工业自然也会受到这种互相“封锁”的影响，尤其是煤炭供应趋于紧张的时候，产煤大省为了优先保证本省的用煤需求，通常会对调运省外的煤炭做出各种限制，要求当地产的煤只能在本地销售，不能出省、出县。如湖南郴州地区产煤比较多，但不准销到邻近缺煤的广东省。江西萍乡市盛产煤炭也不准供应搭界的湖南醴陵、浏阳等县市。② 一旦预见到这种“限制”煤炭出省的现象可能出现，缺煤省区的“囤积倾向”就会扩张，要么向中央政府诉苦，要求加大煤炭的调拨量，要么出台各种地方政策，鼓励地方自主开办乡镇煤矿，满足用煤需求。

总而言之，在全面管制体制下，国家对煤炭工业实行的管制政策导致国有煤矿企业发展后劲不足，很难支撑我国经济的高速发展。据当时预测，为了实现党的十二大确定的国民生产总值在20世纪末翻两番的目标，煤炭产量也需要随之增长一倍，由1982年的6亿多吨提高到12亿吨才能满足经济发展的需求，而这仅靠国有煤矿企业自身的实力和国家投资是很难实现的。与此同时，交通

---

① 胡书东．经济发展中的中央与地方关系——中国财政制度变迁研究．上海三联书店，2006：52.

② 张明理．当代中国的煤炭工业．中国社会科学出版社，1988：105。这种现象至今仍然存在，以至于国家发改委、铁道部与交通部不得不在2004年出台关于严格执行电煤订货合同的通知，要求各产煤省区严格履行国家重点电煤订货合同，特别是供省外的国家重点电煤合同要确保兑现，杜绝地方保护主义。

运输的限制以及地区封锁导致煤炭供求出现了严重的局部短缺现象，缺煤地区的煤炭需求很难得到有效满足。煤炭行业这种现状急需国家出台新的产业政策。

二、煤炭市场准入政策的放宽

煤炭工业当时的状况使得煤炭工业部对煤矿发展政策进行了相应调整，坚持“两条腿走路”的方针，一方面通过内部挖潜，加大技术改造和投资力度，千方百计地提高国有重点煤矿的产量，另一方面出台各种鼓励政策来调动地方投资办煤矿的积极性。由于煤矿建设投资周期长，煤矿从投产到实现设计产量仍需要较长时间，再加上国家财政困难，使得煤炭增产计划的2/5依靠国家统配煤矿，3/5则寄托在地方煤矿身上。① “两条腿走路”的方针其实由来已久，它的含义是指国民经济建设要充分发挥中央和地方两个方面的积极性。但以往对农民集体和个人办企业的限制很多，因此，地方的积极性只是地方政府的积极性。由于没有广大农民群众的积极参与，地方这“一条腿”相当软弱。所以，重提“两条腿走路”的发展煤炭工业方针，其实质是为农民办乡镇煤矿打破了桎梏。

为了调动地方投资办煤矿的积极性，中央政府和煤炭工业部出台了一系列政策文件。国务院在1981年12月批转了《国家能源委员会关于地方国营煤矿若干经济政策问题的请示》，同意采取以下经济政策：实行亏损补贴，要求各省、市、自治区政府对地方统一分配的煤炭，实行亏损补贴，以保证地方国有煤矿能够正常生产；适当减免税收，将地方国有煤矿的工商税率减至5%；增加基建投资和技术改造资金，国家每年拨给基建资金和技改资金各2亿元，地方铁道建设费用7000万元；适当提高维简费用，将地方国有煤矿的维简费用每吨提高到4元。“人民公社、生产队等集体所有制

---

① 按照当时的煤炭工业部的战略规划，20世纪末的12亿吨煤炭产量主要由三部分组成：现有统配煤产量由1980年的3.44亿吨提高到4亿吨（这期间要补上矿井报废和衰老减产共7000万吨）；地方煤矿产量由1980年的2.76亿吨提高到5亿吨；新井建设到2000年开工6亿吨，投产5亿吨，出煤4亿吨。

煤矿，也可以参照执行这些政策”。随后，山东、江苏、辽宁等省也根据中央政府的文件精神，出台了相应的扶持地方煤矿发展的政策文件，其相关的政策措施甚至比中央政府下达的文件还要宽松。比如山东省就规定省属煤矿工商税率由8%降到5%以后，仍有亏损的企业，报经省财政厅批准，可以减征和免征工商税；地、县、社队煤矿经过批准可以减免工商税。在一系列政策文件的引导下，地方国有煤矿扭转了煤炭产量逐年下降的趋势，产量逐步回升。

1981年，煤炭工业部在研究了乡镇煤矿发展现状和存在问题的基础之上，提出了“扶持、整顿、改造、联合”的发展乡镇煤矿的方针，同年10月26日至11月4日，煤炭工业部和农业部在山西平定县联合召开了首次全国乡镇煤矿座谈会讨论如何贯彻落实“八字方针”。在政策激励下，乡镇煤矿产量得到了较大提高，从1979年的10631万吨提高到1982年的14607万吨，1982年乡镇煤矿除供应地方和乡镇企业用煤4000多万吨、生活用煤2000多万吨以外，还提供国家外调出省商品煤4000多万吨。缺煤的江南九省区乡镇煤矿产煤2400万吨，占其总产量的23%，提高了自给水平。① 而真正对煤炭行业发展及其布局产生重要影响的还要数1983年《关于加快发展小煤矿八项措施的报告》的出台（这项政策也被称做“有水快流”政策），1983年也被视为乡镇煤矿发展的转折点，兴起了群众办矿的热潮。

1983年的这份报告与以往中央政府出台的相关鼓励煤矿发展政策的主要区别在于进一步明确了群众个人投资办煤矿的合法地位，使其取得了合法身份，强调要以“中央办农业”的方针推动煤炭工业的发展。而在此之前，虽然也有个人办煤矿的现象，但是大多以集体名义出现。《关于加快发展小煤矿八项措施的报告》提出了国家、集体和个人一起投资办煤矿的政策主张，在资源利用、办矿体制、供销运和劳动工资等方面进一步放宽政策，要求各级政府和国有煤矿企业要积极扶植群众办矿，鼓励集体和各种形式的联

---

① 参见叶青，张宝明．中国乡镇煤矿．煤炭工业出版社，1998：31，江南九省区包括苏南、皖南、两湖、两广、福建、浙江和江西。

营办矿和专业承包办矿，允许个人投资办矿。1984年6月和11月，煤炭工业部又先后印发了《关于进一步放宽政策，放手发展地方煤矿的通知》和《关于积极支持群众办矿的通知》，总的原则精神是遵循“有水快流”的煤炭工业发展方针：在“两条腿走路”方针的指导下，调动一切可以调动的积极因素，利用一切可以利用的资源，集中一切可以集中的资金，大中小煤矿一起搞，国家、集体和个人一起上。在“有水快流”政策的影响下，我国的原煤产量取得了明显的效果，1984年原煤产量由世界第三位跃居第二位，达到78923万吨，比1983年增长10.5%，是历史上增产最多的一年，1989年我国原煤产量则升至世界第一位。在1984年比1983年增产的原煤产量中，乡镇煤炭增产了4681万吨，占增产总量的62%。截至1985年末，在全国27个省（区、市）中，已有1158个县开办了乡镇煤矿，煤矿总数达到6.3万多处，其中集体矿5.1万处，个体矿1.2万多处。① 自此以后，乡镇煤矿发展的势头不可遏制，1993年，包括个体煤矿在内的乡镇煤矿的产量在全国原煤总量中所占的比重首次超过国家统配煤矿，达到总产量的42.1%。1995年，包括个体煤矿在内的乡镇煤矿提供的原煤产量已经达到全国总产量的52%，支撑起了煤炭工业的半壁江山。

三、煤炭价格市场化政策的出台

在“赶超战略”的引导下，为了替重工业发展提供充足的资金，我国的煤炭价格始终偏低，不能正常弥补煤炭的生产经营成本，煤炭市场的供求关系因而也不能得到正常反映。为了保证煤炭供应能够满足国民经济发展的需要，1949—1985年，煤炭价格大体上存在四次大规模的价格调整：② 即为了解决煤炭出厂价格不统一、地区差价、品种比价、质量差价不合理问题，对部分煤炭品种的价格进行了调整。平均每吨原煤售价从10.99元提到13.44元，提高2.45元，提价幅度为22%。1965年为了贯彻按质论价的原

① 叶青，张宝明．中国乡镇煤矿．煤炭工业出版社，1998：35.

② 张明理．当代中国的煤炭工业．中国社会科学出版社，1988：638-641.

则，平均每吨原煤售价提高2.01元，提价幅度为11.6%。1979年为了解决当时煤炭行业亏损严重的问题，鼓励煤矿多出煤，平均每吨原煤售价提高5.07元，调价幅度为31.8%。1985年为了解决煤炭价格偏低，影响煤炭生产和节约的问题，对煤炭价格采取扩大地区差价的方式，调整煤种、品种比价，平均每吨原煤售价由23.81元上升到26.86元，增加3.05元，调高幅度为12.81%。而且，从1985年开始，煤炭价格结构也相应地做出了调整，开始出现计划价格、指导性价格和协议价格并存的多层次煤炭价格体系。煤炭价格的这几次调整事实上也反映了我国煤炭价格逐步市场化的趋势。

总体而言，我国煤炭价格政策的演变大体上分为转型前和转型后两个不同时期。在转型前，我国大体上严格实行由国家集中控制的煤炭价格管理政策，国有重点煤矿和地方国有煤矿的原煤价格都由国家统一确定，而且一定就是好几年不变，煤炭供需双方通过友好协商的方式来确定价格的非计划价格形式基本上不存在，只有零星的小煤矿短途地销煤价格存在，其主要流向是煤炭产地附近的土小工业和部分居民生活用煤，在宏观的煤炭价格运动中所占比例微乎其微。即使如此，零星的煤炭市场议价也还是受到各级物价管理部门的监控和影响，议价基本围绕国家定价水平。转型后，国家煤炭计划价格一统天下的局面被打破，为了调动地方政府和群众投资办煤矿的积极性，国家在1983年出台了关于推动小煤矿发展的“有水快流”政策，接着在1984年又颁布了《关于进一步放宽政策、放手发展地方煤矿的通知》，这两项政策特地对地方煤矿的煤炭价格形式作出了具体说明，没有纳入国家和地方计划统一分配的乡镇集体和群众集资或专业承包煤矿所产的煤炭，凡没有纳入统一计划的应允许自行销售、自定价格。地方国有煤矿在完成计划上调任务后，剩余煤炭和超产煤炭允许企业自销；没有上调任务的可以全部自销。自销煤炭可以随行就市，自定价格，议价出售。为了提高国有重点煤矿产量，缓解煤炭供需矛盾，国有重点煤矿从1985年起开始施行投入产出承包制，在煤价方面，实行超基数递增包干加价的办法，即以1984年煤炭统配计划38793万吨为包干基数，1985年及“七五”期间，每年递增2000万吨原煤产量，供国家统一分配，一包6年不变。递增煤的价格按国家统一定价加价50%，对年递增2000万吨以外再超产的煤炭，加价100%。

转型后，中央政府虽然逐步放松了煤炭价格管制，引入市场机制，实行计划和市场价格并存的价格“双轨制”，意图通过对煤炭增量价格的市场化来提高煤矿企业生产的积极性和投资者投资的热情。但是，这时的市场价格并不是严格意义上的“市场价格”，其调价的幅度仍然必须接受国家计划价格的指导，而且实行国家计划价格的煤炭产量所占的比重仍然很高。不管国家采取何种形式的煤炭定价方式，煤炭行业的利润率在当时一直偏低，远远落后于其他行业，甚至在许多年份出现全行业亏损的状况。煤炭价格虽然经过多次调整，但是在企业生产经营机制没有得以彻底转变的条件下，煤炭行业尤其是国有重点煤矿并没有走出“低价—亏损—补贴—吃老本—无力投入—企业老化—效率低下”的恶性循环，煤炭价格调整一段时间后，煤炭成本的上涨幅度就超过了煤炭价格的调整幅度。1986年和1978年相比，国有重点煤矿吨煤分摊的生产成本增长了113%，营业外支出增长了151%，均超过同期原煤价格提高的幅度。①

不仅如此，转型后逐步形成的多层次价格体系也扰乱了煤炭行业正常的生产经营秩序，助长了国有重点煤矿的机会主义行为。在追求超计划产生的高收益的激励下，② 国有重点煤矿通常盲目追求超产，想方设法地要求降低国家统一计划分配的煤炭产量，为了多产煤，忽视了对煤炭生产设备的正常维护。为了多生产和销售计划外的原煤，国有重点矿还常常购买周边地区乡镇煤矿的煤炭，以此来充当计划内原煤生产指标。由于运输计划外煤炭，铁道部门可以加收额外的运输

---

① 田源，乔刚．中国价格改革研究：1984—1990. 电子工业出版社，1991：359.

② 当时的煤炭计划内价格和计划外价格有着明显的差距，河南省国家统配计划内价格32.62元，计划外每吨65元，差价率99.2%；地方国营矿计划内每吨37.50元，计划外每吨73.50元，差价率94.57%，乡镇矿计划内每吨37.50元，计划外每吨75元，差价率100%。参见国家物资部燃料司等．中国能源供求趋势趋于平衡及对策．中国物资出版社，1991：219.

费用，这也使得计划外煤炭成为铁道部门优先考虑的对象，1989 年铁路计划内欠运 1500 万吨，计划外却多运了 2500 万吨。①

面对这种情况，中央政府决定进一步加大煤炭价格改革力度，统一煤炭价格，国有重点煤矿和地方煤矿的价格都采取随行就市的办法，希望通过引入市场竞争机制来提高国有重点煤矿的生产率，降低生产成本。因此，国务院确定了“三年放开煤价，三年抽回补贴”的煤炭价格改革方针，从 1993 年 1 月 1 日起，放开部分国有重点煤矿的煤炭出厂价格，一年之后，国务院决定全部放开除电煤价格以外的煤炭价格，同时减少煤炭计划分配量。②

中央政府原本想通过市场化改革的力量来解决煤炭供应短缺问题，提高国有重点煤矿的市场竞争力及市场份额，但是市场化改革的效果出现了偏差。全国煤炭供应不足的问题虽然大体得以解决，却随之出现了煤炭市场饱和，煤炭库存量在 1992 年已经增至 2 亿多吨的新情况。1993 年和 1994 年国有重点煤矿的产量在当年全国总产量中所占份额连续下降，分别只有 39.8% 和 38.1%，而包括个体煤矿在内的乡镇煤矿的比重则分别上升到 42.1% 和 44.6%。与此同时，乡镇煤矿四处开采导致煤矿安全形势也趋于恶化，这使得中央政府在相继放开对煤矿工业发展的管制之后，又出台了新的针对乡镇煤矿的政策。

第二节　乡镇煤矿重新管制的需求分析

当煤炭工业逐步朝着市场化的方向发展的时候，中央政府又从 1993 年开始逐步实施了一系列的管制政策。受益于 1983 年开始实施的“有水快流”政策的乡镇煤矿成为这次政府管制的主要对象。政府管制的供给主要取决于政府对提供新的管制政策的认识和条

① 桂世镛. 宏观经济与决策. 上海人民出版社，1993：298.

② 自 2007 年 1 月 1 日，电煤价格这块煤炭计划价格的最后堡垒也被放开，由电煤企业自主协商决定。

件。[1] 与出于“赶超战略”意图而进行全面管制不同的是，主要针对乡镇煤矿的这次管制是源于中央政府对乡镇煤矿管制放松后出现的内部性和外部性问题的认识和关注。

一、内部性问题——乡镇煤矿安全形势的恶化

丹尼尔·史普博认为，内部性是指由交易者所经受的但没有在交易条款中说明的交易的成本和收益。[2] 诸如产品质量安全、工作场所安全这样的内部性问题通常是政府实施管制政策的必要条件。对于煤矿生产而言，煤炭开采的安全保障就是典型的由交易引起的内部性问题，即使存在相关的外部性，一般也不太大。[3] 煤矿开采本身就是个高危险的行业，作业过程中的顶板塌陷、瓦斯爆炸、水灾和火灾等都可能在瞬间就夺去矿工的生命。煤矿安全事故的发生具有一定的意外性和突发性，这使得煤矿企业及其劳动者很难具体就煤矿生产安全环境达成一致意见，将煤矿安全的预防条件在煤矿企业与劳动者之间签订的劳动契约中详细说明，从而使得一旦发生煤矿生产安全事故，很难依据劳动契约正确区分煤矿企业和劳动者之间的责任，以及维护双方的合法权益，以至于不得不借助政府干预来达到保护工作场所安全的目的。因此，中华人民共和国成立初期，党和国家领导人就确立了煤矿生产“安全第一”的安全生产方针。围绕“安全第一”的指导原则，煤炭工业部制定了具体的安全生产指导原则，并颁布了相关的安全生产法规。尽管如此，受当时政治环境以及国家政策的影响，煤矿生产安全管制问题通常被置于次要地位。因此，转型前，我国煤矿的整体安全形势并不乐观，死亡人数和百万吨死亡率都波动较大。1960 年 5 月 9 日，山西大同矿务局老白洞煤矿井低车场发生特大煤尘爆炸事故，矿井全

---

① 王俊豪．政府管制经济学导论．商务印书馆，2001：12.

② ［美］丹尼尔·F. 史普博．管制与市场．余晖，等，译．上海三联书店，1999：64.

③ ［美］丹尼尔·W. 布罗姆利从制度交易的角度分析了因煤矿安全问题而对煤矿实行管制的缘由。参见丹尼尔·W. 布罗姆利．经济利益与经济制度——公共政策理论基础．陈郁，等，译．上海三联书店，1997.

部毁坏，死亡 684 人，伤残 228 人，这是中华人民共和国成立后最大的一次伤亡事故，① 1960 年也是当时死亡人数和百万吨死亡率最高的年份，分别达到 6036 人和 15.20。（见图 3-1 和图 3-2）。

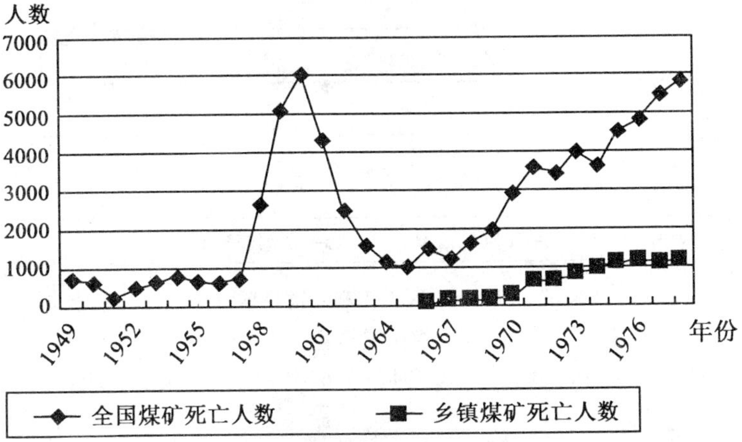

图 3-1　1949—1978 年全国煤矿和乡镇煤矿死亡人数分布

资料来源：刘法新等．煤矿安全生产　昨天·今天·明天．煤炭工业出版社，2002：7-8。1949—1965 年的数据不包括乡镇煤矿。

图 3-1 和图 3-2 显示出了我国煤矿安全在 1949—1978 年的几个特点：

第一，在中华人民共和国成立之初的几年里，我国的煤炭产量持续提高，而每年的死亡人数则稳定在 700 人左右。1949—1978 年的 30 年间，1951 年是我国原煤生产死亡人数最少的一年，仅死亡 242 人；1965 年全国煤矿的百万吨死亡率最低，只有 4.43。

第二，1949—1978 年，从死亡人数来看，我国出现了四次死亡人数高峰期，分别是 1952—1954 年、1958—1961 年、1966—1971 年以及 1975—1978 年，百万吨死亡率也呈现出大体相同的趋势。

① 《中国煤炭志》编委会．中国煤炭志（综合卷）．煤炭工业出版社，1999：398.

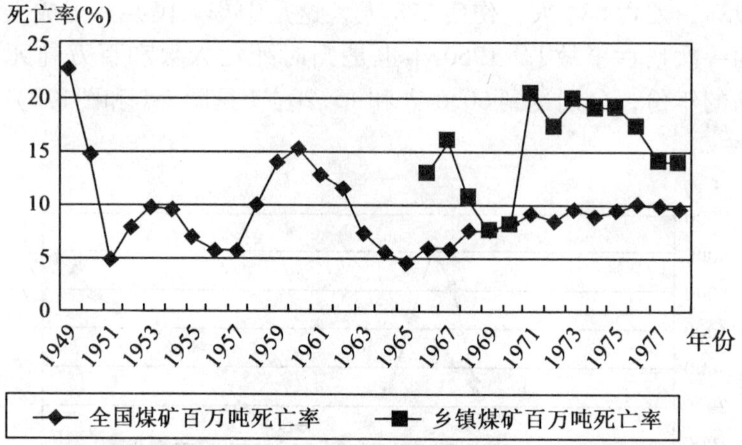

图 3-2　1949—1978 年全国煤矿和乡镇煤矿百万吨死亡率分布

资料来源：刘法新等. 煤矿安全生产　昨天·今天·明天. 煤炭工业出版社，2002：7-8。1949—1965 年的数据不包括乡镇煤矿。

第三，在当时全面管制政策的引导下，乡镇煤矿的分布和数量还处于严格控制之下，因此，乡镇煤矿的死亡人数在转型前的全国煤矿死亡人数中所占的比重要低于国有煤矿，不过也呈现出逐步上升的趋势。然而，乡镇煤矿的百万吨死亡率却要远远高于全国煤矿的百万吨死亡率水平，这显示出乡镇煤矿的相对安全水平并令人乐观。正如图 3-1 和图 3-2 所显示的，1966 年至 1978 年间，乡镇煤矿的死亡情况呈现出逐年恶化的趋势。1978 年是乡镇煤矿在这期间死亡人数最多的一年，达到了 1171 人，大约占当年全国煤矿死亡人数的 21%。1971 年的百万吨死亡率则高达 20.33，为历年之最。

然而，转型后，随着国家发展形势的逐步稳定，国有煤矿安全生产管理也趋于正常，国有煤矿安全生产的内部性问题也处于有序控制之下，这使得包括国有重点煤矿和地方国有煤矿在内的国有煤矿的死亡人数和百万吨死亡率都处于一种平稳下降的态势。而乡镇煤矿管制政策的放松，却使乡镇煤矿的发展更加处于一种无序和失控的境地，对乡镇煤矿安全生产的管制也随之处于放任自流的状态。于是，乡镇煤矿的安全生产形势在转型后的很长一段时间内都处于持续恶化的态势。图 3-3 和图 3-4 分别显示了 1979—1993 年期间的全国煤矿和各所有制煤矿的死亡人数及百万吨死亡率分布情况。

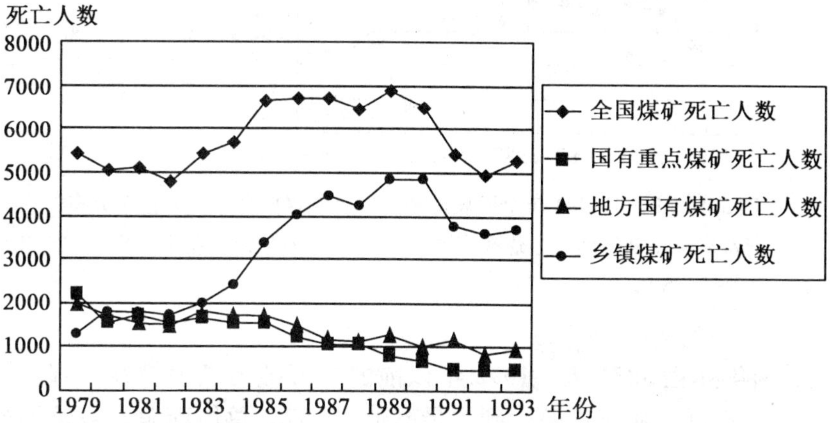

图 3-3　1979—1993 年全国煤矿和各所有制煤矿死亡人数分布

资料来源：刘法新等．煤矿安全生产　昨天·今天·明天．煤炭工业出版社，2002：8-9。

1979—1993 年，全国煤矿死亡总数相当于过去 30 年（1949—1978 年）的死亡人数（没有包括 1966 年前的乡镇煤矿数字）。其中，国有重点煤矿和地方国有煤矿的死亡率出现较为明显的下降，国有重点煤矿百万吨死亡率在 1992 年降到最低点，地方国有煤矿则在 1992 年达到历史最好水平。1979 年的国有重点煤矿死亡人数和百万吨死亡率分别为 2183 人和 6.10，到 1993 年则为 498 人和 1.11。1979—1993 年，地方国有煤矿的死亡人数和百万吨死亡率则分别由 1970 人和 10.91 下降到 957 人和 4.90。与前 30 年相比，乡镇煤矿的年均百万吨死亡率虽然有所下降，从 14.95 下降为 12.93，但是年均死亡人数却增加到 3180.27 人，相当于前 30 年的五倍。

与此同时，乡镇煤矿的死亡人数在 1991 年前的 12 年中，大多数年份都处于上升阶段，1990 年的死亡人数达到了这期间的最高

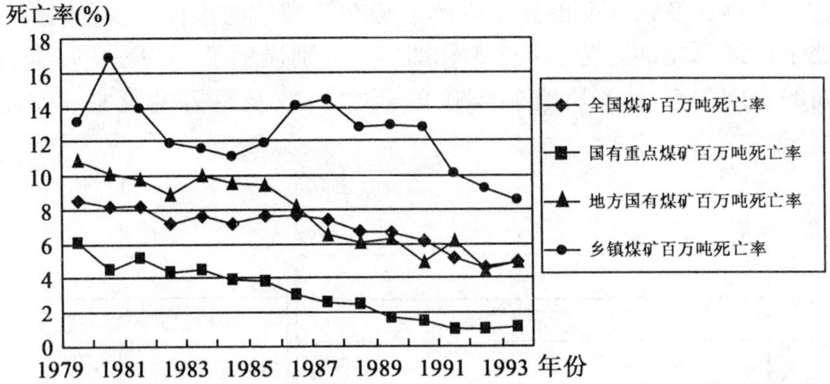

图 3-4 1979—1993 年全国煤矿和各所有制煤矿百万吨死亡率分布

资料来源：刘法新等．煤矿安全生产 昨天·今天·明天．煤炭工业出版社，2002：8-9。

值，当年死亡 4831 人，1992 年以前的百万吨死亡率都在 10 以上，1980 年的百万吨死亡率达到了最高值 16.87。总体而言，乡镇煤矿在 15 年中的死亡人员总数占全国煤矿死亡总数的 54%，达到了 47704 人，比国有重点煤矿和地方国有煤矿在这期间的死亡人员总数之和还要多。

受乡镇煤矿死亡事故的影响，全国煤矿的死亡统计指标也被乡镇煤矿拉动。1989 年，全国煤矿死亡总数在 15 年中是最高的，达到 6877 人，乡镇煤矿就在其中占了近 70%，1989 年和 1990 年是乡镇煤矿在这 15 年中死亡人数最多的两年，分别为 4806 人和 4831 人。就百万吨死亡率而言，乡镇煤矿的年均百万吨死亡率为 12.93，相当于国有重点煤矿的四倍，几乎是全国年均百万吨死亡率 6.93 的两倍。

除了乡镇煤矿自身的安全形势严峻之外，乡镇煤矿的违规操作、无证开采不仅侵犯了国有煤矿的经济利益，还为国有煤矿带来了严重的安全隐患。全国 8 万处乡镇煤矿中，有近一半是无证开采的私开矿点，产煤 8000 多万吨，没有达到“五消灭”基本安全条件的占 70% 以上，在全国 103 个国有重点煤矿煤矿井田范围内开采的小井达 1.12 万个，其中 5800 个是非法开采的小井。近 15 年，乡镇煤矿直接与国有煤矿打通的约有3000处，造成重大伤亡事故500余起，死亡3000多人，直接经济损失20亿元。①

显而易见，乡镇煤矿放松管制以来，煤矿安全问题就一直困扰着乡镇煤矿的发展，显现出严重的负内部性问题，即乡镇煤矿的发展以及乡镇煤矿主的暴富是建立在乡镇煤矿劳动者的生命财产安全被严重漠视的基础之上。在丹尼尔·史普博看来，交易的内部性是由三类主要的“交易成本”引起的：（1）在存在风险的条件下签订意外性合约（contigent contract）成本；（2）当合约者行为不能完全观察到时所发生的观察或监督成本；（3）交易者收集他人信息和公开自身所占有的信息时发生的成本。② 不过，转型后乡镇煤矿发展引起的内部性问题的因素却远比丹尼尔·史普博所分析的要复杂。乡镇煤矿安全形势的不断恶化并不能简单地完全归因于乡镇煤矿主的为富不仁以及乡镇煤矿劳动者对自身权益尤其是生命的不重视，事实上，乡镇煤矿主和乡镇煤矿劳动者对乡镇煤矿生产安全的忽视在很大程度上是双方理性考虑的结果。首先，煤矿安全生产设备的引进、使用及维修通常需要一笔数额不小的投资，并且投资具有很强的专用性，基本上不能将其转用于其他用途。而在有关乡镇煤矿发展的国家政策还不稳定的情况下，乡镇煤矿主缺乏良好的发展预期，不愿意投资于安全条件的改善。其次，转型后大量的农村富余劳动力被释放出来，需要被重新安置，乡镇煤矿的出现和发展无疑是转移农村剩余劳动力的有效途径。然而，劳动力的富余使得乡镇煤矿主与乡镇煤矿劳动者自始至终就处于一种不对等的地位，双方很难签订一份能够保障双方基本权益，尤其是规定劳动者技能培训、报酬金额等内容的契约，更不用说签订防范意外风险的合约以及监督合约的履行了。在乡镇煤矿的生产安全条件难以保障的情况下，即使乡镇煤矿主和乡镇煤矿劳动者之间签订了相关契

---

① 《中国煤炭工业年鉴》编委会．中国煤炭工业年鉴（1994）．煤炭工业出版社，1995：123.

② ［美］丹尼尔·F. 史普博．管制与市场．余晖，等，译．上海三联书店，1999：65.

约，这种“本人自愿下井，死不抚恤，残不包养，生死与矿井无关”的契约也是一种“卖身契约”，劳动者各种合法权益的保护都难以体现在劳动契约中。再次，限于自身素质的约束，大多数乡镇煤矿主及劳动者并不具备有关煤矿安全生产以及安全事故预防等方面的知识，从而无法对煤矿生产安全事故出现的征兆做出有效的判断和预防，一旦发生煤矿生产安全事故，就很难有效区分双方的责任，即究竟是乡镇煤矿劳动者的个人疏忽引起安全事故，还是乡镇煤矿主的安全事故防范能力不足导致安全事故。除此以外，乡镇煤矿主和乡镇煤矿劳动者之间还存在严重的信息不对称，劳动者可能并不知晓乡镇煤矿的安全情况，而乡镇煤矿主可能也不了解劳动者在此之前是否接受了相应的劳动技能和安全培训。① 最后，在“有水快流”政策的影响下，乡镇煤矿虽然得到了快速发展，但是有关乡镇煤矿管理尤其是安全事故防范方面的制度建设基本上处于空白，乡镇煤矿主因安全事故而承担的责任极小，进一步抑制了乡镇煤矿主投资安全生产的热情，从而将乡镇煤矿生产的全部风险转嫁给乡镇煤矿劳动者。

总而言之，乡镇煤矿存在的安全生产缺陷从整体上影响了我国煤矿安全生产的形势，如果任由这种现象蔓延下去，乡镇煤矿的安全问题将会成为引发政治、经济和社会等诸多问题的潜在根源。一旦乡镇煤矿的安全形势很难借助于乡镇煤矿主和乡镇煤矿劳动者之间的市场力量加以妥善解决，那么借助于政府干预或政府管制就成为遏制乡镇煤矿生产内部性问题的必然选择。不过，乡镇煤矿安全生产形势不容乐观是导致中央政府对乡镇煤矿重拾管制大棒的唯一原因吗？如果是这样的话，中央政府为什么不选择乡镇煤矿百万吨死亡率或死亡人数都处于顶点的 1987 年或 1990 年，而要选择在 1992 年以后启动乡镇煤矿的管制程序呢？

---

① 湖南师范大学曹渝等五位同学从 2005 年 3 月开始针对煤矿工作生存状态的调查就很好地反映了这一问题，他们发现，“许多小煤窑的矿工都表示，一般不过问矿主对安全保障设施的投入”。参见关注煤矿工人心理安全，http：//blog. xinhuanet. com/u/blogIndex. do？bid=8720&aid=53574&page=detail.

二、外部性问题——煤炭行业产业结构的变革

经过近十年的市场化改革，我国煤炭产量增长迅猛，从1978年到1993年的16年间，产量从61786万吨增长到115137万吨，几乎提前七年就完成了20世纪80年代初制定的力争到20世纪末实现原煤产量翻番的目标，保证了国民经济以较快的速度发展。这期间，在各种类型的煤矿中，乡镇煤矿的发展速度最快，全国有8万处乡镇煤矿①，其产量从9532万吨增加到43152万吨，提高了33600万吨。16年来，全国原煤产量的增产中，几乎有60%来自于乡镇煤矿的贡献，如果这些产量全部通过国家投资来增加的话，恐怕需要上千亿元的投资。然而，乡镇煤矿在发展过程中也暴露出一些比较严重的问题，② 主要包括：（1）布局混乱，资源回收率低；（2）开采设备落后，安全状况差；（3）非法开采问题严重；（4）缺乏合理的自我积累与发展机制；（5）乡镇煤矿管理体系混乱；（6）虚报产量。在乡镇煤矿存在的上述问题中，除了乡镇煤矿开采设备落后，安全状况差大体上属于乡镇煤矿发展中出现的内部性问题外，其他诸如乡镇煤矿乱采滥挖、资源回收率低、虚报产量等问题都属于乡镇煤矿发展中出现的具有外部性特点的问题。外部性是指由经济交易的第三方所经受的成本和效益。③ 依据第三方所经受的成本和效益的不同，可以将外部性分为正外部性和负外部性。当经济交易给外部造成了消极影响，使他人承担了不必要的成本，而收益相应下降，则表明该经济交易具有较为明显的负外部性。诸如企业造成污染、乱砍滥伐森林等情形都属于负外部性的具体表现。

具体而言，乡镇煤矿发展导致的负外部性问题大体包括三个层

① 《中国煤炭工业年鉴》编委会．中国煤炭工业年鉴（1994）．煤炭工业出版社，1995：123.

② 叶青，张宝明．中国乡镇煤矿．煤炭工业出版社，1998：80-86.

③ ［美］丹尼尔·F. 史普博．管制与市场．余晖，等，译．上海三联书店，1999：65.

面：（1）煤炭行业从竞争不足的状况逐渐转变为过度竞争和过度进入的产业领域，煤炭市场从20世纪90年代初期就渐渐出现了饱和态势，煤炭的社会库存量一直保持在2亿吨左右。在“国家、集体和个人一起上”的煤炭工业发展方针的指引下，出于追求短期利益的考虑，乡镇煤矿的发展几乎处于一种失控状态。而由于经营体制上的弊端，国有煤矿尤其是国有重点煤矿还没有做好迎接煤炭市场竞争的准备，导致国有重点煤矿的产量占全国煤炭产量的份额不仅年年下降，而且从1993年起开始被乡镇煤矿超越，从而改变了煤炭行业的产业结构。据统计，1980—1993年，国有重点煤矿产量的增幅为36.6%，地方国有煤矿的增幅为22.2%，而乡镇煤矿的增幅则高达310.5%。① 仅1993年，在国有重点煤矿和国有地方煤矿产量都出现不同程度下降的情况下，乡镇煤矿的产量却提高了4230万吨。②这种通过市场机制传导的外部性也被称为资金外部性。③（2）可供开采的煤炭资源成为一种“公共地资源”，在开采过程中，乡镇煤矿挑肥拣瘦，资源回收率低，只有10%左右，随意抢占国有重点煤矿的开采资源，超层越界开采，严重威胁了国有重点煤矿的生产安全和经济效益。与此同时，乡镇煤矿还利用偷税漏税、低价竞争等不正当竞争手段争夺国有重点煤矿的市场份额，加剧了国有重点煤矿的亏损状况，进而导致国有重点煤矿的生产能力严重“放空”，处于停产和半停产状况。（3）在煤炭开采过程中，乡镇煤矿忽视了对当地环境的保护，废水、废渣等污染物四处排放。造成上述负外部性的原因显然是多方面的，既包括煤炭资源开采、环境保护等方面法律法规的缺位和薄弱，又有地方政府对乡镇煤矿发展的支持和放纵所产生的负面影响。本书在此侧重于从国有重点煤矿经营管理体制方面探讨乡镇煤矿发展导致的负外部性问题——国有重点煤矿产量下降，进而改变了由国有重点煤矿主导的煤炭行业产业结构，将其

---

① 肖国安．煤炭市场经济导论．煤炭工业出版社，1995：134.

② 《中国煤炭工业年鉴》编委会．中国煤炭工业年鉴（1994）．煤炭工业出版社，1994：125.

③ 张可云．区域大战与区域经济关系．民主与建设出版社，2001：310.

视为对煤炭行业重新实行管制的根本原因。

一般认为，我国的国有企业是出于实现以重工业优先发展的“赶超”战略的需要而开办起来的，国家通过国有化的方式将私营企业收归国有，进而将国有企业置于国家高度掌控之下，以减少因信息不对称而产生的交易成本。自产生之时起，国有企业就具有很高的科层化属性和行政特征，缺乏生产经营自主权。不仅如此，国有企业还承担着代替国家提供公共物品的职能，缓解就业压力以及解决职工及其亲属的退休养老和医疗教育问题。对于我国这样的劳动力资源丰富的国家而言，有效地解决劳动人口的就业问题，是中央政府无法回避的重要职责。然而，中华人民共和国成立初期确立的重工业优先发展的战略方针却不利于解决劳动力就业问题，资本密集是重工业的主要特征，其发展主要是通过增加资本投入和加快技术设备的改造更新来实现的，在工业化过程当中，随着资本有机构成的不断提高，单位资本所能容纳的劳动力数量将减少，而且资本扩张的速度并不足以抵消这种减少，因此，重工业的发展通常不是增加了而是减少了就业机会和岗位。20 世纪 70 年代末的一项统计表明，重工业部门每亿元投资提供的就业机会为 6000 个，仅为轻工业同等量投资所创造就业的 1/3。① 大量剩余劳动力的存在不足以保障社会的稳定和体现社会主义的优越性，在这种情况下，国家就通过化整为零的方式，采取在国有企业内部多设岗位、一岗多人的方法来消化剩余劳动力，国有企业经济的发展大多是通过人员的增加来实现的，国有企业因而面临着较为严重的冗员和效率低下的问题。

据估算，国有重点煤矿 300 多万人中有 1/3 属于冗员之列。② 以全国最大的煤矿企业大同矿务局为例，1993 年 6 月，全局职工共计 133598 人，其中从事三线服务性工作的职工有 22230 人，从事其他非煤工作（包括转移到“三产”的职工）的有 23699 人，

① 林毅夫．充分信息和国有企业改革．上海人民出版社，1997：100.

② 《中国煤炭工业年鉴》编委会．中国煤炭工业年鉴（1992）．煤炭工业出版社，1992：98.

两者合计45929人，约占全局职工总数的34.3%，也就是说，在该矿务局已有1/3的职工不从事煤炭生产工作。① 不仅如此，由于国有企业职工的流动受到很大限制，他们和国有企业及国家之间形成了事实上的终身契约，国有企业要负责其生老病死的方方面面，由此而替代国家承担起了社会保障功能。据统计，国有重点煤矿1993年办中小学1621所、技校100所，在校生135万人，教职工17万人，当年支出76788万元，吨煤负担1.9元。②

国有企业对政府职能的替代，使得双方形成了一种类似于威廉姆森所说的"资产专用性"的关系，类似于缓解就业压力、提供社会保障这样的公共物品是非国有经济企业所不愿意提供的，这也是乡镇企业在市场化改革中具有竞争优势的主要缘由。而这种"资产专用性"也滋生了国有企业对政府"敲竹杠"的冲动。在信息不对称和监督成本过高的情况下，政府一般很难掌握国有企业的真实经营信息，更无法区分国有企业的亏损究竟是国有企业领导者"经营管理不善所致"还是由于承担社会负担过多造成的"政策性亏损"。因此，国有企业就会围绕年度生产计划和利润分配情况和政府讨价还价，将生产成本的提高、亏损的增加以及盈利的减少诉诸公共物品的提供需要，促使国家不得不为此"买单"。对于国有重点煤矿经营情况而言，虽然煤炭价格偏低是导致煤炭企业经营绩效不佳的主要因素，但是每次价格提高之后，煤炭成本的上升幅度都超过了价格上涨，1953—1985年，国有重点煤矿原煤平均成本增长了194%，而原煤平均售价只增长了135%。③ 国家为此支付的亏损补贴也不断上升，从1982年的3.5亿元增加到1992年的59.7亿元，年均增加8亿元。1988年至1992年，煤炭行业一直位居我国十大亏损行业首位。④ 转型之后，提供公共物品的这种职能

---

① 郑海航．国有企业亏损研究．经济管理出版社，1998：67.

② 张宝明．中国煤炭工业改革与发展．煤炭工业出版社，2002：10.

③ 史东琪．加速煤炭工业技术进步政策措施研究．中国计划出版社，1988：57.

④ 郑海航．国有企业亏损研究．经济管理出版社，1998：39-43.

使国有煤矿处于一种同乡镇煤矿竞争的不利局面，即使国有煤矿的亏损仍然能够借助于国家的支援而得以弥补，长期亏损毕竟并不利于国有煤矿的发展，也不能提高煤矿职工的收入水平。况且有时候国家因财政困难还并不能保证亏损补贴完全到位。与乡镇煤矿相比，国有煤矿的竞争劣势主要体现在成本方面，这种成本上的优势使得乡镇煤矿不惜通过价格竞争的方式来与国有煤矿竞争市场，尤其是当煤炭供大于求的时候。国有重点煤矿、地方国有煤矿以及乡镇煤矿之间的成本比较可以通过表3-3体现出来。

表3-3　**1981—1986年山西潞安矿务局、山西地方国有煤矿和乡镇煤矿的成本比较①**

单位：元/吨，现价

时间	潞安矿务局	襄恒矿		七一矿		夏店矿	
		地销价	火车外运	地销价	公路外运	地销价	公路外运
1981	25.74	8.00	24.40	14.00	19.00	8.00	8.00
1982	26.08						
1983	28.34	8.00	25.80	14.00	19.00	8.00	14.00
1984	28.57	13.00	25.80	14.00	23.00	10.00	20.00
1985	31.05	13.00		14.00		10.00	
1986	31.91	13.00	23.70	14.00	19.50	10.00	14.30

注：潞安矿务局出厂价格从1983年起包括维简费2元/吨，不包括超产加价和议价。潞安矿务局为焦煤和瘦煤，七一矿是焦煤，襄恒矿和夏店矿是贫煤。

表3-3显示，就煤炭出厂价格而言，总的趋势是国有重点煤矿的价格要高于地方国有煤矿和乡镇煤矿，而乡镇煤矿的价格又要低于地方国有煤矿。在国有重点煤矿的成本中，用于职工的劳保费用以及职工子女的教育开支等就占有一定的比例。据估算，煤矿退休职工的劳保费用占原煤生产成本的比例由1979年的1.5%上升到

① 田源，乔刚．中国价格改革研究1984—1990．电子工业出版社，1991：388.

1985年的3.4%，而为解决职工子女的教育问题而建立的子弟学校的开支比1979年增长了近一倍，约占原煤生产成本的0.8%。① 在市场化改革中，价格通常是最有效的竞争手段，乡镇煤矿利用成本优势不断地与国有煤矿抢夺市场，在一定程度上扰乱了市场的正常生产经营秩序，使国有煤矿的生产能力受到严重影响。1993年是煤炭工业发展的转折点，包括个体煤矿产量在内的乡镇煤矿产量首次超过国有重点煤矿的产量，并在随后的几年中一直保持这种势头，而大多数国有重点煤矿在1992年是亏损的，亏损额达到57亿元。凭借成本优势和经营的灵活性，国家放松煤矿管制的政策使得乡镇煤矿一方面盲目追求产量的扩张，另一方面利用价格竞争手段与国有重点煤矿争夺市场份额。在乡镇煤矿咄咄逼人的竞争态势下，煤炭行业产业结构逐渐向乡镇煤矿倾斜，煤炭企业呈现出规模小型化和短期粗放经营的格局。图3-5反映了乡镇煤矿和国有重点煤矿市场份额的基本变化。②

如图3-5所示，在煤炭工业放松管制以后，乡镇煤矿的煤炭产量在全国煤炭产量中所占份额得到了极大提升，从正式实施“有水快流”政策的1983年的23.8%，提高到1993年的42.1%。而国有重点煤矿的境况与乡镇煤矿形成了鲜明的对比，不仅煤炭产量年年下降，而且在1993年国有重点煤矿产量比例首次被乡镇煤矿超越，当年国有重点煤矿的产量在全国总产量中所占比例只有39.8%。

放松管制后，煤炭工业出现的这种结构性变化在很大程度上给中央政府带来了新的问题：（1）与国有重点煤矿产量逐年下降相比，更为严重的是，原煤产量年年高产的表象实际上掩盖了原煤库存也逐年增加的事实，原煤市场已经由卖方市场转向买方市场，如

---

① 田源，乔刚．中国价格改革研究1984—1990．电子工业出版社，1991：392.

② 在煤炭供不应求的环境下，煤炭产量在各所有制煤矿之间的分布情况能够大体上反映各所有制煤矿的市场份额。即使在煤炭市场饱和的情况下，为了压缩煤炭库存，煤炭工业部门通常实行以销定产的策略，因而煤炭的产量也能够大体上反映各所有制煤矿的市场竞争力情况。

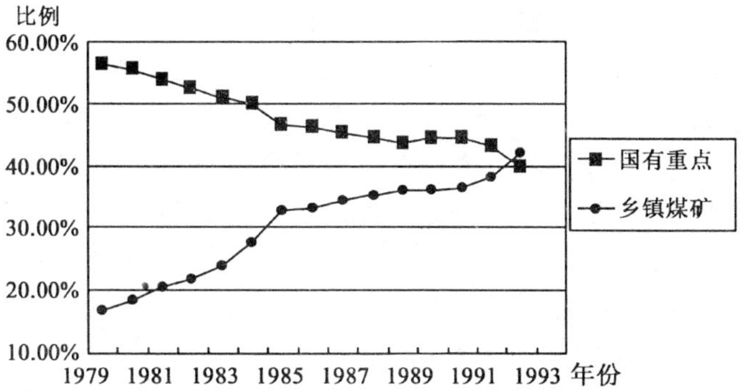

图 3-5　1979—1993 年煤炭市场的各种所有制煤矿产量比例分布

资料来源：根据 1982—1993 年历年《中国煤炭工业年鉴》整理得出。

果任由乡镇煤矿凭借价格优势来抢夺国有煤矿的市场，大量的国有煤矿将会入不敷出和停产，而这不利于其提供与社会稳定有关的公共物品，这意味着中央政府还不能够放弃对国有重点煤矿的“父爱主义”关怀。（2）转型后，中央政府并没有放弃“赶超战略”目标，将支撑“赶超战略”实现的煤炭供应主要寄托在乡镇煤矿身上，显然并不是中央政府的最优选择。毕竟，乡镇煤矿的发展在煤矿安全、环境保护以及资源利用等方面产生了诸多问题，而且政策环境的变动不定，使得追逐高额利润的乡镇煤矿矿主缺乏长期投资煤炭行业的良好预期，煤炭开采和生产的长远规划和目标就极为模糊。（3）出于对自身利益的维护和追求，国有重点煤矿也迫切希望改变目前的产业结构现状，扭转国有重点煤矿的亏损状况，因此，它们也多次向中央政府呼吁，要求中央政府提高政策性亏损补贴以及提高煤炭价格。而中央政府的财政状况决定了难以承受对国有重点煤矿的政策性亏损补贴。①

这些新问题事实上为中央政府的政策选择提供了出发点，也成

① 当时的国务院副总理朱镕基对此有过形象的比喻：“你一开始不舍得挖一块肉给他，他年年要来挖你的肉，越挖越多，这个事情不得了呀。”参见《中国煤炭工业年鉴》编委会．中国煤炭工业年鉴（1992）．煤炭工业出版社，1992：90。

为中央政府追求政治支持最大化所需要考虑的事项。一方面，既然国有企业在转型后仍然需要在实现“赶超战略”的过程中发挥重要作用，那么中央政府仍然有必要保护或新建一批能够实现其战略意图的大中型国有企业，国有重点煤矿显然处于中央政府的保护范围。① 既然要保护国有重点煤矿的利益，避免国有重点煤矿因自身能力不足而被市场淘汰，那么就意味着需要抑制煤炭行业中的过度竞争和过度进入现象，控制乡镇煤矿的发展速度和规模，从而遏制煤炭价格下滑和煤炭库存增多的势头。另一方面，国有重点煤矿也构成了“有权势的选民集团”的重要组成部分，凭借其生产经营规模，它们也能够对中央政府产生很大的影响力，毕竟国有重点煤矿安置了300多万名产业工人就业，一旦这些人员因煤矿亏损倒闭而失业，将会造成严重的社会问题和政治问题。因此，国有重点煤矿可以在各种场合通过说服、抱怨和交换等方式来影响中央政府的政策选择。林德布罗姆认为，为了诱使企业主管履行职能，政府虽不必给他们提供所要求的一切，但必须提供能使其足以追求利润的各种条件。② 在乔治·施蒂格勒看来，管制通常是产业自己争取来的，是为被管制产业利益服务的。他进而指出，一个产业至少可以谋求从国家得到四种政策：（1）谋求获得直接的货币补贴；（2）谋求控制新竞争者的进入；（3）谋求那些能影响它的替代物和补充物的干预；（4）谋求固定价格。③ 毫无疑问，在转型期中央政府还没有切断与国有重点煤矿之间的“父爱关系”的情况下，与乡镇煤矿相比，国有重点煤矿具有更强的影响中央政府政策制定的能力，而这四种政策手段也是国有重点煤矿谋求中央政府干预和援助的重要途径，不过中央政府自身财政能力的限制以及价格市场化改革路径的不可逆转性决定了借助于控制煤炭行业的新竞争者进入的

---

① 依据国资委在2006年12月5日发布的《关于推进国有资本调整和国有企业重组的指导意见》，煤炭市场仍然属于国有资本占主导地位的领域。

② ［美］查尔斯·林德布罗姆．政策制定过程．朱国斌，译．华夏出版社，1988：93.

③ ［美］乔治·J. 施蒂格勒．产业组织和政府管制．潘振民，译．上海三联书店，1989：212-215.

间接方式来给予国有重点煤矿所需要的帮助是中央政府的理性选择。

总体而言，乡镇煤矿发展产生的内部性问题——乡镇煤矿安全生产形势的恶化只是乡镇煤矿重新被施加管制的外因，出于追求政治支持最大化的目的，中央政府对其战略意图的考虑以及国有重点煤矿发挥的影响力才是中央政府重新管制乡镇煤矿的内因。就此而言，乡镇煤矿的重新管制在很大程度上是一种政治考量的结果，是中央政府主导的市场利益的再分配。

第三节 乡镇煤矿管制政策“执行鸿沟”（1993—1998年）

一、乡镇煤矿管制政策的供给及其实施——煤炭市场准入制度

实际上，在1993年之前，针对乡镇煤矿乱采滥挖，资源浪费严重以及安全事故数量居高不下的现象，中央政府曾经多次出台相关政策文件，要求各地对乡镇煤矿进行清理整顿。不过由于当时煤炭正处于供不应求的市场环境，如何多产煤、快产煤成为政府主要考虑的问题，以至于历次对乡镇煤矿的整顿都无功而返。① 当时即使存在约束和规范乡镇煤矿生产的法律法规，其约束力也是极为有限的，对乡镇煤矿进行管制在当时被认为会增加乡镇煤矿的生产运营成本，进而限制社会的办矿热情，而这不利于提高煤炭产量。② 但是1993年之后，煤炭行业供不应求的局面被彻底改变，乡镇煤矿的产量不仅在1993年首次超过国有重点煤矿，而且由于煤炭市场逐渐疲软，煤炭库存超过了2亿吨，国

---

① 20世纪80年代初，时任煤炭工业部部长的高扬文就曾认为，乡镇煤矿虽然存在死人多，争资源，影响大矿安全的问题，但是如果没有能力解决的，先放一放；有能力解决的，就一批一批解决。

② Elspeth Thomson. Reforming China's Coal Industry. The China Quarterly, 1996 (147): 73.

有重点煤矿的煤炭积压严重。这是1993年开始的乡镇煤矿管制环境不同于以往的地方。

出于减少煤矿安全事故以及调整煤炭行业结构布局的考虑，中央政府在1993年就开始酝酿和规划对乡镇煤矿的管制方案，先后颁布了《关于加强安全生产工作的通知》和《进一步清理整顿小煤矿的通知》。一年之后，中央政府又将“扶持、改造、整顿、联合、提高”作为规范乡镇煤矿发展的“十字方针”，其中，“扶持”是指导思想，“改造、整顿、联合”是手段，“提高”是目的。为了保证这次乡镇煤矿管制的效果，中央政府逐步运用法律手段来规范和整顿煤矿的生产经营行为，加强煤炭行业管理，推进煤炭行业管理法制建设的进程。这次重新管制的主要内容包括：（1）实行和强化市场进入许可制度，控制煤炭行业新竞争者的进入，通过有效控制和颁发许可证的方式将乡镇煤矿的发展置于中央政府的有序控制之下。而在全面管制的背景下，由于主要由各级政府投资兴建的国有煤矿占据了煤炭行业发展的主导地位，因而煤炭市场的进入缺乏有效的控制标准，只有1986年颁发的《中华人民共和国矿产资源法》（以下简称《矿产资源法》）提出了煤矿企业从事煤炭生产经营活动必须持有地矿部门颁发的采矿许可证。但是这种市场准入要求基本上没有得到遵守，大多数煤矿企业都是无证开采。而在“有水快流”政策的引导下，《矿产资源法》更是无法约束乡镇煤矿的生产经营行为，直接导致了煤炭行业的过度进入。（2）用法律法规来规范和约束煤炭行业的市场退出行为，使其对乡镇煤矿的整顿有法可依，对于无证非法经营的乡镇煤矿，在给定的期限内仍然不符合颁发许可证要求的，则坚决给予清退和停办，这使得乡镇煤矿的管制不同于以往那种“急关急停”的行政手段。（3）明确煤矿经营的条件和程序，促使煤矿企业依法办矿。

为了尽快将上述乡镇煤矿管制政策的主要内容付诸实施，中央政府力图从两个层面来推进乡镇煤矿的管制工作。

（一）加快法律法规的建设步伐

自中华人民共和国成立至20世纪90年代，煤炭工业的法制建设基础薄弱，整个煤炭行业没有一部专门的法律，国务院也没有颁布过一部有关煤矿生产的行政法规。多年来，只有个别省（区）“人大”发布过有关煤矿生产管理的地方性法规，而国务院煤炭工业主管部门和省（区）、直辖市人民政府煤炭工业主管部门发布的有关煤矿生产和管理的行政规章，包括规程、办法、标准、决定、指令、通知等法律性文件则大量存在，但还是缺乏专门法律和煤炭方面的行政规章。煤矿的安全生产立法也是一样，作为法律依据的主要是煤炭工业主管部门发布的有关安全的各种规程、标准、决定、指令、通知等法律性文件。因此，王绍光认为，到 20 世纪 90 年代以后，越来越多的证据表明，这样的计划经济法规已经不再适合中国快速变化的社会和经济环境了。① 为了改变这种煤炭行业法制建设滞后于煤炭工业发展的状况，中央政府加快了与煤炭行业发展有关的法律法规的建设步伐，完善了煤炭行业发展的法律法规体系。1993—1998 年，中央政府出台的与煤炭行业发展与乡镇煤矿管制有关的主要法律法规和部门规章如表 3-4 所示。

表 3-4　**1993—1998 年生效的有关乡镇煤矿管制的主要法律法规和部门规章**

时间*	名称	主要目的
1993 年 5 月 1 日	《中华人民共和国矿山安全法》	保障矿山生产安全以及保护矿山职工人身安全
1994 年 2 月 21 日	《煤矿局、矿长安全培训考核发证的规定》	实行对煤矿局、矿长的安全资格认证制度，明确了安全资格证发放的主体
1994 年 12 月 20 日	《煤炭生产许可证管理办法》	加强煤炭行业管理，促进煤炭安全生产，要求煤矿企业必须取得煤炭生产许可证

① 王绍光．煤矿安全生产监管：中国治理模式的转变．比较，2003：13.

续表

时间*	名称	主要目的
1994 年 12 月 20 日	《乡镇煤矿管理条例》	加强乡镇煤矿的行业管理，促进乡镇煤矿健康发展
1995 年 1 月 1 日	《中华人民共和国劳动法》	保护劳动者的合法权益，包括劳动者的职业安全与健康
1995 年 3 月 29 日	《煤炭生产许可证管理办法实施细则》	细化了《煤炭生产许可证管理办法》的基本内容，使其具有更强的可操作性
1995 年 3 月 29 日	《乡镇煤矿管理条例实施办法》	细化了《乡镇煤矿管理条例实施办法》的基本内容，使其具有更强的可操作性
1995 年 4 月 6 日	《煤炭工业安全监察暂行规定》	强化煤炭工业安全监察与管理，保障职工安全与健康
1996 年 10 月 1 日	《小煤矿安全规程》	保障小煤矿职工的安全和健康，促进小煤矿健康发展
1996 年 12 月 1 日	《中华人民共和国煤炭法》	促进煤炭资源的合理开发利用，规范煤炭行业的生产经营活动
1997 年 1 月 1 日	《中华人民共和国矿产资源法修正案》	加强矿产资源的开发利用和保护工作，要求取得采矿许可证，实行持证开采
1997 年 5 月 9 日	《中华人民共和国行政监察法》	加强监察工作，保证政令畅通
1997 年 5 月 19 日	《煤炭行政处罚办法》	规范煤炭行政执法行为

注：* 为法律法规和部门规章的实施时间。

上述相关法律法规和部门规章创造了多项煤炭行业法制建设的“第一”：《乡镇煤矿管理条例》和《煤炭生产许可证管理办法》是当时煤炭工业部第一次受国务院委托制定的两部行政法规。《乡镇煤矿管理条例》及其实施办法首次明确界定了乡镇煤矿内涵，将个体私营煤矿以及除国有煤矿企业和外商投资企业以外的其他煤矿企业都看做乡镇煤矿，具体规定了乡镇煤矿的开办条件、开办程序和审查机关的职责，加强了乡镇煤矿的行业管理，使对非法乡镇煤矿以及审查机关失职行为的处罚有法可依。《煤炭生产许可证管理办法》及其实施细则则具体规定了取得煤炭生产许可证的条件、程序及其监督管理等方面的内容。1993 年 5 月 1 日实施的《中华人民共和国矿山安全法》是我国各类矿山安全生产的第一部法律，而《中华人民共和国煤炭法》则是规范煤炭行业生产经营行为的第一部国家法律，对煤炭资源的开发利用、煤炭生产和煤矿安全等方面都做出了具体规定，并将《乡镇煤矿管理条例》和《煤炭生产许可证管理办法》的相关内容也融入《中华人民共和国煤炭法》，提高了法律约束的效力，为煤炭行业的发展和结构转型提供了法律保障。

（二）进行政治动员，开展实地执法活动

虽然乡镇煤矿管制政策蕴涵着中央政府追求政治支持最大化的政治考虑，但是国有重点煤矿的利益需求只是中央政府需要权衡的政策选择的一方面，即使是至关重要的一方面。除了谋求国有重点煤矿提供的政治支持以外，凭借其分布的广泛性及数量的庞大，乡镇煤矿的利益及其支持也成为中央政府在政策抉择时不得不考虑的内容。虽然乡镇煤矿缺乏有效的沟通渠道向中央政府表达自己的利益要求，但是地方政府可以在不同的场合为其向中央政府争取相关利益，力争降低乡镇煤矿管制政策对乡镇煤矿利益的影响。因此，在乡镇煤矿以及地方政府的呼吁下，中央政府一方面加快乡镇煤矿管制的法制化建设进度，提高乡镇煤矿的进入门槛，另一方面又为乡镇煤矿满足管制政策要求留下了一定的缓冲期，并赋予了地方政府在乡镇煤矿管制中相当高的自由裁量权，没有对要求关闭的乡镇煤矿数量做出具体的规定。这实际上意味着乡镇煤矿管制政策的供给反映了政府在获取利益相对冲突的压力集团的政治支持上的政策权衡。① 在1994年3月召开的全国乡镇煤矿工作会议上，时任国务院副总理的邹家华具体阐释了乡镇煤矿清理整顿的范围和目标，并决定用两年的时间来完成对乡镇煤矿的清理整顿工作。包括个体采煤、各行业和企事业单位开办的煤矿以及国有重点煤矿开办的小煤矿在内的乡镇煤矿都属于清理整顿的范围，清理整顿的重点是无证非法开采的煤矿以及持证但超层越界、乱采滥挖，不具备安全生产条件的煤矿。其目的在于规范煤炭行业的生产经营秩序，明确乡镇煤矿的经营界限，制止非法开采和超层越界开采，坚决关闭那些无证开采和超层越界开采以及在两年的整顿期后仍未达到开采条件的乡镇煤矿。为了保证执法活动的效果，中央政府通过"警察巡逻"监督的方式来检验实施乡镇煤矿管制的成果。在1994年11月，煤炭工业部就组织了200人的检查团，到省区和直辖市督促乡镇煤矿的整顿。

虽然中央政府出于利益权衡的目的，为乡镇煤矿满足管制政策的要求留下了较为充足的时间，但是乡镇煤矿管制的效果并不尽如人意，减少煤矿安全事故和乡镇煤矿产量的政策目标并没有在1996年实现。在乡镇煤矿看来，追加煤矿生产的安全设备投资并不能取得规模效应，而且安全设备的增加并不必然带来煤炭产量和煤炭利润的增加，在煤炭资源产权和市场前景尚不明朗的环境下，乡镇煤矿自然会选择逃避管制政策的约束。与此同时，地方政府在实施乡镇煤矿管制政策的过程中，一方面与中央政府围绕管制范围和时间界限等内容讨价还价，另一方面则通过各种形式抵制乡镇煤矿管制政策，将自身对职位产权收益的追求纳入管制政策实施之中。经过两年的整顿工作，乡镇煤矿的产量仍然要高于国有重点煤矿，甚至在1995年达到了历史最高水平，乡镇煤矿的产量占当年原煤总产量的52%，而国有重点煤矿的份额则降到了历史最低点，只有37.3%。与此同时，乡镇煤矿的安全形式仍然没有根本改观，1996年乡镇煤矿共发生死亡3人以上的重大事故400起，死亡

---

① 盛斌．中国对外贸易政策的政治经济分析．上海三联书店，2002：43.

2586 人，比 1994 年分别上升了 24.2% 和 25.0%，[①] 仅 1996 年 11 月 7 日至 12 月 7 日全国乡镇煤矿共发生一次死亡 10 人以上事故 15 起，死亡 390 人，[②] 仍有 1/3 的乡镇煤矿处于无证经营状况，在国有重点煤矿井田范围内开采的各类煤矿共有 1.4 万处，其中 7500 多处是没有采矿许可证的。[③]

面对乡镇煤矿生产的不容乐观的形势，劳动部、煤炭工业部、地矿部、监察部、国家经贸委以及全国总工会（四部一委一会）在 1997 年 2 月 5 日共同颁发了《关于加强乡镇煤矿安全工作的通知》，要求地方政府“以对人民高度负责的精神确保政令畅通”，加强对乡镇煤矿的清理整顿力度。随后，四部一委一会于 1997 年 5 月在北京召开了“依法办矿，整顿煤炭生产秩序”的电视电话会议，国务院副总理吴邦国在会上作了重要讲话，进一步强调了乡镇煤矿清理整顿的必要性和紧迫性，要求强化县和乡镇政府的责任，将乡镇煤矿清理整顿效果作为政府绩效考核的重要指标，会议决定利用 5 月至 10 月的半年时间完成乡镇煤矿整顿工作。[④] 在这次会议之后，为了强化会议精神的贯彻落实，国家相关部委组织了密度更大的“警察巡逻”监督。1997 年 5 月 25 日至 6 月 5 日煤炭部组织小分队奔赴湖南、辽宁、四川、重庆、陕西和安徽等省市进行安全检查。几乎与此同时，四部一委一会也组织人员开赴山西、河南和云南等省进行执法检查。当年夏天，四部一委抽调了 108 人，组成 8 个联合检查组分赴山西、湖南等 19 个主要产煤省区的 119 个产量在 1000 万吨以上的重点产煤地区进行检查。

在中央政府的积极推动和相关激励机制的影响下，地方政府也采取相应的积极行动来推动乡镇煤矿的清理整顿工作。山西、河

① 《中国煤炭工业年鉴》编委会．中国煤炭工业年鉴（1997）．煤炭工业出版社，1997：119.

② 参见《关于加强乡镇煤矿安全工作的通知》（1997 年 2 月 5 日）。

③ 《中国煤炭工业年鉴》编委会．中国煤炭工业年鉴（1998）．煤炭工业出版社，1998：64.

④ 后来这个截止时间在 1997 年 11 月的另外一次四部一委一会的依法整顿煤矿生产经营秩序联系会上又被推迟了半年。

南、黑龙江等8个省的省长等主要领导亲自过问清理整顿工作的进展情况，有19个省的副省长亲自担任整顿领导小组组长，有11个省的政府秘书长担任整顿领导小组副组长，各省区采取签订责任状的方式来促进乡镇煤矿的整顿力度。虽然清理整顿工作受到了地方政府主要领导的重视，但是各省区整顿工作的进展情况并不一致，截至1997年底，全国还有1.08万处无证非法生产矿井亟待继续治理，其中9000多处约占总数85%以上的无证矿井分布在贵州、湖南、江西、四川、云南、内蒙古、甘肃、重庆和广西九省区。① 为了加快整顿效果不理想省区的工作进度，1998年2月16日至2月18日，四部一委一会又联合在山西太原召开了全国依法整顿煤炭生产经营秩序现场会议，在此期间学习了大同在整顿乡镇煤矿方面的成功经验。该次会议结束之后不久，国家煤炭工业局、劳动部等七部委局组织了百人验收团，分为12个检查组，奔赴25个主要产煤省区进行为期20天的验收检查工作。

1993—1998年中央政府在制定法律法规、召开全国性的煤炭行业会议以及组织大规模的检查督促活动方面耗费了大量的精力，力争完成对乡镇煤矿的清理整顿工作，彻底清除超层越界、非法开采的乱挖滥掘现象，扭转国有重点煤矿产量不断下滑，经营日趋困难以及煤矿安全事故居高不下的趋势。那么，通过多年的不懈努力，乡镇煤矿的管制效果究竟如何呢?

二、乡镇煤矿重新管制的效果评价（1993—1998年）

1993—1998年的乡镇煤矿重新管制的效果应该从中央政府投入的管制成本、乡镇煤矿为了应对管制要求而投入的相关成本以及中央政府所获取的各种管制收益等方面来加以衡量，但是限于研究资料的获取以及研究能力的约束，无法对乡镇煤矿的管制效果做出较为精确的定量分析，只能通过定性分析的方式从乡镇煤矿管制需求分析的角度对乡镇煤矿重新管制的效果做出大体上的评价。

① 《中国煤炭工业年鉴》编委会．中国煤炭工业年鉴（1998）．煤炭工业出版社，1999：64-65.

（一）乡镇煤矿安全形势

与1993年相比，煤矿安全形势在1994年继续恶化，1994年成为历年来煤矿死亡人数最多的年份，全国煤矿共死亡7016人，百万吨死亡率为5.59%，分别比1993年的数据增加了1733人和0.68%。1994—1998年的百万吨死亡率都要高于1993年（见图3-6和图3-7）。乡镇煤矿在1994年的百万吨死亡率虽然有所下降，但是死亡人数达到4953人，为历年之最。而且乡镇煤矿的百万吨死亡率在经过短暂的下降之后，1997年和1998年又出现了较大幅度的上升，1998年的8.60%为1994—1998年的最高值。乡镇煤矿五年间平均死亡4747.4人，比1979—1993年的年均数字3180.27人还要高出1567.13人。①

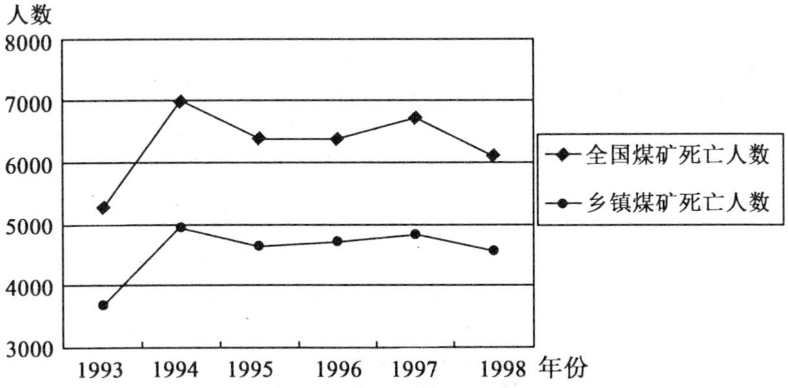

图3-6　1993—1998年全国煤矿和乡镇煤矿死亡人数分布

资料来源：刘法新等．煤矿安全生产 昨天·今天·明天．煤炭工业出版社，2002：9。

即使就一次死亡3人以上的重大事故而言，乡镇煤矿安全形势在1994—1998年也没有出现好转的迹象（见图3-8和图3-9）。

① 刘法新等．煤矿安全生产 昨天·今天·明天．煤炭工业出版社，2002：7-8.

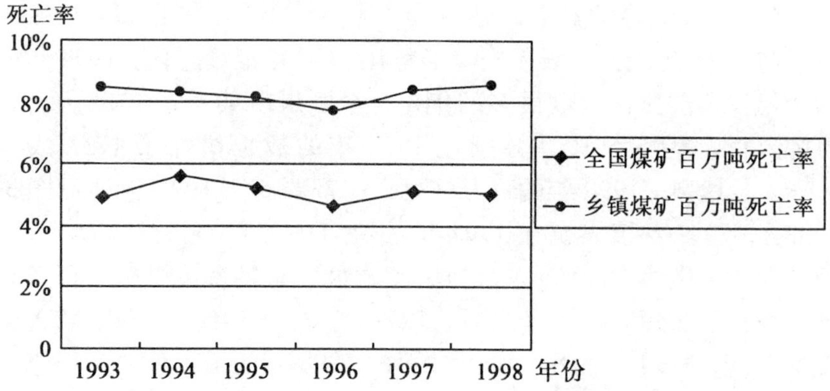

图 3-7 1993—1998 年全国煤矿和乡镇煤矿百万吨死亡率

资料来源：刘法新等. 煤矿安全生产 昨天·今天·明天. 煤炭工业出版社，2002：9。

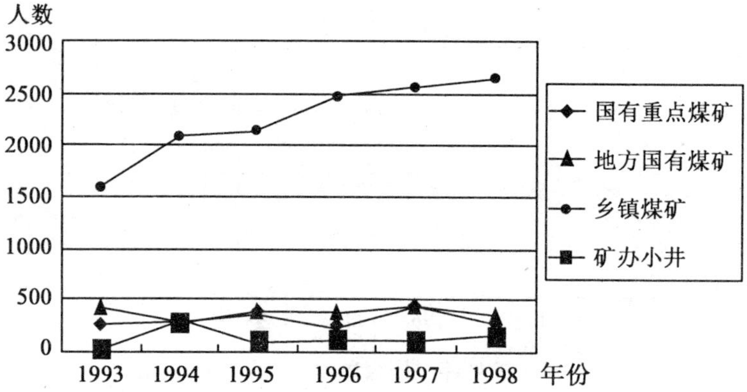

图 3-8 1993—1998 年一次死亡 3 次以上的得大事故死亡人数分布

资料来源：根据 1993—1998 年《中国煤炭工业年鉴》整理得出。

从图 3-8 和图 3-9 可以看出，除了 1997 年外，无论是事故死亡人数还是事故发生的次数，乡镇煤矿基本上处于上升的趋势。1994—1998 年，国有重点煤矿在重大事故中的死亡人数和事故发生次数分别为 1581 人和 137 次，而乡镇煤矿则高达 12033 人和 1783 次，分别是国有重点煤矿的 8.73 倍和 13.01 倍。1997 年的大

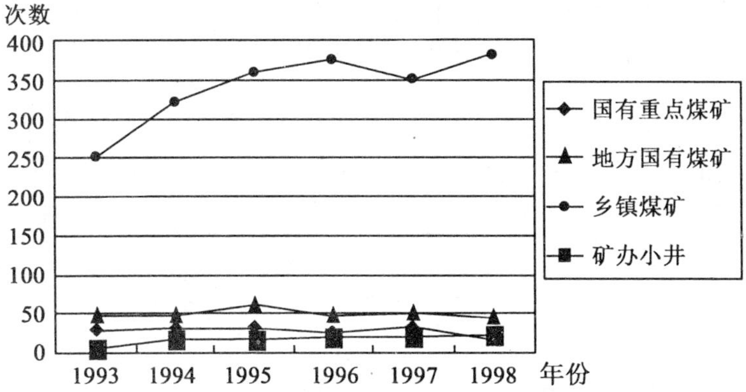

图 3-9　1993—1998 年一次死亡 3 人以上的重大事故次数分布

资料来源：根据 1993—1998 年《中国煤炭工业年鉴》整理得出。

规模的集中清理整顿虽然使得乡镇煤矿的安全形势有所好转，不过这仅仅是昙花一现，1998 年乡镇煤矿的重大事故的死亡人数和发生次数又有所上升，比 1994 年分别增加了 582 人和 57 次，而 1998 年乡镇煤矿的产量却只有 51042.6 万吨，只比 1994 年减产 8848.6 万吨。换句话说，与 1994 年相比，1998 年乡镇煤矿的安全形势更加恶化了。

从上述数字不难看出，经过 1993—1998 年的艰辛努力，乡镇煤矿的安全形势并没有多大起色。

（二）煤炭行业产业结构

经过十多年的市场化改革，煤炭行业的产业结构发生了重大改变，乡镇煤矿的产量从 1993 年起开始超过国有重点煤矿的产量，由此使得煤炭市场的竞争更加混乱。乡镇煤矿通过低价竞争的方式扰乱煤炭市场的正常经营秩序，使国有重点煤矿的处境更加艰难。在 1994 年的煤炭订货会上，大同矿务局煤质好，准备每吨提价 30 元，以求带动全国煤价上调 20 元，结果是大中小煤矿互不相让，煤价不但没有上调，个别矿务局连原来的煤价都没有保住，煤炭行业仅此一项就减少收入200亿元。① 经过多年的清理整顿，煤炭行业的产业结构并没有从根本上得以改观（见图3-10）。

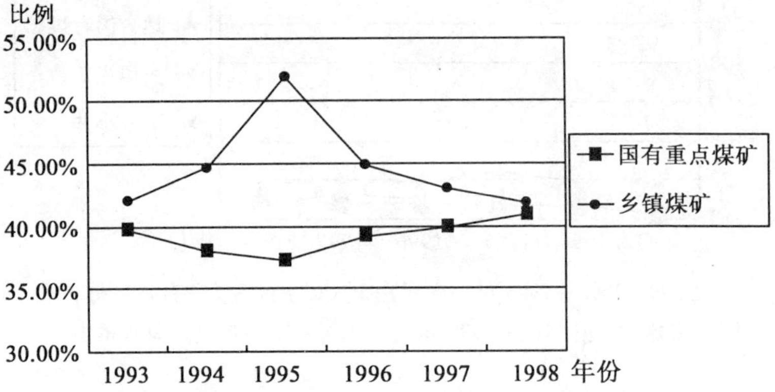

图3-10 1993—1998年煤炭市场的各种所有制煤矿产量比例分布

资料来源：根据1993—1998年《中国煤炭工业年鉴》整理得出。

图3-10显示，乡镇煤矿产量比例在1993—1995年处于不断上升的阶段，并在1995年达到历史最高水平。随后三年，乡镇煤矿产量比例虽然有所下降，但是幅度并不大，而且仍高于国有重点煤矿的产量比例，乡镇煤矿产量在1998年仍然高达51617万吨。而自1990年以来，煤炭行业逐渐显现出市场疲软的趋势，全国煤炭库存不断增加，始终徘徊在2亿吨左右，1997年初的社会库存达到2.11亿吨，1997年末仍有1.98亿吨库存，② 而合理的煤炭库存量在当时以5000万吨为宜。③ 煤炭市场的疲软使得价格竞争成为抢占市场的有力武器，为了促进煤炭销售，国有煤矿也不得不降低煤炭售价，进而导致国有煤矿不仅没有从煤炭价格市场化中获得收

① 肖国安．煤炭市场经济导论．煤炭工业出版社，1995：95.

② 国家电力公司．中国电力市场分析与研究 1999. 中国电力出版社，1999：100.

③ 麻禄斗，谷泉．最佳选择——国有煤矿摆脱困境的金钥匙．企业管理出版社，1998：14.

益，反而恶化了煤矿的财政状况。1998 年国有重点煤炭企业煤炭价格在 140 元/吨左右，和 1996 年同期相比吨煤减少 25 元左右，累计亏损（补贴前）37.05 亿元，企业亏损面 80.8%。① 为了避免煤矿亏损额的扩大，停产或半停产就成为国有煤矿企业不得已而为之的选择。1998 年，60% 的国有重点煤矿出现停产、半停产现象，闲置的生产能力达到 9000 万吨。

简而言之，1993—1998 年的乡镇煤矿管制也没有根本扭转煤炭行业的产业结构，国有重点煤矿的市场困境反而有更加恶化的趋势。

第四节　小　　结

本章回顾了煤炭工业发展的两次重要变革，即放松市场准入制度和煤炭价格市场化，但是由于市场化改革缺乏前瞻性，导致煤炭市场在改革后出现了较为严重的混乱局面，国有重点煤矿的市场境况并没有因为改革而有所好转，煤炭产量在 20 世纪 90 年代的多数时期都落后于乡镇煤矿。对于国家经济发展和“赶超战略”的实现而言，将主要的能源消费寄托在乡镇煤矿的发展上无疑是极为不合理的选择，而乡镇煤矿居高不下的安全事故数量也使得对乡镇煤矿的重新管制迫在眉睫。在这种情况下，中央政府从 1993 年开始就逐步拉开了乡镇煤矿管制的大幕，然而，近六年的管制工作并没有达到预期效果，无论是乡镇煤矿的安全形势还是煤炭市场的产业结构都与整顿前相差不大。换言之，乡镇煤矿重新管制政策存在较为明显的“政策执行鸿沟”现象，这意味着中央政府在乡镇煤矿管制政策执行中面临着交易成本过高的突出问题。那么，中央政府三令五申地要求地方官员重视乡镇煤矿的清理整顿，为什么地方政府却置若罔闻呢？地方政府官员的行为动机是如何影响行为选择，从而提高了政策执行中的交易成本的呢？为了彻底改变煤炭市场状况，促进煤炭行业健康发展，中央政府又是如何在政策执行治理结构上作出相应调整的呢？这些问题将是后面两章的分析重点。

① 张宝明．中国煤炭工业改革与发展．煤炭工业出版社，2002：20.

第四章

乡镇煤矿管制政策“执行鸿沟”的内生机制（1993—1998年）

从1993年开始，中央政府重新对乡镇煤矿实行了管制，逐步提高了管制力度，要求地方官员清理整顿本地的乡镇煤矿，提高乡镇煤矿的进入门槛，坚决关闭那些不符合办矿条件的乡镇煤矿。但是，这项政策的执行受到了地方政府的抵制，在近六年的清理整顿时期内，无论是乡镇煤矿的安全生产形势还是煤炭行业的产业结构都没有实现好转，那么地方政府选择性执行乡镇煤矿管制政策的原因何在？乡镇煤矿管制政策如何影响地方政府官员对职位产权收益最大化的追求？鉴于有限理性产生的中央政府和地方政府间的信息不对称是客观存在的，本章将在多委托代理框架下，主要以地方政府官员对职位产权收益最大化的追求为分析的出发点，侧重从管制政策产生的资源和利益再分配的角度，探讨政策执行中的多委托代理关系是如何提高了乡镇煤矿管制政策执行中的交易成本，从而一步步地推动乡镇煤矿管制政策“执行鸿沟”现象出现的。本章共分三节：第一节重点介绍中央政府和地方政府形成的基本委托代理关系对乡镇煤矿管制的影响；第二节主要剖析政策执行中的多委托代理关系对乡镇煤矿管制政策的影响；第三节是对全章内容的小结。

第一节 乡镇煤矿管制政策执行中的基本委托代理关系问题

作为对社会利益和稀缺资源所进行的权威性分配，乡镇煤矿管制政策的实施蕴涵着包括政策制定者、政策执行者、政策对象和政策受益者在内的四个行动者及其相互之间的利益关系的变动，反映了中央政府和地方政府之间的基本的委托代理关系。实际上，乡镇煤矿管制政策大体上反映了双重利益再分配关系：中央政府和国有重点煤矿之间的“父爱关系”、地方政府与乡镇煤矿之间的“父爱关系”、国有重点煤矿和乡镇煤矿之间的利益冲突以及由前者的利益冲突引发的中央政府和地方政府之间的利益竞争。① 这四者之间的利益关系都影响着地方官员的职位产权收益情况，进而影响到地方政府在委托代理关系下的行为策略选择，并体现在中央政府和地方政府的委托代理关系之中，从而提高了中央政府控制地方政府行为的难度。由于中央政府和国有重点煤矿之间的“父爱关系”在前面的章节已经有所分析，因此，后三种利益关系将成为本节分析的重点。

一、“国有重点煤矿”和“乡镇煤矿”的利益冲突

根据我国 1954 年和 1982 年《宪法》的内容，矿藏、水流、森林、山岭、草原、荒地、滩涂等自然资源，都属于国家所有，即全民所有；由法律规定属于集体所有的森林和山岭、草原、荒地、滩涂除外。这是最早对我国包括煤炭资源在内的矿产资源所有权给予明确界定的法律条文，此后在 1986 年颁布的《中华人民共和国矿

---

① 在丹尼尔·W. 布罗姆利看来，煤矿管制还在矿主和矿工之间实现了经济机会的重新配置。参见［美］丹尼尔·W. 布罗姆利. 经济利益与经济制度——公共政策的理论基础. 张绍宗，译. 上海三联书店，1996：158-164。由于本书将国有重点煤矿的利益得失看做中央政府实施管制的根本原因，因此将国有重点煤矿看做主要的政策受益者。

产资源法》又进一步明确了矿产资源的所有权问题，“矿产资源属于国家所有，由国务院行使国家对矿产资源的所有权。地表或者地下的矿产资源的国家所有权，不因其所依附的土地的所有权或者使用权不同而改变”。作为煤炭资源事实上的所有者，中央政府对其所有权的实现主要遵循两条途径：其一是通过直接投资、兴建矿井的方式来实现对煤炭资源的占有权和收益权，煤炭矿务局则成为直接隶属于中央政府的煤炭资源开发利用的代理人。其二是通过层级授权的方式，将煤炭资源的控制权委托给地方各级政府行使，再由地方政府通过审批的方式委托给具体的地方煤矿企业生产经营。

作为煤炭资源的所有者，中央政府长期以来成为煤炭行业的唯一投资主体和经营者，国有煤矿几乎垄断了煤炭行业的全部生产经营活动，当时的乡镇煤矿无论是数量还是产量都无法对国有煤矿构成威胁。1983 年推行的“有水快流”政策成为乡镇煤矿发展的转折点，在“国家、集体和个人一起上”的方针的指引下，乡镇煤矿发展迅速，1983 年增加煤炭产量 2400 万吨，煤矿处数由 1982 年的 1.6 万多处，一跃增加到年末的 4.6 万多处。① 到 1985 年末，在全国 27 个省（区、市）中，已有 1158 个县开办了乡镇煤矿，煤矿总数达到 6.3 万多处，其中集体矿 5.1 万处，个体矿 1.2 万多处。② 煤炭资源是乡镇煤矿发展的重要瓶颈之一，由于长期以来国有煤矿一统天下，乡镇煤矿的发展并没有被考虑进煤矿区域规划中，虽然当时的煤炭工业部在 1984 年下发的《关于支持群众办矿的通知》中指出，“应根据统筹规划、合理布局、充分利用的原则，成片地把煤炭资源划给地方煤矿开采”。但是国有煤矿的主体地位决定了乡镇煤矿只能占有国有煤矿难以开采或不愿开采的煤炭资源，乡镇煤矿的煤炭资源占有量与其对煤炭工业的发展和煤炭产量提高所作的贡献极不相称，截至 1995 年底，乡镇煤矿占有表内储量 572.9 亿吨（不含内蒙古和新疆），仅占全国保有储量的 9.5%。③ 在山

① 叶青，张宝明．中国乡镇煤矿．煤炭工业出版社，1998：34.

② 叶青，张宝明．中国乡镇煤矿．煤炭工业出版社，1998：35.

③ 全国乡镇煤矿调查研究课题．全国乡镇煤矿调查．中国煤炭，1997（10）．

西省人民政府1983年底对古交矿区资源的规划中，矿务局占用了325平方公里，地质储量为42.84亿吨，规划矿井为5对。而乡镇煤矿在27.6平方公里的开采面积中则分布了91座矿井，地质储量为2.78亿吨。① 可供使用的煤炭资源的不足与乡镇集体和个人开采煤炭的积极性相矛盾，使得密集开采、超层越界开采甚至无证非法开采成为乡镇煤矿的选择之一，更有甚者，一些乡镇煤矿借口“煤炭资源国家所有，应该人人有份”，在矿务局矿山井田范围内乱采滥挖，破坏已经作了开拓资源准备的资源，缩短了矿井的服务年限，由此引发了国有煤矿尤其是煤炭矿务局与乡镇煤矿之间的资源纠纷和利益冲突。截至1996年末，在全国国有重点煤矿井田范围内有乡镇煤矿7749处，私营个体矿6683处，其中无采矿许可证的煤矿7526处，占总数的52.5%，小矿和大矿畅通4592次，其中透水611次，造成国有煤矿死亡524人，国有煤矿损失储量25.7亿吨。

当区域内的资源既可用于地方税源经济活动也可用于中央税源经济活动时，地方政府与中央政府在资源使用方面的角逐就不可避免。② 面对矿务局和乡镇煤矿之间的资源纠纷和利益冲突，地方官员本应积极响应中央政府的号召，按照《中华人民共和国矿产资源法》和《中华人民共和国煤炭法》的法律规定，切实履行“保障矿产资源的合理开发”和“加强矿产资源保护”的义务，加强对辖区内无证非法开采的乡镇煤矿的清理整顿力度。然而，地方官员却通常采取了抵制或“清而不关”的策略，使得对乡镇煤矿的清理整顿工作“有名无实”。为什么会出现这种现象呢？究其根源，“国有重点煤矿”和“乡镇煤矿”利益冲突背后隐含着中央政府和地方官员之间的利益竞争，而地方政府对乡镇煤矿的利益依赖性则是双方利益竞争的“导火线”。

---

① 参见古交矿区概况：http：//www.sxcoal.com/cn/document/printview.asp?typeid=172&f_ id=1950.

② 张可云．区域大战与区域经济关系．民主与建设出版社，2001：237.

二、地方政府与乡镇煤矿之间的“父爱主义”关系①

为了解决地方官员发展经济的“激励不足”问题，遏制财政集权产生的机会主义行为，中央政府从1980年开始实行“划分收支、分级包干”的财政体制改革，此后在1985年、1988年和1994年对财政包干体制进行了变革，但都没有触及1980年财政体制改革确立的“分灶吃饭”的核心原则。“分灶吃饭”的财政体制改变了地方政府的激励结构，使其拥有了发展经济的自主权和能动性，在地方官员看来，地方经济发展速度主要取决于其筹集和动员资金的能力，掌握的可支配收入越多，地方官员在职位晋升竞争中获得“锦标”的可能性越大，也将拥有更多的收入和自主性来改善工作和生活条件。如果乡镇煤矿能够为地方官员对职位产权收益的追求提供有力支撑，地方官员自然也会产生对乡镇煤矿的“父爱”。换句话说，利益标准而非所有制身份成为地方政府和企业之间是否建立“父爱关系”的主要准则。具体而言，乡镇煤矿对地方官员职位产权收益的推动作用主要表现在以下几个方面：

（一）提高地方政府的可支配财力

地方“分灶吃饭”的财政体制改革改变了中央政府和地方官员之间的收入分配方式，在完成上缴中央政府的财政收入任务之后，地方官员拥有了剩余财政收入的支配权，可以按照自己的偏好将资金用于能够显示自己能力的领域。1994年实施的分税制改革虽然改变了政府与企业间的关系，规范了中央政府和地方官员间税收收入的划分方式，但是并没有改变“分灶吃饭”的本质。分税制的推行实现了财政收入权限的集中，中央政府和地方官员之间的“事权”划分方式却没有随着财权的集中而有所改变，财政的刚性支出随着政府层级的向下延伸而加强，地方官员因而面

① “父爱主义”的具体内涵参见［匈］亚诺什·科尔纳．短缺经济学（下卷）．张晓光，等，译．经济科学出版社，1986。

临较为沉重的财政支出压力。① 中央政府通过立法的方式将本应由其承担的财政支出责任推卸给了各级地方政府，形成了所谓的“中央请客，地方出钱”的财政支出体制（见表4-1）。为了保证财政收入和支出任务的完成，地方官员之间采取了类似于企业承包的目标责任制，将收入和支出目标层层分解，落实到个人，通过指标完成的综合情况来评价地方官员的绩效表现，将其作为地方官员选拔和晋升的主要依据。在这种财政支出责任“拆分”的管理体制下，除了为满足地方发展的基本需要，提供基本的公共服务以及执行中央政策以外，地方官员还需要为上级政府优先考虑和安排的重点事项筹集资金，而后者在地方官员全部支出中处于更为优先的位置。财权和事权的不对称性以及刚性的财政支出要求使地方官员将最大限度地扩大收入来源、筹集经济发展所需要的资金作为首要任务。地方官员面临的资金约束与财政支出的刚性支出要求沿着层级往下增强的趋势一致，各级地方政府的收入除了用于本级政府的支出需要之外，还需要按照一定的比例上缴给其上级政府，再从其手中获得一定的税收返还和转移支付等资金。对处于行政序列底层的乡镇政府而言，面临的资金约束最大，没有相应的下级政府给其上缴资金，而必须通过对本地资源的开发来保证并增强政府的运作能力。1994年以来，省以下各级政府的收入结构发生了较大变化，省级财政收入占地方财政收入比重由1994年的17.1%提高到2002年的26%，平均每年增长1个百分点；县乡财政收入所占比重由1994年的41.8%下降到2002年的37.9%，平均每年下降0.4个百分点。②

地方官员筹集财政收入的需求在山西、陕西、内蒙古等煤炭资源丰富、产业结构较为单一的地区表现得尤为迫切。这些地方的经济发展主要依靠来源于煤炭及其相关产业的推动，产业经济的单一性强化了地方官员尤其是县级和乡镇官员对煤炭资源和乡镇煤矿的

---

① 1994年的分税制只是规范了中央政府和省级政府之间的收入分配方式，省级以下的各级地方政府仍然沿用了财政包干体制的收入分配方式。

② 沙安文，乔宝云．地方财政与地方政府治理．人民出版社，2006：7.

表 4-1　地方政府在预算编制中需要考虑的法律法规一览表①

领域	法律和决定	支出目标
教育	《中共中央关于教育体制改革的决定》，1985 年 5 月 27 日 《中华人民共和国义务教育法》，1986 年 4 月 12 日批准，1986 年 7 月 1 日实施 《中国教育改革和发展纲要》，1993 年 2 月 13 日 《中华人民共和国教师法》，1993 年 10 月 31 日批准，1994 年 1 月 1 日实施 《中华人民共和国教育法》，1995 年 3 月 18 日批准，1995 年 9 月 1 日实施 中央政府的财政支出中，教育预算分配百分比每年应当增长 1 个百分点，省级百分比应当每年增长 1～2 个百分点，教育部于 1998 年 12 月批准，国务院于 1999 年 1 月批准（命令各省遵照执行）	2000 年以前，占国内生产总值的 1.5%
农业	《中华人民共和国农业法》，1993 年 7 月 2 日 《中华人民共和国农业技术推广法》，1993 年 7 月 2 日	支出增长高于收入增长
宣传和文化	《中共中央关于加强社会主义精神文明建设若干重要问题的决议》，1996 年 10 月 10 日	支出增长不低于收入增长
科技	《中华人民共和国科学技术进步法》，1993 年 7 月 2 日 《关于加速科学技术进步的决定》，1995 年 5 月 6 日	2000 年以前，占国内生产总值的 1.5%
环境保护	国务院决定，1996 年 8 月 3 日 （注：应该是《国务院关于环境保护若干问题的决定》）	2000 年以前，占国内生产总值的 1.5%

① ［美］黄佩华，迪帕克．中国：国家发展与地方财政．吴素萍，等，译．中信出版社，2003：139.

续表

领域	法律和决定	支出目标
医疗	国务院决定，1997 年 1 月 15 日 （注：应该是《中共中央、国务院关于卫生改革和发展的决定》）	支出增长不低于收入增长；2000 年以前，人均支出从 2.6 元到 4 元
公务员工资	《中华人民共和国公务员法》，1993 年 4 月 24 日通过，1993 年 10 月 1 日实施 （原文有误：应该是《国家公务员暂行条例》）	工资与国有企业的工资相当

依赖性。与此同时，煤炭价格长期受到中央政府的管制，煤炭行业利润要大大低于加工行业，作为煤炭输出地的地方政府，为了避免受到煤炭输出的双重剥削，都纷纷把发展加工业作为提高本地经济实力的重要举措，而对加工业的投资则对地方政府的可供支配财力提出了更高要求。乡镇煤矿不仅能够为地方经济发展提供价格低廉的能源，减少了地方官员用于地方煤矿投资的资金投入，而且还为地方经济发展筹集了大量投资资金。地方官员通常把从乡镇煤矿筹集上来的本应投入煤矿安全设施改造和技术革新的部分资金投向本地的固定资产投资建设和利润高、见效快的行业的发展。乡镇煤矿的发展极大地改善了地方政府的财政状况，为地方经济的发展建设提供了充足的资金支持，乡镇煤矿为山西省修建太旧高速公路就贡献了 5 亿多元资金，占总投资的 1/3。一般在缺煤地区，年产 10 万吨以上的县（市），在主要产煤地区，年产 50 万吨的县（市），乡镇煤矿已经成为该县（市）的重要经济支柱。据对全国 112 个重点产煤县的调查，1995 年共实现煤炭总产值 186. 9 亿元，实现利税 45. 38 亿元，平均吨煤为 16. 31 亿元。①

① 叶青，张宝明．中国乡镇煤矿．煤炭工业出版社，1998：45.

对于地方官员而言，乡镇煤矿的收入贡献主要体现在扩充了地方官员可支配的财力，一般认为，政府可支配财力=预算内收入+预算外收入+非预算收入=财政资金+非预算收入=政府资金+政府可支配的民间财力。① 分税制虽然规范了预算内收入的管理，实现了财政收入权限的有限集中，使其具有较高的透明度和法制化水平，但是预算外收入和非预算收入的管理仍不规范，属于地方政府的“自有资金”，地方官员在如何筹集和使用这些收入方面具有较强的自主性和机动性，所以“预算内收入保吃饭，预算外收入促发展”就成为地方官员心照不宣的选择。预算外收入以及非预算收入主要由各种税收附加、政府基金、行政事业收费以及地方政府所属企业的利润上缴等构成，这部分收入县（市）和乡镇政府可以自由支配，不必参与财政分成的收入，通常被视为地方经济建设支出的合法财源。在那些可支配财力主要来源于乡镇煤矿的地方，来源于乡镇煤矿利润上缴的收入更是占乡镇政府自筹资金的大部分比例。各种集资、摊派和行政事业性收费加重了乡镇煤矿的成本负担，使其成为地方经济发展的“摇钱树”，地方官员则成为乡镇煤矿利益的“攫取者”。

对山西原平县乡镇煤矿的调查显示，以轩岗镇为例，1985 年吨煤平均生产和销售成本如下：工资 3.50 元，材料消耗 3.00 元，维简费 4.00 元（用于煤矿本身延伸开拓），矿管费 0.15 元（地区得 0.06 元，矿得 0.09 元），救护费 0.05 元（县煤炭公司救护队得），育林费（乡政府得），运费 5.50～12.00 元，装卸费 1.63 元，工商税 1.40 元，煤炭管理费 1.68 元（县运煤公司得），企业管费 0.42 元（乡煤炭公司得），所得税 1.50 元，“集资费”1.50 元（县政府得），服务费 0.50 元（乡政府得），合计成本 24.83～31.33 元，其中，国家税收 2.90 元，地、县、乡各级政府及主管

① 刘云龙．民主机制与民主财政——政府间财政分工及分工方式．中国城市出版社，2001：285.

部门征收的各种费用4.40元，吨煤净利润-3.30～+2.87元。① 乡镇煤矿成为众多行政事业部门的收入源头，以至于有人戏言，除了黄牛站（指畜牧局），谁都管煤矿，这叫“齐抓共管”。到了20世纪90年代中期，乡镇煤矿负担过重的问题并没有多大改观，需要缴付的各种税费达二三十种，吨煤费用达30～40元，个别地区有40多种，吨煤费用达70元。② 有人对山西省几个产煤县1995年乡镇煤矿吨煤负担算过账，盂县吨煤售价106元，其中成本45元，占42%，各种税费占56.1%，煤矿盈利2～4元，占1.9%。③ 以山西省为例，90年代中期涉及乡镇煤矿的主要税费参见表4-2，其中的预算外收入来源成为乡镇煤矿负担的主要部分。

表4-2 **20世纪90年代中期的山西乡镇煤矿主要税费负担一览表④**

序号	名称	依据	分配方式
1	资源税	《中华人民共和国资源税暂行条例》	中央和地方共享
2	城市维护建设税	《中华人民共和国城市维护建设税暂行条例》	中央和地方共享
3	企业所得税	《中华人民共和国企业所得税暂行条例》	地方所有
4	城镇土地使用税	《中华人民共和国城镇土地使用税暂行条例》	地方所有

① 中国社会科学院经济研究所．中国乡镇企业的经济发展与经济体制．中国经济出版社，1987：197.

② 全国乡镇煤矿调查研究课题组．全国乡镇煤矿调查．中国煤炭，1997（10）．乡镇煤矿现在承担的税费负担和摊派又有所变化，其承担的税费可能超过百种。参见“煤老板”的前世今生．新闻周刊，2005（49）。

③ 叶青，张宝明．中国乡镇煤矿．煤炭工业出版社，1998：85.

④ 作者自行整理，其中的部分征收依据现在已经失效或被新的法律规章所取代。

续表

序号	名称	依据	分配方式
5	印花税	《中华人民共和国印花税暂行条例》	地方所有
6	增值税	《中华人民共和国增值税暂行条例》	中央和地方共享
7	矿产资源补偿费	《矿产资源补偿费征收管理规定》	中央和地方所有
8	教育附加费	《征收教育费附加的暂行规定》	地方所有
9	育林费	《中华人民共和国森林法》	地方所有
10	城市污水处理费	《中华人民共和国水污染防治法》	地方所有
11	中国能源交通重点建设基金	《国家能源、交通重点建设基金征集办法》	中央和地方共享
12	国家预算调节基金	《国家预算调节基金征集办法》 1994 年 1 月 1 日后不再对企业征收	中央和地方共享
13	水费	《中华人民共和国水法》	地方所有
14	林业建设基金	《山西省林业建设基金征收办法》	地方所有
15	乡镇企业管理费	《中华人民共和国乡村集体所有制企业条例》、《中华人民共和国乡镇企业法》	地方所有
16	维简费	《乡镇煤矿管理条例》	地方所有
17	能源基地建设基金（山西）	国务院批准，原国家计委、财政部计基础［2001］349 号，1996 年开征	地方所有
18	水资源补偿费（山西）	国务院批准，原国家计委、财政部计基础［2001］349 号，财政部财综［2001］62 号。1990 年开征，延续到 2006 年	地方所有

续表

序号	名称	依据	分配方式
19	生产补贴款（山西）	［1990］价重字第695号，财综函［2002］23号。 1989年 开征，2003年6月30日后停止执行	地方所有
20	专项维简费（山西）	［1991］价重字第592号，财综函［2002］23号。 1989年 开征，2003年6月30日后停止执行	地方所有
21	煤炭城市建设附加费	国务院令。1992年开征，1994年取消	地方所有
22	车辆使用税	《中华人民共和国车辆使用税暂行条例》	地方所有
23	价格调节基金	国发［1993］60号，1993年征收	地方所有
24	河道工程维护管理费	《中华人民共和国水利法》 《山西省河道工程维护管理费征收使用办法》	地方所有
25	山西省残疾人就业保障金	《山西省残疾人就业保障金征收使用管理办法》 （1999年被《山西省按比例安排残疾人就业规定》取代）	地方所有

续表

序号	名称	依据	分配方式
26	水土流失补偿费和治理费	《中华人民共和国水土保持法》、《山西省水土流失补偿费、治理费的征收使用和管理办法》	地方所有
27	计量检定费	《中华人民共和国计量法》、《山西省计量监督管理条例》	中央和地方共有
28	产品质量监督检验费	《山西省产品质量监督管理条例》	中央和地方共有
29	林业保护建设费	财综字［1994］7 号，计价格［1994］138 号，财预［2000］127 号	地方所有
30	林地补偿费	价费字［1992］196 号	中央和地方所有
31	土地复垦费	《中华人民共和国土地管理法》、《山西省土地复垦实施办法》	地方所有
32	土地闲置费	《中华人民共和国土地管理法》	地方所有
33	征地补偿安置费	《中华人民共和国土地管理法》	中央和地方
34	征地管理费	价费字［1992］597 号，计价格［2001］585 号	地方所有
35	土地登记费	国土（籍）字［1990］93 号，财预［2000］127 号	地方所有

续表

序号	名称	依据	分配方式
36	职业、矿山安全卫生检验费	1992 年征收，财政预算［2002］584 号	地方所有
37	矿区管理费	晋政办发［1986］103 号	纳入预算
38	企业管理费	晋政办发［1986］103 号	纳入预算
39	公路运输管理费	交公字［1986］633 号，计价费［1997］2500 号	地方
40	公路养路费	交工字［1991］714 号，国发［1996］29 号	地方财政专户
41	三峡工程建设基金	国务院国办发［1993］34 号，财政部财企［2002］651 号，1992 年开征，三峡工程完工时取消	中央所有
42	铁路建设基金	国务院国发［1992］37 号，财政部财工字［1996］371 号	中央所有
43	水利建设基金	国务院国发［1997］7 号，财政部财综字［1998］117-145 号《水利建设基金筹集和使用管理暂行办法》	中央和地方
44	电源基地建设基金	国务院批准，原国家计委价管［1997］440 号，财政部财综［2002］33 号	地方所有
45	电力建设基金	［1996］财工字第 134 号	地方所有

（二）促进农村剩余劳动力的转移

乡镇煤矿除了成为地方经济发展的重要收入来源以外，还成为吸收地方农村剩余劳动力的有效途径，也是地方政府维护社会稳定的重要举措，而维护社会稳定则是地方官员追求职位产权收益所需要承担的另一项重要任务。农村家庭生产承包责任制的实施在解放农村生产力的同时，也使得农村在短时期内涌现出了大量剩余劳动力，由于当时城市户籍的限制以及劳动力自身素质的约束，相当一部分的剩余劳动力在煤炭资源丰富的地方只能通过乡镇煤矿来吸收。根据对山西原平县乡镇的调查，煤矿较集中的段家堡乡，总劳动力 2900 人，从事煤炭和其他工副业生产的已达 2300 人，占 80%。其中从事煤炭生产的 1000 人，另有 400 名煤矿工人来自外乡。煤矿继续扩大生产所需要的劳力，主要靠吸收外地工人解决。轩岗镇是另一个乡镇煤矿较集中的社区，有总劳动力 2628 人，其中从事工副业的 2154 人，占 82%。煤矿占用劳动力 952 人，另有外地劳动力 354 人，占 37%。① 除了直接吸收农村剩余劳动力就业以外，乡镇煤矿的发展还带动了诸如运输、炼焦等相关产业的发展，并为地方提供了比较低廉的煤炭资源，又间接地推动了地方经济对农村剩余劳动力的吸纳。这种乡镇煤矿所在地的其他社会组织和公众对乡镇煤矿生活经营活动的依赖性，使其与地方官员共同构成了一种社会网络，间接地妨碍了乡镇煤矿管制政策的正常实施。

（三）增加地方政府官员的职位产权收益

乡镇煤矿对地方政府的财政贡献使地方官员掌握了较充足的可支配财力，并将可支配财力重点投入那些能够在短期内显示其政绩的领域，以便增加获得上级官员赏识的机会。除此之外，乡镇煤矿还能够为地方官员提供不固定的职位产权收益，而这主要和煤炭行业的市场准入制度有关。通过中央政府对煤炭资源所有权行使的授权，地方政府掌握了地方煤炭资源的控制权，行使对

---

① 中国社会科学院经济研究所．中国乡镇企业的经济发展与经济体制．中国经济出版社，1987：182.

煤炭资源在地方使用的监督权和控制权，然后通过许可审批的方式将煤炭资源的使用和经营权委托给具体的煤矿企业，从而实现煤炭资源的收益权。地方政府虽然拥有监控权，负有“保障煤炭资源合理开发”的义务，但是由于长期以来煤炭开采权是通过行政审批无偿取得的方式获得的，直到 1997 年 1 月 1 日修改后的新《中华人民共和国矿产资源法》颁布实施，采矿权有偿取得的制度才得以确定，即使这样，煤炭开采权有偿取得的费用标准仍遵循行政定价而非市场定价的方式，并不能够体现煤炭资源的市场价值，而且几乎没有乡镇煤矿按照法律规定的有偿方式获取煤炭开采权。煤炭开采权的无偿取得一方面导致地方官员不能从履行“加强矿产资源保护”的行动中获得必要的收益，国有重点煤矿成为地方官员“保护行动”的主要受益者，因而缺乏行使监督权的积极性，使煤炭资源非法开采的现象难以遏制；另一方面，又为地方官员利用审批权“寻租”和“创租”提供了有利条件，地方官员可以故意延长行政审批时间，或以提高审批门槛等方式向乡镇煤矿企业施压，获得相应的控制权收益，而控制权收益又在地方官员职位产权收益中占有相当大的比例。煤炭资源无偿取得也使乡镇煤矿乐于向地方官员贡献部分“租金”，以获取煤炭资源开采产生的高额利润，两者形成了某种“共生关系”。具体而言，地方官员通过审批权力获取的职位产权收益主要表现为：（1）地方官员以亲属的名义无偿获取煤炭开采权，再将开采权出租给他人或将煤矿承包给他人经营，从中获取相关收益；（2）凭借手中的权力采取“干股”或“期权”的方式谋求利益；（3）通过受贿的方式获取现金收入和房产、轿车等实物利益；（4）以出国旅游、参加高级宴请等方式获得相关收益。

除此之外，地方官员辖区内的公众对地方政府行为的影响也推动地方官员和乡镇煤矿之间形成“父爱主义”关系。按照国务院 1990 年 6 月颁布的《中华人民共和国乡镇集体企业管理条例》的相关规定，“乡镇集体企业的财产由经营该企业的乡或村的全体农村居民集体拥有”，① 乡镇企业所有权的分散性促使农村居民集体将乡镇企业的所有权统一交给地方政府行使。换句话说，乡镇企业体现了地方官员和农村居民集体之间的委托代理关系，地方官员因此而接受辖区公众的考核和监督。由于乡镇企业通常在农村居民居住的场所进行生产经营活动，大大缓解了双方之间存在的信息不对称现象，减少了农村居民的交易成本支出。乡镇企业的经营绩效表现对居民生活产生的重要影响，促使农村居民有动力和条件来监督和规范乡镇企业和地方政府的经营决策行为。一旦乡镇企业的经营状况不令人满意或者地方官员的决策违背了所有者的利益，乡镇企业的所有者就会通过各种方式表达自己的“不满”，并向地方官员的上级政府抱怨地方官员的糟糕表现。虽然农村居民尚不能对地方官员的职位产权收益发挥主导性的影响，但是地方官员的上级政府在人事决策中也不能不考虑这种“呼吁”和“抱怨”折射出来的民情民意。

乡镇煤矿对地方官员职位产权收益的贡献，使地方政府和乡镇煤矿之间形成了所谓的“父爱主义”关系，为乡镇煤矿的发展创造宽松的发展环境。这种“父爱主义”具体表现为：（1）吸纳投资风险。煤炭的需求受经济发展形势的影响较大，一旦经济发展速度呈现出下滑势头，煤炭市场通常就处于供大于求的状况，煤炭的销售渠道就成为困扰乡镇煤矿的难题。当乡镇煤矿陷入销售困境的时候，乡镇和县（市）政府通常主动为乡镇煤矿寻找销售渠道，将乡镇煤矿尽可能纳入国家统销体制之中，为乡镇煤矿争取铁路外销的计划调运指标，这在20世纪80年代和90年代初期表现得尤为明显。由于铁路运输能力的限制，石嘴山矿务局1984年的库存原煤为22.9万吨，1992年则达到58.7万吨，与此同时，一些军矿、地方矿的车皮都大大超过计划，1992年军矿、地方矿超产原

① 1997年1月1日开始实施的《中华人民共和国乡镇企业法》则对乡镇企业的所有权问题给予了进一步的区分，参见《中华人民共和国乡镇企业法》第十条。这实际上也可以看做地方官员和乡镇企业之间建起了“父爱关系”的另一种原因。

煤 40 万吨，而矿务局则减少 40 多万吨。（2）成为乡镇煤矿的代言人，协助其解决煤炭资源开采问题。由于采矿许可证的颁发遵循属地管理的原则,① 由煤矿所在地的地矿部门颁发，地方政府通常利用这种权力与矿务局协商谈判，要求矿务局给乡镇煤矿划出可供开采的区域或者停止执行关闭矿区内乡镇煤矿的行为，否则，地方政府就以不颁发采矿许可证为威胁。陕西蒲白矿务局从 1987 年开始为了办理采矿许可证多次与地方政府主管部门协商，但都是无功而返。蒲城县和白水县政府都将矿务局为乡镇煤矿划出相当一部分的采矿区域作为办理采矿许可证的前提条件，这使得双方经历了 10 余年的协商和谈判。②（3）采取形式主义的“关闭”方式。即使迫于各方面的压力，地方官员不得不采取关闭乡镇煤矿的措施，但是这些被关闭的乡镇煤矿通常都是些已被废弃的小煤矿，使得地方政府关闭乡镇煤矿的行为成为一种“形式”和“过场”。（4）为乡镇煤矿提供资金、原材料等便利条件。在价格双轨制和能源短缺的情况下，地方官员能够为乡镇煤矿提供计划内价格的各种原材料以及短缺的能源供应，从而保证乡镇煤矿正常的生产经营活动。（5）放松检验标准，那些并不符合生产条件的乡镇煤矿也能顺利通过地方官员的验收。（6）鉴于一旦乡镇煤矿发生重大伤亡事故，地方官员要遭受中央政府的责罚，因而，地方官员通常会给乡镇煤矿主“打掩护”，瞒报安全事故。

基于对乡镇煤矿的“父爱主义”关照，地方官员成为乡镇煤矿发展的倡导者而不是管制者，对乡镇煤矿的清理整顿基本上是“雷声大，雨点小”。经过多次整顿，乡镇煤矿“反弹”的情况更加严重，乡镇煤矿的数量通常是有增无减。以大同矿务局为例，1979 年，大同煤田内仅有地方小矿 32 座，1986 年为 236 座，1993 年为 375 座，1995 年则增加到 511 座。乡镇和县（市）政府对乡镇煤矿的“父爱主义”行为实际上也受到了其上级政府的默许甚

① 现在乡镇煤矿的采矿许可证的颁发权都上交给省国土资源厅行使。

② 校天奇，王信玉．蒲白矿务局至今“无证开采”．当代矿工．1997（3）．

至支持，上级政府和下级政府面临相同职位产权收益需求，也需要大量可支配的财力来满足本地经济发展的需要，而且上级政府财政收入的相当一部分来源于下级政府的财政收入上缴。上级政府和下级政府的这种利益共同体关系对地方官员清理整顿乡镇煤矿的行为产生了某种暗示作用，乡镇煤矿管制政策执行不力可能会导致丢掉乌纱帽，但因关闭乡镇煤矿而影响地方经济发展和地方财政收入，则必定会丢掉乌纱帽。

三、中央政府与地方政府的利益竞争："政治效率"和"官僚效率"的冲突

在乡镇煤矿管制政策的实施中，国有重点煤矿和乡镇煤矿之间的利益冲突事实上反映出了中央政府和地方政府之间的利益竞争关系，从而使乡镇煤矿管制的顺利实施面临着较为严重的代理问题或交易问题。在中央政府看来，国有重点煤矿及其所代表的利益群体是关系到其执政基础的"有权势选民"，如何尽快帮助国有重点煤矿走出困境成为中央政府优先考虑的问题。在中央政府可供选择的策略中，对亏损严重的国有重点煤矿实行关闭破产、鼓励国有重点煤矿转产经营或者实行企业改制重组等措施都是推动国有重点煤矿摆脱困境的有效措施。然而，这些策略要么会给社会稳定带来威胁，要么具有不确定性。无论是关闭破产还是企业改制重组，都会产生大量的失业或下岗再就业人员，而这些具有"国家身份"的人员都需要中央政府出面妥善安置似乎超出了中央政府的能力。虽然鼓励国有重点煤矿通过发展多种经营来弥补企业亏损，但是这又存在产业选择、进入风险以及资金投入等问题。综合而言，借清理整顿乡镇煤矿之机来帮助国有重点煤矿摆脱困境是符合中央政府效率观念的可行选择。

对乡镇煤矿的管制能够产生正的资金外部性，有助于减少煤炭市场的供应量，提高国有重点煤矿的市场份额。而供应量的减少能够帮助煤炭价格回升，改善国有重点煤矿的生产经营状况，减少中央政府的财政负担。通过较少的投入就能够改善煤炭行业的产业结构，扭转国有重点煤矿的亏损状况，在中央政府看来，这是改善资

源配置效率的举措，同时又能满足“赶超战略”实现的客观要求。然而，这种讲究“政治效率”的策略选择似乎并不符合市场资源配置效率的要求。市场资源配置的“经济效率”讲究各种资源的优化组合，通过市场竞争淘汰落后企业，从而使资本流向利润更高的行业和企业。就煤炭行业而言，通过整顿乡镇煤矿来挽救国有重点煤矿的竞争劣势地位，使那些并不具备自生能力的国有重点煤矿继续生存，并不能实现整体利益的最大化。大体而言，中央政府转嫁给地方官员的成本包括经营成本、安置成本以及交易成本等，其中交易成本主要包括监督成本和激励成本两个方面，前者是指中央政府需要投入一笔不菲的成本用于促进国有重点煤矿经营效益的好转，调动国有重点煤矿经营者的积极性，及时了解国有重点煤矿的经营情况，约束经营者的“偷懒”行为等。后者则是指为了调动经营者的积极性，中央政府需要出台各种激励措施，并且需要承担国有重点煤矿经营亏损而产生的人员安置、亏损弥补、经营再投入等方面的成本支出。

中央政府虽然追求“政治效率”，但是“政治效率”的实现却有赖于地方官员的努力。与中央政府的目标不同，地方官员追求“官僚效率”，即尽可能在最短的时间，用最少的投入实现职位产权收益的最大化或者尽快获得提升，职位晋升越早越有利于地方官员今后的职业发展。在转型期的制度环境下，经济发展速度成为制约地方官员的“官僚效率”高低的主要因素。地方官员需要向上级政府有效传达能够体现其能力高低的“信号”，这一切依赖于地方官员筹集资金和发展经济的能力。中央政府出于“政治效率”的追求而实行的乡镇煤矿管制政策却不仅影响了地方官员可支配的财力，而且还使地方官员因中央政府的成本转嫁行为而承受了外在成本，这进一步减少了其可供支配的财力，尤其对那些依赖于煤炭资源的单一资源的地方政府更是雪上加霜。由于中央政府的成本转嫁行为，地方官员在清理整顿乡镇煤矿过程中需要承担的主要成本包括：（1）监督成本。地方官员需要收集和掌握乡镇煤矿尤其是非法生产的乡镇煤矿的生产信息，并抽调人力和物力，成立专门的清理整顿工作小组，进行反复检查和抽查。（2）收益损失。清理整顿乡镇煤矿会导致地方财政收入减少，进而减少地方官员可能获取的职位产权收益。（3）人员安置成本。乡镇煤矿的清理整顿会产生人员再就业问题，对这部分人员的安置成本将主要由地方官员承担。（4）讨价还价成本。为了推动乡镇煤矿主动关闭，地方官员还需要和乡镇煤矿主商谈关闭的具体事宜和方式。（5）管理成本。地方官员需要为国有重点煤矿在地方正常进行生产经营活动提供相应的便利和服务，而国有重点煤矿并不因此而向地方官员支付相关的服务费用。

显而易见，“政治效率”和“官僚效率”在乡镇煤矿管制中存在着较为严重的冲突，而这有着内在根源。在委托代理关系中，要想代理人按照委托人利益行事，委托人提供的激励契约至少需要满足参与约束和激励约束条件。代理人从中获得的效用满足至少不能低于他不加入该项委托代理关系所能获得的保留效用；代理人努力工作获得的效用至少要不低于其偷懒所能获取的效用。在将乡镇煤矿管制政策付诸实施的过程中，中央政府对地方官员的激励很难满足这两个条件。地方官员的清理整顿行为具有明显的资金外部性，不仅要丧失大部分可支配收入及其资源，而且管制产生的收益基本上由中央政府获取，来自于国有重点煤矿的所得税税收全部上缴中央政府，而增值税收入的75%也由中央政府获取，这直接导致地方官员对实施管制政策的参与性不足。① 与此同时，地方政府却要为乡镇煤矿管制的善后工作付出相当大的成本支出，按照通行的“中央请客，地方出钱”的行为方式，关闭乡镇煤矿过程中发生的费用主要由地方政府承担。因乡镇煤矿关闭而出现的失业人员需要安置，乡镇煤矿主和地方政府之间的经济纠纷需要理清，为了开办乡镇煤矿，大多数煤矿主通过各种渠道举债的方式来筹集开办资金，煤矿一旦关闭就会使他们血本无归，尤其是关闭那些本已符合各种开办条件的乡镇煤矿还会使地方政府面临可能的行政诉讼。即使中央政府承诺会给予地方政府一定的补偿收入，但是中央政府的

① 按企业隶属关系征收的所得税在2002年被改为中央政府和地方政府间的共享税，部分解决了地方官员行为的外部性问题。

财政补偿难以到位，而且还会被地方官员层层截留，乡镇政府最终获得的补偿所剩无几。这进而使得地方官员参与乡镇煤矿管制的激励性不强。不仅如此，乡镇煤矿管制还会影响与其相关的其他产业的发展，在乡镇煤矿集中的地方，煤炭运输、炼焦、建材和商业服务等行业都较为发达，成为当地经济发展的另一个增长点。

总而言之，乡镇煤矿管制不但会使地方官员丧失潜在的收入机会（参与性不够），而且还增加了地方官员的财政支出负担（激励性不强），使本已陷入财政困境的地方官员更加难以开展工作。而这种参与性与激励性不足实际上反映了乡镇煤矿管制政策的管制收益和成本呈现出不均衡的分布态势。在詹姆斯·安德森看来，公共政策体现的利益和代价大体上具有四种不同的分布方式（见图 4-1），政策行动者的态度和反应将受到利益和代价分布方式的影响。① 就乡镇煤矿管制而言，如象限Ⅲ所示，管制产生的收益由中央政府及其代表的国有重点煤矿集中获取，而地方政府及其代表的成千上万座乡镇煤矿则成为管制成本的主要承受者。

		利益	
		集中	分散
代价	集中	Ⅰ	Ⅱ
	分散	Ⅲ	Ⅳ

图 4-1

作为理性的逐利人，既然清理整顿当地煤炭资源的乱采滥挖现象，不能使其获得职位产权收益的最大化，反而要承受大部分管制成本，那么地方官员将按照能够满足自己效用的方式选择所要采取的行为，即降低对乡镇煤矿的管制力度，漠视乡镇煤矿与国有重点煤矿争夺资源，扰乱煤炭市场正常的生产经营秩序，减少对清理整

① ［美］詹姆斯·E. 安德森. 公共决策. 唐亮，译. 华夏出版社，1990: 213-216.

顿工作的投入。地方官员在乡镇煤矿管制中面临的这种参与性和激励性不足还进而为地方官员的投机行为创造了有利条件，地方官员可以以地方财政不足以支撑乡镇煤矿管制政策的顺利实施为借口，来掩饰自己抵制乡镇煤矿管制政策执行的真实意图。

第二节　乡镇煤矿管制政策执行中的多委托代理关系问题

显而易见，在乡镇煤矿管制政策的实施过程中，中央政府面临较为突出的代理问题。除此之外，乡镇煤矿管制中的多委托代理关系也提高了乡镇煤矿管制政策执行中的交易成本。

一、乡镇煤矿管制政策执行中的多代理人的委托代理关系

除了面临与中央政府的利益竞争之外，制度环境的变迁也重塑了地方官员尤其是同级地方官员之间的竞争，使其从“兄弟之争”转变为独立产权主体或“利润中心”之间的角逐。地方官员之间围绕资金、技术和人才等稀缺资源展开竞争，以实现可供支配财力的最大化，从而提高自己的职位产权收益。

在转型期的地方政治市场中，地方官员凭借提供各种公共物品来获取政治市场需求主体提供的稀缺资源。而地方官员对需求主体需求的满足情况则取决于其提供的稀缺资源的多寡和重要程度。与诸如地方企业、地方公众和中央政府等需求主体相比，地方官员实现职位产权收益最大化的稀缺资源的供给主要源于作为其直接委托人的上级政府，上级政府不仅是地方官员提供产品的需求者，而且还是产品质量好坏的主要评价者。通过掌握的政治选票、优惠政策的供给、资金投入等稀缺资源，上级政府和地方官员签订一定时期内的绩效契约，督促其将更多的精力投入那些能够满足上级政府利益需求的公共物品领域。地方官员通过提供能够满足上级政府需求的诸如经济增长速度、税收这样的公共物品如等来获取上级政府提供的稀缺资源，尤其是决定地方官员职位产权收益高低的政治选票。地方官员获取政治选票的多少主要取决于对上级政府交付的各

种任务的完成情况，由于在一定时期内上级政府提供的政治选票是有限的，为了获取这些稀缺的政治资源，地方官员间各自为实现和完成与上级政府签订的绩效契约而展开竞争，这种竞相为完成上级政府交付的任务而展开的角逐就赋予了地方官员间尤其是同级地方官员间竞争的政治属性，进而演变为政绩竞争。

同级地方官员间的政绩竞争主要有间接和直接两种形式：（1）通过参与或干预企业集团的区间竞争行为以扩大本区域企业或集团的市场范围、就业量，从而提高本区域的收入水平。（2）地方政府之间在公共物品提供方面展开竞争，以显示地方的综合经济实力。①地方官员间的政绩竞争对中央政策执行的影响是双重的：这种在政策执行中出现的多代理人竞争局面也缓解了中央政府和地方政府之间的信息不对称性，为了在政绩竞争中脱颖而出，代理人会积极向中央政府透露有关政策执行的基本信息，向中央政府证明自己的立场和能力，从而承担起披露信息的部分成本。更为重要的是，中央政策对本地区以及其他地方经济发展的影响成为地方官员进行成本收益分析的重要标准，而某些中央政策效果的实现却有赖于不同层级地方官员间的通力合作，任何一个地方官员采取不合作行为，其他地方政府都会随之跟进和攀比，唯恐在“政绩竞争”中落后。换句话说，同级地方官员之间的竞争削弱了合作的激励，甚至可能导致对破坏行为的激励。② 在这种“破坏性行为”中，参与者不仅有激励去做有利于自己的事情，而且也有同样的激励去做不利于竞争对手的事情；对于那些利己不利人的事情激励最充分，但是对于那些“双赢”的合作则激励不足。③ 这种出于个体理性的考虑而导致的集体利益的损失使得地方官员间的政绩竞争也陷入了“囚徒困境”局面，这种困境在乡镇煤矿管制政策执行中得到了鲜明体现。

---

①　张紧跟．当代中国地方政府间横向关系协调研究．中国社会科学出版社，2006：42-44.

②　［新西兰］穆雷·霍恩．公共管理的政治经济学——公共部门的制度选择．汤大华，译．中国青年出版社，2004：132.

③　周黎安．晋升博弈中政府官员的激励与合作．经济研究．2004（6）．

乡镇企业凭借自身对地方政府尤其是乡镇政府的财政收入和经济增长的贡献而受到了地方官员的大力扶持，地方官员自乡镇企业产生之初就充当了乡镇企业董事长的角色，将乡镇企业的内外经营活动处于自己全面掌控之下。① 地方政府通过参与和干预乡镇企业活动所发生的间接竞争就成为地方官员政绩竞争的一部分，作为乡镇企业组成部分的乡镇煤矿也具有这方面的特点。② 地方官员对乡镇煤矿生产经营活动的控制和干预，使其充当着乡镇煤矿实际经营者和保护者的角色，乡镇煤矿管制政策陷入了政绩竞争所导致的“公共地悲剧”和“集体行动的困境”。这是因为乡镇煤矿管制政策的两个主要目标——调整煤炭市场结构、缓解煤炭供过于求的局面和改善煤矿安全生产形势——的实现需要地方政府之间统一行动，而政绩竞争诱发的地方官员的投机行为又使得这种统一行动很难自发实现。在清理整顿乡镇煤矿的过程中，四川省洪雅县政府曾经投入相当大的精力关闭了境内全部56个乡镇煤矿，但是由于洪雅县邻近地区在乡镇煤矿清理整顿过程中采取了机会主义行为，邻近地区的乡镇煤矿并没有被取缔。地方政府行动的不一致性使得洪雅县的乡镇煤矿矿主和老百姓产生了不满情绪，认为“洪雅县管得过严”，以至于洪雅县长在媒体上呼吁，“关闭乡镇煤矿各地应当协同作战”。

（一）公共地悲剧

1968年，英国科学家加雷特·哈丁发表了《公共地的悲剧》一文，该篇文章悲观地描述了追求最大化利益的个体行为是如何损害公共利益的。文章发表以后，“公共地悲剧”这个表述已经成为一种象征，它意味着任何时候只要许多人共同使用一种稀缺资源，便会

---

① 地方政府与乡镇企业关系及其演变参见陈鸿仪．中国乡镇企业体制转变：市场自由化、契约形式创新和私有化．华中科技大学出版社，2005；马戎，刘世定，邱泽奇．中国乡镇组织调查．华夏出版社，2000.

② 中国社会科学院经济研究所．中国乡镇企业的经济发展与经济体制．中国经济出版社，1987.

发生环境的退化。① 而特定时期的社会总需求总是固定的，这种固定的总需求对各个区域而言是一种公共资源。② 对于煤炭市场需求而言，每年的煤炭需求总量基本是固定的，这种煤炭需求的非排他性和竞争性使得地方官员总是力图获取煤炭市场的最大份额，提高煤炭的市场供应量和可支配的收入，而忽视了自身行为对煤炭市场整体供应量的影响。地方官员对煤炭市场份额的争夺使得煤炭市场的“公共地悲剧”类似于“囚徒困境”局面，任何单个煤矿的煤炭产量的增加，都会导致煤炭供应量的上升和煤炭价格的下降（见图 4-2）。假设煤炭市场主要由地方官员甲和乙来供应，双方都按照自己的成本收益分析来安排煤炭的供应量，随着经济发展的速度下降，煤炭市场的需求量出现了下降的势头。此时，如果甲和乙能够互相合作（遵守中央政策），共同安排和确定各自的煤炭供应量，那么煤炭市场将仍然大体稳定在供求平衡的局面，双方各自获得收益 15。但是只要有一方不遵守合作协议，增加煤炭的生产量，那该方就能够获取更大的收益 20，而另一方只能获得收益 10。③ 在信息不对称和投机心理的推动下，甲和乙为了在“政绩竞争”中处于更好的位置，都会不约而同地采取“不合作”的方式，提高煤炭的供应量，煤炭价格将会下降，煤炭市场的整体状况恶化，双方的境况变得更坏，只能各自获得收益 5。值得注意的是中央政府和地方官员间的利益竞争也会陷入“囚徒困境”局面，出于对中央政府及其代表的国有重点煤矿投机行为的理性预期，地方官员有可能以“自发共谋”的方式抵制中央政策。据统计，在中央政府强烈要求实行关井压产的 1999 年头两个月，在拥有国有重点煤矿的 22 个省（区、市）中，有 19 个省（区、市）煤炭生产均超过同期生产水平。乡镇煤矿除内蒙古、辽宁、山东、河南、四川、青海是负增长以外，全国其他 21

---

① ［美］埃利诺·奥斯特罗姆．公共事物的治理之道．余逊达，陈旭东，译．上海三联书店，2000：11.

② 张可云．区域大战与区域经济关系．民主与建设出版社，2001：231.

③ 违约行为能够产生相应的外部性，导致煤炭价格因供过于求而下跌，但是在需求限度内甲仍能通过增产而获益。

个省（区、市）均超过上年同期水平。①

		地方政府甲	
		合作	不合作
地方政府乙	合作	15，15	10，20
	不合作	20，10	5，5

图 4-2

（二）集体行动困境

作为一种公共物品，煤矿生产安全条件尤其是乡镇煤矿生产安全形势的改善取决于地方官员的共同努力，然而，有理性的、寻求自我利益的个人不会采取行动以实现他们共同的或集团的利益。②在管制乡镇煤矿的过程中，地方政府持有一种“有我没我影响不大”的“搭便车”心态，认为局部的煤炭安全生产形势对全国煤矿生产的整体安全影响不大。这种集体行动困境在乡镇煤矿管制中产生主要出于三个方面的影响：（1）管制成本和收益的非对称性和分散性。地方政府需要在乡镇煤矿管制中付出高额成本，但是地方官员并不能因此而受到重用或者增加地方财政收入，煤矿生产安全条件的改善给地方官员带来的收益是微不足道的。（2）缺乏有效的监督和约束。地方官员间的利益共同体使得上级政府并不能很好地履行对下级地方政府执行中央政策行为的监督和约束，降低了地方官员因抵制中央政策而被查处的概率。（3）通过讨价还价和协商的方式协调地方政府间的行为，需要耗费大量的交易成本，以至于交易成本超过了协调行动产生的收益。

地方官员的理性计算促使互相之间很难围绕乡镇煤矿管制采取一致的行动，导致“囚徒困境”现象的出现。与“公共地悲剧”

① 《中国煤炭工业年鉴》编委会．中国煤炭工业年鉴（2000）．煤炭工业出版社，2001：74.

② ［美］曼瑟尔·奥尔森．集体行动的逻辑．陈郁，郭宇新，李崇新，译．上海三联书店，2003：2.

导致煤炭市场供过于求不同，“煤矿生产安全”这种公共物品的提供将由于集体行动困境而出现供应不足的境况。不妨假设“煤矿安全生产”形势主要由地方政府甲和地方政府乙共同决定，安全生产的主要衡量指标——百万吨死亡率是判断“煤矿安全生产”的主要标准（设定年度的百万吨死亡率）。假设煤矿生产百万吨死亡率标准的实现需要地方官员甲和乙共同投入 20 个单位的成本，若百万吨死亡率标准能够如期实现，则甲和乙各自能够获得 12 个单位的收益。地方政府甲和乙各自有“合作”与“不合作”两种选择，“煤矿安全生产”的“囚徒困境”局面如图 4-3 所示。

		地方政府甲	
		合作	不合作
地方政府乙	合作	2，2	-8，12
	不合作	12，-8	0，0

图 4-3

如果甲和乙采取互相合作的方式，共同执行中央政府关于清理整顿乡镇煤矿的政策，各自承担需要投入的 10 个单位的成本，则甲和乙各自获得 2 个单位的净收益。若一方合作而另一方不合作，则合作方获得的净收益为-8（12-20），而不合作方的净收益为 12。在一方策略给定的情况下，另一方使自己利益最大化的最佳选择是“不合作”，最终的博弈结果是双方都选择“不合作”的策略，双方的得益是（0，0），即双方都不执行清理整顿乡镇煤矿的政策。“（合作，不合作）”的策略选择都是典型的甲或乙坐享其成，“搭便车”的激励选择。

毫无疑问，无论是地方官员间政绩竞争产生的“公共地悲剧”还是“集体行动困境”都导致乡镇煤矿管制政策出现较为明显的“政策执行鸿沟”现象。

值得注意的是，针对中央政府与地方政府间的利益竞争以及同级地方官员间政绩竞争的分析都是以地方官员为主要行动者，虽然地方官员是中央政策的主要执行者，但是地方官员对乡镇煤矿管制政策的实施仍需依靠地方政府内部的各个工作部门及官员的努力，由此产生了地方政府工作部门官员与乡镇煤矿管制政策实施的多委托代理关系，地方官员对作为其直接代理人的地方政府工作部门官员职位产权收益的影响及其影响方式也能够左右乡镇煤矿管制政策的命运。

二、乡镇煤矿管制政策执行中的多委托人的委托代理关系

与私营部门的委托代理关系相比，多委托人和多项任务委托代理关系在政府更是一种平常现象而非例外。每个政府机构或政府工作人员都要面临多个委托人的约束和激励，地方官员同时要面对中央政府、上级政府、地方权力机关、地方司法机关以及地方选民的要求，这些委托人委托交办事项的差异又使得地方官员要承担起多项任务的代理关系，需要兼顾地方经济发展、就业、社会治安、环境保护和教育等多项代理任务的完成。在委托代理关系下，代理人行为的努力程度要受委托人激励信号的刺激，按照所接受的激励信号的强弱程度来分配自己的努力水平。如果某个委托人或某项代理任务与代理人利益密切相关，代理人将倾向于更多地照顾该委托人的利益，集中更大的资源和精力投入该项代理任务。

就我国地方政府结构而言，其是由具有不同利益和任务的工作部门组成，“条块”格局注定了地方官员面临的就是这种多委托人和多项任务的委托代理关系。“条条”是指各级政府之间上下贯通的工作部门或机构，每个“条条”主要代表的是中央政府的某种局部利益。综合行使地方管理职能的各级地方政府则构成了“块块”，实际上是由代表中央政府利益的各种“条条”在地方上的对应机构组成。“块块”的职能范围和权力大小实际上要受到“条条”很大的影响，每个条条都代表着“块块”要面临的一个委托人。“条条”的作用不仅在于保障上下一致和政令畅通，而且还发挥着监督和约束地方政府，减缓中央政府和地方官员之间信息不对称程度的作用，中央政府和地方政府之间的“集权”和“分权”主要就是围绕着“条条”和“块块”之间关系的调整进行的。中

央政策在地方上的贯彻落实，除了依靠地方官员的整体协调和管理以外，主要的任务还是要依靠“条条”在地方政府中对应的工作部门来执行。

中央政府的工作部门官员（“条条”）和地方官员（“块块”）共同构成了地方政府工作部门的委托人。地方政府工作部门官员的努力程度和投入情况要受中央政府和地方政府所提供的激励契约的引导，按照激励强度的高度来进行相应的配置，委托人提供的激励契约的改变会导致地方政府工作部门官员投入情况的重新配置。按照委托代理理论，在多委托人条件下，如果委托人之间彼此能够互相合作，在代理人完成委托事项之后，再在委托人之间重新分配收益，那么这种多委托人的代理关系就会转变为单一的委托代理关系情况。可是考虑到委托人所拥有的资源、信息和现实利益等方面的不同，委托人之间的合作很难实现，这时候要使代理人均衡地分配自己的投入，那么为代理人提供一份低效度的激励契约将是每个委托人的最好选择。① 但是在职位产权收益尤其是职位晋升成为政府官员一致追求的情况下，这种低效度契约很难实现。这是因为地方官员或者地方政府工作部门官员的职位产权收益在很大程度上主要是由某个委托人具体决定的。例如，在我国现行的“下管一级”的干部管理体制中，地方政府工作部门官员的任用或晋升就存在两种基本情况，即地方政府工作部门作为本系统或上级部门的派出机构或分支机构，其人事任免、工资福利以及业务范畴等都归属本系统上级部门或机构主管，地方政府只起到协助作用。另一种情况则是，地方政府工作部门是地方政府的组成部分，工作部门相应的人事任免、工资福利以及业务范畴等主要接受本级地方政府的领导，其上级部门或机构主要对工作部门发挥业务指导的作用。代理人所接受的激励契约的不同就决定其行为的选择，地方政府工作部门官员如果主要受本系统上级部门的激励和约束，那么本系统上级部门交代的委托任务就成为部门官员的重点，反之，地方官员委派的工

① ［美］阿维纳什·K. 迪克西特. 经济政策的制定：交易成本政治学的视角. 刘元春，译. 中国人民大学出版社，2004：70-74.

作事项则受到部门官员的优先考虑。

对于乡镇煤矿管制政策的执行而言，这种多委托人的委托代理关系产生的矛盾主要反映在地方煤炭工业管理局和乡镇煤矿两种代理人身上。

（一）煤炭工业管理局的多委托人激励

煤炭工业部组织机构的设置在1949年以来先后发生了多次主要变动。煤炭工业部的机构变动如表4-3所示。

表4-3　　煤炭工业管理部门的历次机构变革

时间	机构变动事项
中华人民共和国成立初期	国家在燃料工业部下设煤炭总局管理煤炭工业
1955年	国家决定单独成立煤炭工业部
1970年	撤销煤炭工业部，煤炭、石油、化工三家合并为燃料化学工业部
1975年	恢复煤炭工业部，一直到1988年，煤炭工业管理体制稳定了13年
1988年	撤销煤炭工业部，成立了能源部，组建了管理关内统配煤矿的中国统配煤矿总公司，关外统配煤矿由东煤公司管理，乡镇煤矿由地方煤矿公司管理
1993年	撤销能源部和中国统配煤矿总公司，成立煤炭工业部
1998年	撤销煤炭工业部，成立国家煤炭工业局，由国家经贸委管理
2000年	国务院决定组建国家煤矿安全监察局，与国家煤炭工业局“一个机构、两块牌子”
2001年	国务院决定撤销国家煤炭工业局，组建国家安全生产监督管理局，与国家煤矿安全监察局实行“一个机构、两块牌子”

1988年，中央政府撤掉了煤炭工业、电力、石油和核工业等中央部门，组建了管理电力、煤炭、石油、核工业的能源部，同时

设立了管理关内国有重点煤矿的中国统配煤矿总公司，关外国有重点煤矿由东北和内蒙古煤炭工业联合公司管理煤公司管理，乡镇煤矿由地方煤矿公司管理。1988 年的煤炭工业管理体制变革形成了“多头管理和分散管理”的管理体制，并不利于煤炭工业的健康发展。因此，中央政府在 1993 年的政府机构改革中又恢复了煤炭工业部。随着煤炭工业部的机构变动，煤炭工业部设置在地方上的对应机构与煤炭工业部的关系也发生相应的变动，有的地方煤炭工业管理局作为煤炭工业部的派出机构，接受煤炭工业部门的直接领导，有的煤炭工业管理局则作为地方政府的职能部门，接受地方政府的主要领导。1993 年的中央政府机构改革之后，包括陕西、山西、内蒙古、河北、河南、山东、四川、贵州、四川等 16 个省区的煤炭工业局由煤炭工业部直接领导，实行的是与各省区煤炭工业厅“一套机构，一套班子，两块牌子，两种职能”的管理体制，其余省市的煤炭工业局则接受地方政府的主要领导。既然山西、陕西和山东等 16 个省区的煤炭工业局接受煤炭工业部的直接领导，那么它们就应该履行煤炭工业部制定的各项主要任务，监督和协助地方政府执行煤炭工业部的相关政策：

（1）根据煤炭部、省（区）政府发展煤炭工业部的有关方针、政策和规划要求，研究制定省（区）煤炭工业的具体政策，编制省（区）煤炭工业的发展规划；会同有关部门划分煤炭资源，加强煤炭资源管理，调解煤炭资源纠纷。……（8）按照国家制定的“扶植、改造、整顿、联合、提高”的方针，加强对地方煤矿的管理，促进地方煤矿的健康发展；协调解决各类煤矿在安全生产、经营活动中遇到的矛盾和社会问题，为煤矿生产经营提供服务；督促企业按规定完成上缴国家的各项税费……①

虽然这些省区的煤炭工业管理局要接受煤炭工业部的直接领导，但是煤炭工业管理局主要领导的任命，却不是由煤炭工业部单独决定，而是采取煤炭工业部与省区政府共同协商取得一致意见之

---

① 《中国煤炭工业年鉴》编委会．中国煤炭工业年鉴（1995）．煤炭工业出版社，1996：140.

后再确定的方式。表面上看，这种人事控制似乎为委托人之间的合作创造了有效条件，委托人可以选择这种协商产生的代理人来执行相关政策，然后委托人之间再就代理人行为产生的收益进行协商划分。但是，就乡镇煤矿管制政策而言，委托人之间的这种划分收益的合作方式很难实现，因为分税制改革并没有触及按照企业的隶属关系来征收企业所得税的原有规定，而乡镇煤矿管制的直接后果就是地方政府税收来源的减少，而中央政府收入则相应增加，中央政府增加的收益并没有和地方政府共享，因此，双方并不具备合作的有效条件。即使煤炭工业部在各省区煤炭工业管理局的人事任免上占据了主导地位，由这种主导地位产生的煤炭工业部对地方煤炭工业管理局行为的控制则随着控制层级的增加而削弱，层级体制中的信息扭曲和信息噪音干扰了中央政府对煤炭工业管理局官员行为意愿的准确判断。由于煤炭工业管理局官员具有与地方官员相同的行为动机，出于追求职位产权收益最大化的意图，煤炭工业管理局官员对地方官员的依赖性将更高。这种依赖性主要表现在四个方面：

第一，因为煤炭工业部并不能够提供煤炭工业管理局开展工作所需要的全部经费，即使省区煤炭工业管理局也只能从煤炭工业部获取部分经费开支，一旦缺乏相应的经费保障，煤炭工业管理局对乡镇煤矿的清理整顿工作自然就会出现“有力无处使”的境况，也就难以取得让煤炭工业部满意的成绩。如内蒙古自治区煤炭工业管理局每年用于工资福利的经费开支只能部分地来源于中央财政，经费缺口的主要部分则需要自治区财政预算提供。自治区以下的地方煤炭工业管理局的经费开支更是主要依靠地方政府的预算提供。

第二，为了推动乡镇煤矿管制工作，煤炭工业管理局官员需要经常到乡镇煤矿检查和督促，这就需要充足的经费保障。为弥补经费开支的缺口，地方煤炭工业管理局通常利用各种名目向乡镇煤矿征收各种各样的费用，如煤矿生产许可证的办理费用、乡镇煤矿的维简费用等，而这些费用的收取同样需要得到属于地方官员直接领导的财政和物价等部门的批准。地方煤炭工业管理局对地方官员预算经费的依赖将使其更多地按照地方官员的意愿行事，在对地方乡镇煤矿的管理上“睁一只眼，闭一只眼”，甚至默许乡镇煤矿抢占国有重点煤矿资源的现象。否则，地方政府将会切断对煤炭工业管理局的经费渠道，给煤炭工业管理局穿“小鞋”。某市煤炭工业管理局局长就被地方官员告知，“一定要千方百计地保证地区经济增长，谁要是收拾小煤窑，谁就被穿小鞋”。甚至一位市委副书记认为，“现在谁要是支持这些（整顿乡镇煤矿），其必然是一塌糊涂”。因为害怕被地方官员穿“小鞋”，煤炭工业管理局官员就不得不采取与地方官员共谋的行为，使乡镇煤矿的管制流于形式，即使这种行为有违煤炭工业管理局担负的使命和责任。

第三，煤炭工业实行的双重管理体制也使得地方官员进一步限制了中央政府对煤炭工业管理局的激励和约束。1993年的机构改革之后，16个重点产煤地区的煤炭工业管理局实行的是煤炭工业部直接领导的管理体制，其余省区的煤炭工业管理局则以地方政府领导为主。重点产煤地区内部的管理体制也是多种多样的，在统计的572个产煤县（区）中，有369个县（区）设置了煤炭管理局或煤炭公司，占65%；有100个县（区）由乡镇企业局管理，占17%；55个县（区）由地矿局（或矿产局）管理，占10%；其他48个县（区）由经济局或计划局等负责乡镇煤矿的管理，这种煤矿管理体制使乡镇煤矿管制政策的落实显得更加艰难。由于各个地方官员都在围绕追求地方经济增长和职位产权收益最大化展开竞争，那些由煤炭工业部直接领导的省区和地方通常属于经济发展和财政收入对煤炭资源依赖较大的区域，一旦它们严格执行煤炭工业部的政策精神，地方官员可支配的财力以及地方经济发展速度就要受到很大影响。而那些煤炭工业管理部门属于地方官员直接领导的地区通常是加工业或制造业比较发达的地方，相对而言，乡镇煤矿管制对本地方经济发展的影响可能并不大，而且这些地区的煤炭工业管理部门本身就受地方官员的直接领导和激励，更有可能放松对乡镇煤矿的管制。煤炭工业管理局的这种双重管理体制无疑会使那些严格执行了乡镇煤矿管制政策的地方官员在职位晋升竞争和追求职位产权收益最大化的过程中处于劣势地位，因为与那些对煤炭资源的经济依赖性较低的地方相比，严格执行乡镇煤矿管制政策可能会极大地降低它们的可支配财力。一旦考虑到这种煤炭管理体制的差异所产生的不利后果，地方官员也会想方设法地干预那些属于中央政府直接领导的地方煤炭工业管理局官员的行为，使其将自身利益的得失与地方官员和地方经济发展紧密联系在一起。

第四，与中央政府相比，地方官员与煤炭工业管理局的委托代理关系更为直接，能够更加有效地掌握煤炭工业管理局的信息。一旦煤炭工业管理局采取的管制措施违背了地方官员的利益，地方官员就会更加及时地对其施加惩罚，从而降低了双方的委托代理关系中出现代理问题的可能性。

总而言之，在煤炭工业管理局官员看来，代表中央政府利益的煤炭工业部和地方官员各自提供的激励契约对自身利益产生了显著不同的影响，煤炭工业部只是对煤炭工业管理局官员的利益产生人事任免方面的部分影响，即使这种影响也是不可忽视的，而煤炭工业管理局的经费开支、人事任免等方面主要取决于地方官员的态度，即使煤炭工业管理局官员由于特意迎合地方官员的意愿而受到煤炭工业部的惩罚，地方官员也会采取相应的保护措施，使煤炭工业部的惩罚威胁难以实现。因而，煤炭工业管理局官员将不得不对煤炭工业部制定的那些有损于地方官员利益和地方经济发展的政策采取“表面遵从，暗地抵触”的策略方针。在清理整顿甘肃省境内靖远矿务局周边的非法乡镇煤窑的过程中，甘肃省、白银市以及平川区三级政府就联合导演了一出“搞形式”和“走过场”的整顿闹剧，矿务局要求炸毁对其危害最大的 37 个小煤窑，地方政府只同意炸毁其中的两个小煤窑，从而导致这次乡镇煤矿的清理整顿“有名无实”。

（二）乡镇煤矿的多委托人管制

就整体而言，乡镇煤矿管制政策的效果取决于地方政府之间的合作，但是乡镇煤矿管制政策的具体实施，则要依赖掌握管制权限的地方政府内部各个政府工作部门之间的合作与协调。事实上，乡镇煤矿管制政策涉及以煤炭工业管理局为主体的多个地方政府工作部门，是一种典型的多委托人管制，这种多委托人管制实际上是种分权式管制，不同的地方政府工作部门依据相关法律条文都拥有对乡镇煤矿的部分管制权，共同参与、分头管理和协调乡镇煤矿管制政策的执行。根据相关法律法规及条文，与乡镇煤矿管制有关的政府部门如表 4-4 所示。

表 4-4　　**20 世纪 90 年代参与乡镇煤矿管制的主要部门**

部门	职责
地矿部	依据《中华人民共和国矿产资源法》，负责乡镇煤矿采矿许可证的发放
煤炭工业部	依据《中华人民共和国煤炭法》和《乡镇煤矿管理条例》，履行对乡镇煤矿的行业管理和生产许可证以及矿长安全培训和矿长安全资格许可证的发放
劳动部	依据《中华人民共和国矿山安全法》，履行对乡镇煤矿工人的培训和颁发矿长安全资格证
农业部	依据《中华人民共和国乡镇企业法》，履行对乡镇煤矿生产和安全管理
国家工商行政管理局	依据《中华人民共和国企业法人登记管理条例施行细则》负责发放乡镇煤矿营业执照

在多委托人的委托代理关系下，要使乡镇煤矿的管制政策取得实效，就需要这些管制部门互相配合和协作。然而，由于每个管制部门的任务、责任和面对的压力不同，除了受地方官员提供的激励契约直接约束以外，对职位晋升或职位产权收益最大化的追求也使得这些地方政府工作部门的官员各行其是，在管制过程中遵循不同的标准和参照物，乡镇煤矿只是成为“人人都想吃一口的唐僧肉”，而忽视了自身应该履行的职责。例如劳动部门只负责矿长资格证的发放和收取相关费用，而对乡镇煤矿实际的安全条件和工作环境不闻不问。用宁夏回族自治区石嘴山市劳动局的一位副局长的话说，“我光管办证，我就不管你条件够不够，安全设施有没有，

反正把证办了就行了"。① 乡镇煤矿的管制权分散在众多管制部门手中使得乡镇煤矿管制成为了一种"反公共地悲剧"现象，其中的每个管制部门的政府官员都倾向于做有利于自己职位产权收益的事情，而且还想方设法地干扰那些不利于自身利益以及有利于增进其他政府官员职位产权收益的事情。

"反公共地悲剧"的概念最早是由美国密歇根大学的黑勒（Michael Heller）教授在1998年发表在《哈佛法学评论》中的《反公共地悲剧：从马克思到市场转变中的产权》一文中较为完整地提出。黑勒教授认为，"反公共地悲剧"是一种与"公共地悲剧"相对应的现象，主要是指众多的所有者拥有某种稀缺资源的部分所有权的产权体制，任何一个所有者都有权阻止其他人使用稀缺资源，从而导致稀缺资源的使用缺乏效率。在他看来，与私人产权和公共产权相比，"反公共"资源的产权特征主要表现在四个方面：（1）多个所有者拥有对稀缺资源的部分所有权；（2）每个产权拥有者都有权利拒绝其他产权所有者拥有完整的产权；（3）产权的"反公共性"意味着稀缺资源对每个所有者而言都有价值，但是这种产权体制并不有助于生产效率的提高；（4）非私人产权既可以看做具有排他性的"反公共性"，也可以看做具有非排他性的"公共性"。② 虽然在一定条件下③，"反公共地悲剧"并不必然导致资源的低效使用，但是这些条件很难在现实生活中满足，黑勒用1993年莫斯科街头空荡荡的商店说明了"反公共地悲剧"的主要危害，即导致稀缺资源的利用不足。在黑勒看来，"反公共地"产权在经济转型时期并不是出于追求效率最大化而创造，它主要是

---

① 中央电视台新闻评论部．焦点访谈（行政卷）．中国政法大学出版社，1999：455.

② Michael A Heller. The Tragedy of the Anticommons：Property in the Transition from Marx to Markets. Harvard Law Review，1998：673.

③ Michael A Heller. The Tragedy of the Anticommons：Property in the Transition from Marx to Markets. Harvard Law Review，1998：673-675.

决策者在政治和经济约束下决策的附属品。①

在乡镇煤矿的管制中，地矿部门、煤炭工业部门以及工商部门等拥有相应的对煤炭资源开发的排他权，如《中华人民共和国煤炭法》就明确规定取得地矿部门颁发的采矿许可证是乡镇煤矿获得生产许可证的前提条件。由于对乡镇煤矿的管制能够为管制部门官员提供较为丰厚的职位产权收益，因此，每个管制部门都不愿意放弃自己的管制权力，将其看做自己的正常业务范围。虽然煤炭工业部早在 1986 年就出台了《关于乡镇煤矿实行行业管理的通知》的文件，由煤炭工业部统一行使对乡镇煤矿的行业管理职能，即负责对乡镇煤矿的统筹规划、组织协调、提供服务和进行检查监督，但是乡镇煤矿的既有主管部门——农业部则一直认为对乡镇煤矿的管理仍然属于农业部的职责范围，各级乡镇企业行政主管部门是各级人民政府主管乡镇企业的综合职能部门，② 其他部门不应该干预农业部对包括乡镇煤矿在内的乡镇企业的管理。在农业部 1990 年 12 月 5 日下发的《关于农业个体企业管理和管理费问题的答复》中，农业部进一步明确对乡镇企业的主管职能，认为某些部门对国务院颁布的《中华人民共和国乡村集体所有制企业条例》的随意解释，否认乡镇企业管理部门的职能，造成乡镇企业管理的混乱，是违背中央一贯的指示精神的。③ 煤炭工业管理局和劳动局围绕乡镇煤矿矿长培训和安全资格证的发放也出现了类似的因法律法规条文不一致而引起的管制权限冲突问题。

煤炭资源开发和使用权的分散，使得乡镇煤矿主为了取得合法的开采资格，满足产权所有者的各种规定，不得不耗费大量交易成本，比如乡镇煤矿主需要等待很长一段时间才能取得相关的资格证明，甚至办矿者递交上去的申请资料犹如“石沉大海”，没有半点

---

① Michael A Heller. The Tragedy of the Anticommons: Property in the Transition from Marx to Markets. Harvard Law Review, 1998: 675.

② 《中国乡镇企业年鉴》编委会．中国乡镇企业年鉴（1991）．农业出版社，1992：126.

③ 《中国乡镇企业年鉴》编委会．中国乡镇企业年鉴（1991）．农业出版社，1992：127.

回音。河南某些地方的乡镇煤矿主和基层政府就反映，他们都按办矿程序进行了申报，但上报上级主管部门之后却迟迟得不到音信，为了不影响煤炭开采，基层政府就允许办矿者“边开采边等待”，从而形成了一大批所谓的“待批矿”。① 黑勒教授认为，市场途径和法律途径是实现产权统一的两条主要渠道，前者意味着资源的潜在使用者通过正式的市场交易或非正式的市场交易如钱权交易、行贿等方式来获得资源的最终使用权和收益权，后者则是政府重新界定和分配产权，以新的法律制度取代那种导致产权碎片化的法律文件。② 然而，稀缺资源的各个所有者从维护自身利益的角度出发，通常以各种借口强烈反对中央政府的这种制度变革，因此，借助于市场的非正式交易方式成为资源的潜在使用者的主要渠道。它们之间需要建立和发展一种组织上相互依存的无形关系网络，以替代缺乏的交易市场或减少正规市场的交易成本。③ 即使这样，资源使用者仍然要进行交易成本和收益分析，如果这种非正式的市场交易方式耗费的交易成本超过了本身的收益，那么资源的潜在使用者宁可寻找相关的替代途径来满足自己的需求。而这种非正式交易的高成本也是导致莫斯科街头的商店空荡荡的主要原因。这种“反公共地”的多委托代理关系对煤炭资源开采以及乡镇煤矿管制的主要影响在于：

（1）鉴于产权碎片化已经得到了法律的认可，为了减少交易成本，乡镇煤矿主通常借助于非正式的市场交易方式，通过行贿的方式来获取煤炭资源的使用权。这种非正式的市场交易方式导致乡镇煤矿主和管制部门之间形成了一种“一荣俱荣，一损俱损”的利益纽带关系。为了维护这种非正式的产权关系，实现职位产权收益最大化的目的，分散的管制部门不仅不能履行应有的管制职责，反而在管制过程中充当了乡镇煤矿的“庇护者”，为乡镇煤矿主通

---

① 管志光．20世纪河南重大灾害纪实．地震出版社，2001：152.

② Michael A Heller. The Tragedy of the Anticommons: Property in the Transition from Marx to Markets. Harvard Law Review，1998：640-641.

③ 盛斌．中国对外贸易政策的政治经济分析．上海三联书店，2002：105.

风报信，由此形成了当前的“官煤”勾结的局面。如果乡镇煤矿投资于“官煤勾结”的成本要小于投资安全设施以及正常申报的成本，那么“官煤勾结”就成了乡镇煤矿的理性选择。这实际上也暗示着煤炭资源的开采存在着一种“双轨制”的运行方式，而一旦这种非正式交易得不到有效遏制，就会产生消极的市场信号，出现“劣币驱逐良币”现象，导致乡镇煤矿矿主缺乏通过正当的法律程序来获取煤炭资源使用权的积极性。

（2）这种非正式的产权交易关系得不到法律的正式保护，乡镇煤矿主缺乏对长期投资于煤炭开采行业的心理和行为激励以及比较稳定的收入预期，而煤矿生产和安全维护所需要的专用设备导致乡镇煤矿主不愿意投资于安全生产设施，而是抱着急于求成和短期内收回投资的方式来从事煤炭的开采，导致大量的煤炭资源在不满足安全生产条件的环境下被开采出来，中央政府对乡镇煤矿的清理整顿进一步强化了乡镇煤矿追求短期利益的投机心理。

（3）各个管制部门都抱有“搭便车”的心态，使乡镇煤炭管制政策的执行流于形式。“反公共地”的产权为管制部门之间的协调和沟通制造了障碍，管制部门之间很难协调行动，从而增加了乡镇煤矿管制的协调成本。中央政府虽然要求坚决取消那些无证非法开采以及不符合办证条件的乡镇煤矿，但是这些管制部门谁都不愿意真正地去检查乡镇煤矿是否具备相应的资格证书，率先切断与乡镇煤矿之间非正式利益纽带关系，而是希望坐享其成。在它们看来，既然乡镇煤矿只要缺乏某种资格证明就属于清理整顿之列，那么即使本部门不去检查，诸如煤炭工业部门和农业部门等相关管制部门也会进行相应的检查和督促。本着对职位产权收益趋利避害的心理，各管制部门官员形成了“事事有人管”（有收益）、“事事无人管”（无收益）的管制分割局面。

三、乡镇煤矿管制政策执行中的多任务的委托代理关系

除了地方官员的激励约束导致煤炭工业管理局对乡镇煤矿的管制流于形式外，煤炭工业部门长期以来形成的考核导向也间接地促使煤炭工业管理局没有将更多的精力投入乡镇煤矿清理整顿

中。一般而言，煤炭工业部面对的是关于多项任务的委托代理关系，既要负责煤炭行业的生产，满足经济发展的需要，也要承担起加强煤炭行业安全管理的责任；既要主管国有煤矿尤其是国有重点煤矿的生产经营活动，帮助国有重点煤矿摆脱亏损状况，又要履行对乡镇煤矿的行业管理职能，统筹规划乡镇煤矿的发展，做好对乡镇煤矿的监督检查工作。在多项任务代理的委托代理关系中，委托人提供的激励契约指导着代理人分配自己的精力和风险，每项代理任务的激励契约的改变都会促使代理人调整自己的行为。因此，在多任务委托代理关系中，实行诸如固定工资制这样的独立于代理人绩效表现的激励计划是最优的激励契约，它能够诱使代理人均衡地分配自己的投入。① 不过，煤炭供应的长期短缺以及国有重点煤矿与煤炭工业部之间的“父爱主义”联系，使得煤炭生产和国有重点煤矿的发展成为煤炭工业部门工作考核的重点，进而成为煤炭工业管理局官员追求职位产权收益最大化的努力方向。与注重煤炭产量考核相比，煤矿安全事故的发生具有较大的偶然性，受到多种因素的影响，很难对煤炭工业部门的官员行为和能力做出较为准确的判断。

一方面，我国煤炭供应长期处于短缺状态，这导致利用一切方式尽可能地提高煤炭产量就成为各级政府和煤炭工业部门重点考核的内容，煤炭生产任务不能按时完成就意味着煤炭工业部门官员的失职，并要承担相应的责任。例如，在20世纪80年代初期，当时的煤炭工业部部长就因为没有完成1981年前7个月的煤炭生产计划，在1981年8月18日召开的全国统配煤矿生产会议上带头做了自我批评。即使煤炭行业在中华人民共和国成立初期就确立了“安全第一”和“预防为主”的安全生产原则，但是这些指导方针因被认为与煤炭产量的提高相冲突而缺乏相关的制度支撑，煤炭工业部门并没有建立稳定和完善的安全管理法律体系。由于被看做提高煤炭产量的障碍因素，煤炭工业部门负责安全生产的机构在中华

① Bengt Holmstrom, Paul Milgrom. Multitask Principal-Agent Analysis: Incentive Contracts, Asset Ownership, and Job Design. JLEO, 1991: 7, 26.

人民共和国成立以后多次被废除。1983年，煤炭工业部颁布了《煤矿安全监察条例》，把安全任务的执行指定给煤炭工业部的监察部门、省一级的安全监察局、国有煤矿的安全监察处和县一级的安全监察科。可是，这种监察体系在1988年的政府机构改革中又被调整，直到1993年煤炭工业部重新成立，才在煤炭工业部以及各省区的煤炭工业管理局专门设立了负责安全监察的安全监察司和安全监察局。这种煤矿安全监察体系直到1999年前并没有发生很大变化。煤矿安全管理机构的频繁变更使履行煤矿安全管理工作的官员很难安心本职工作，安全问题的责任链变得很不清晰。煤炭工业部门负责安全监察工作的机构都是相应层级上负责煤炭生产的工作部门的下属单位，缺乏安全监察所需要的必要权威和自主权，这是1993年后形成的煤矿安全监察体系的显著特点。一旦煤炭产量不能满足市场需求或煤炭价格上涨，迫于主管煤炭生产的煤炭工业管理局官员和追求地方经济增长的地方官员压力以及自身对职位产权收益最大化的追求，煤矿安全监察工作就会受到相应的干扰，难以正常开展工作。“提高产量”与“维护安全”的代理任务之间的冲突使配置资源的交叉补贴现象出现在煤炭工业部门，即更多的资金、更充足的时间和经验更丰富的专业人员都被安排于煤炭生产经营领域。①

另一方面，煤炭工业部门与国有煤矿之间的“父爱主义”以及煤炭工业部门与其他相关部门间的权限冲突导致乡镇煤矿只能在煤炭工业部门的管理职责中处于一种边缘地位，即使1986年乡镇煤矿的行业管理职能应该由煤炭工业部门来行使。虽然煤炭工业部门承担着对乡镇煤矿行业管理的职能，但是这种行业管理主要限于宏观调控方面，煤炭工业部门既不能有效解决乡镇煤矿与国有重点煤矿之间的资源纠纷问题，又不能对乡镇煤矿的安全生产实行有效的监管。在煤炭工业部门看来，帮助国有重点煤矿摆脱亏损局面，减少中央政府的政策性补贴，提高国有重点煤矿的产量成为煤炭工

---

① 中国社会科学院环境与发展研究中心课题组．国家风景名胜资源上市的国家利益权衡．数量经济技术经济研究，1999（10）．

业部门面临的重要任务和考核的主要内容。换句话说，这种管制最大的一个特点就是，法律授权的行政管制者同时又是行业的主管部门，甚至是原有企业的老板。① 为了保障国有重点煤矿的利益，煤炭工业部门通常不能保持管制者应该具有的独立性，对乡镇煤矿的办矿申请百般刁难，延缓申请者的办证时间，从而使得乡镇煤矿不得不通过私下交易的方式完成办矿手续或者直接非法开采煤炭资源。

在煤炭工业部门承担的多种代理任务中，宏观的政治和经济环境使得煤炭工业部门在建立之初就形成了一种"生产导向"和"维护国有重点煤矿权益"的使命感和责任感。在詹姆斯·Q. 威尔逊看来，组织的使命感能够激发组织成员的工作热情，减少组织工作中的"偷懒"现象。② 与此同时，组织的使命感通常也会促使组织成员排斥那些不属于组织使命感范围内的组织任务，那些不属于组织文化范畴的任务与属于该组织文化范畴的任务相比，投入的精力和财力要少一些。③ 煤矿的安全生产以及对乡镇煤矿的管制自然也就受到了煤炭工业部门这种使命感和责任感的影响，煤炭工业部门因而形成了一种"重盈利活动轻安全"以及"重国有轻非国有"的工作安排，而这种行为选择显然会以损害社会整体经济福利为代价，改善局部经济福利。与此相对应，煤炭工业部门的官员在完成国家下达的煤炭生产任务和改善国有重点煤矿的生产经营状况方面能够体验到相应的成就感，而煤矿企业的安全监察以及对乡镇煤矿的管理在20世纪90年代长期处于一种被忽视的地位，承担这种代理任务的人员并不能够因为工作出色而受到各种奖励，促进自身的职位产权收益最大化。

---

① 张昕竹．中国规制与竞争：理论和政策．社会科学文献出版社，2000：28.

② ［美］詹姆斯·Q. 威尔逊．美国官僚政治——政府机构行为的动因．张海涛，译．中国社会科学院出版社，1995：116-120.

③ ［美］詹姆斯·Q. 威尔逊．美国官僚政治——政府机构行为的动因．张海涛，译．中国社会科学院出版社，1995：121.

第三节　小　　结

本章以地方政府官员对职位产权收益的追求为研究出发点，在委托代理框架下分析了中央政府和地方官员间的利益竞争、同级地方官员间的“政绩”竞争以及多委托人管制等委托代理关系问题对乡镇煤矿管制政策执行中的交易成本的影响，揭示了乡镇煤矿管制政策出现“政策执行鸿沟”的内生机制，其中的一些内生机制至今仍在影响着乡镇煤矿管制政策的执行效果。

第五章

乡镇煤矿管制政策执行治理结构的选择（1998—2006年）

从1993年开始，近六年的乡镇煤矿管制并没有给中央政府带来期望的效果，而从1998年开始，受经济增长波动的影响，我国能源供需结构发生了根本性变化，包括煤炭在内的能源出现了全面过剩。煤炭市场依旧疲软，煤炭供大于求，国有重点煤矿的生产能力没有得到充分利用，乡镇煤矿依然是煤炭市场的主力，其非法开采、低价竞争等行为严重干扰了国有重点煤矿正常的生产经营活动，乡镇煤矿生产百万吨死亡率仍然居高不下。1998年1～9月，国有重点煤矿由于煤炭销售量和价格下降减少收入67.3亿元，亏损额达到37.5亿元，国有重点煤矿闲置能力达9000万吨。① 国有重点煤矿出现了许多工人因不能正常领取工资而集体上访的事件，严重影响了煤区的正常生产和社会稳定，乡镇煤矿管制不仅仅是有关经济发展的问题，而且成为一种关系到政治稳定和社会发展的政治问题和社会问题，关系到中央政府在九届人大一次会议上提出的在三年内实现大多数大中型国有企业扭亏为盈目标的实现。在中央

---

① 成家钰．全国关井压产文件资料选编．煤炭工业出版社，1999：40.

政府看来，乡镇煤矿清理整顿不力的主要问题在于地方政府背离了中央政府的政策意图，从地方利益出发，盲目追求政府职位产权收益。为了扭转管制政策执行的被动局面，改善煤炭市场的产业结构和控制乡镇煤矿安全生产形势恶化的局面，中央政府从1998年开始，在政策执行治理结构方面进行了一系列调整，寄希望于通过治理结构的调整来减少“政策执行鸿沟”现象。政策执行治理结构的调整被看做改变了地方政府的行为选择集，约束了地方政府的自由裁量权，使地方政府官员追求职位产权收益的行为选择朝着有利于中央政府的方向发展。

在委托代理关系中，如果委托代理双方之间存在利益一致或信息对称的特征，那么委托人几乎不用投入任何交易成本，代理人将主动履行委托人交付的任务。然而，利益一致和信息对称更多的只是委托代理关系的一种例外，而非常见现象。为了保证代理人更好地履行委托人所交代的任务，一方面，委托人需要通过各种激励契约的选择，激发代理人的积极性，减少“偷懒”和“卸责”行为；另一方面，委托代理双方之间的信息不对称使得委托人需要对代理人施加必要的监督和控制，制约其机会主义行为。前者就构成了促进代理人行为的动力型治理结构，后者则成为化解代理人消极行为的约束型治理结构。这两种类型的治理结构都包含着大量可供选择的具体的治理结构，本书所区分的四种政策执行治理结构也可以分别归属于这两种类型。作为理性的行动者，中央政府在选择治理结构的过程中，也将遵循“节约交易成本和追求效率”的治理原则。本书第二章有关政策执行治理结构选择的行为假设将在本章得到检验，以验证中央政府的选择是否符合节约交易成本的指导思想。本章由四部分组成：第一部分主要验证有关动力型治理结构的两个假设，即“去分权化”假设和“激励制度”调整的假设；与约束型治理结构有关的假设将在第二部分得到验证；第三部分将对政策执行治理结构选择的效果做出初步评价；对全章的小结则安排在第四节。

第一节 动力型政策执行治理结构的选择

一、政策执行的“去分权化”选择

出于追求职位产权收益最大化的考虑，地方政府间的竞争使乡镇煤矿管制陷入了“囚徒困境”，非法乡镇煤矿得不到有效关闭，煤矿生产安全没有受到地方政府应有的重视。乡镇煤矿屡禁不绝的伤亡事故促使中央政府将煤矿生产安全管理机构的体制变革提上议事日程。1999年3月，时任国务院总理朱镕基和副总理吴邦国对煤矿生产安全形势恶化问题相继作出了重要批示，认为“必须改革当前的煤矿安全保障体制”。① 经过一系列的调研和论证之后，朱镕基在1999年12月批准了中编办、国家经贸委和国家煤炭工业局联合拟定的《煤矿安全监察管理体制改革方案》。基于该方案的基本精神，中央政府改变了原有的煤矿生产安全管理体制，成立由国家经贸委直接管理的国家煤矿安全监察局②，负责全国煤矿的安全事务，关闭不符合基本安全生产条件的乡镇煤矿成为国家煤矿安全监察局的重点工作，力争在5~10年的时间里使我国煤矿生产安全状况达到世界主要产煤国家水平。③ 国家煤矿安全监察局的成立改变了乡镇煤矿管制政策的实施主体，提高了管制机构的独立性，摆脱了管制机构对地方政府的工资、人事等方面的依赖，使管制政策朝着有利于中央政府利益的方向实施。具体而言，通过“去分权化”而成立的国家煤矿安全监察局具有以下几个方面的鲜明特征：

第一，中央政府拥有了独立于地方政府的执行乡镇煤矿管制政策的机构，对国家煤矿安全监察局实行垂直管理，国家煤矿安全监

---

① 张宝明．中国煤炭工业改革与发展．煤炭工业出版社，2002：177.

② 2003年，国家煤矿安全监察局成为国务院的直属机构。

③ 张宝明．依法强化监督实现煤矿安全状况稳定好转．煤炭企业管理．2000（6）．

察局的人员编制和办公经费全部来源于中央政府，这种治理结构的调整实际上类似于企业生产过程中的“自制还是外购”的决策。如果企业亲自生产某种产品的交易成本低于产品“外购”产生的交易成本，那么“自制”将是企业节约交易成本的最佳选择。中央政府这次政策执行治理结构的调整将有助于减少用于激励和监控地方政府行为的交易成本，最大限度地降低地方政府对煤矿安全监察工作的干扰程度，解决“集体行动困境”引发的煤矿安全生产形势得不到有效控制的问题。① 改革后的国家煤矿安全监察体系由国家煤矿安全监察局、20个省级煤矿安全监察局以及71个煤矿安全监察办事处三个层次组成，一共拥有2800多名煤矿安全监察员。②《煤矿安全监察员管理办法》第五条规定，“煤矿安全监察员由国家煤矿安全监察机构确认，并颁发煤矿安全监察员证”，因此，这2800多名煤矿安全监察员都属于中央政府雇员，由中央政府直接任免，地方煤矿安全监察机构的任何调整和变动都由国家煤矿安全监察局提出建议，经中央编办与全国人大批准后实行。省级煤矿安全监察局由国家煤矿安全监察局直接领导，要求不折不扣地执行国家煤矿安全监察局部署的各项任务，地区煤矿安全监察办事处是直接履行安全监察任务的基层机构，办事处工作的好坏直接影响到煤矿安全监察工作的整体形势。

为了保证地区煤矿安全监察办事处的经费开支和独立性，中央政府严厉禁止各省煤矿安全监察局与办事处争夺人员编制和资金，地方官员也不能将自身的某些职能委托给办事处执行。这种管理体制不同于以前的煤炭工业管理部门的管理方式，虽然16个省级煤炭工业管理局由中央政府直接管理，但是煤炭工业管理局的工作人员大多数是地方政府雇员，仍由地方各级政府直接管理，煤炭工业

---

① 如果将中央政府和地方政府看成“集体行动者”的话，那么中央政府独自承担“煤矿安全监察”任务也符合奥尔森所谓的“选择性激励”的作用，将享受由此带来的大部分收益，主要是政治和社会稳定、改善国际形象等无形收益。

② 《煤矿安全监察管理体制改革方案》中只有拟成立煤矿安全监察局的19个省区名单，实际上江苏省也成立了煤矿安全监察局。

管理部门经费不足以及省级煤炭工业管理局与下属单位争夺各种资源的现象比较突出，这就导致煤炭工业管理局对地方政府的依赖性，弱化了中央政府的委托人地位。煤矿安全监察体制的一系列变革虽然并没有改变煤矿安全监察部门面临多个委托人的境况，却在人事任用、经费保障等方面强化和突出了中央政府的委托人地位，提高了中央政府对煤矿安全监察部门官员的职位产权收益影响。煤矿安全监察部门官员的职位产权收益与中央政府的利益得失紧密联系在一起，从而会更加忠实地履行中央政府的乡镇煤矿管制政策。依据煤矿安全监察的相关法律法规，国家煤矿安全监察人员可以在任何时间进入任何煤矿进行检查，而不用事先通知。它们可以检查采矿设备、工具和涉及劳动保险的文件，以保证其合乎国家标准。在检查期间，它们可以判定煤矿经营者是否遵守了安全标准，并对违法违规行为做出相应的处罚。

为了减少各产煤省区煤矿安全监察管理体制不统一对整体煤矿生产安全的影响，国家煤矿安全监察体制在2005年得到了进一步调整和强化，按照中央政府颁布的《国务院关于完善煤矿安全监察体制的意见》的文件精神，湖北、福建、广东、广西和青海五省被纳入中央政府直接管理的煤矿安全监察体制，省级煤矿安全监察局也随之增至25个。与此同时，地区煤矿安全监察办事处也更名为煤矿安全监察分局。截至目前，国家煤矿安全监察局共拥有25个省级煤矿安全监察局和71个煤矿安全监察分局，如表5-1所示。

表5-1 **各地煤矿安全监察机构一览表**

直属局	监察分局
河北煤矿安全监察局	邯郸、冀中、冀东、张家口
山西煤矿安全监察局	太原、大同、阳泉、长治、临汾、吕梁
内蒙古煤矿安全监察局	乌海、包头、赤峰、呼伦贝尔
辽宁煤矿安全监察局	辽东、辽北、辽西、辽南
吉林煤矿安全监察局	辽源、白山、延边

续表

直属局	监察分局
黑龙江煤矿安全监察局	哈南、鹤滨、哈东、佳合
江苏煤矿安全监察局	徐州
安徽煤矿安全监察局	淮南、淮北、皖南
江西煤矿安全监察局	赣西南、赣中、赣东北
山东煤矿安全监察局	鲁东、鲁西、鲁南、鲁中
河南煤矿安全监察局	郑州、豫西、豫北、豫南、豫东
湖南煤矿安全监察局	娄底、郴州、衡阳、常德
重庆煤矿安全监察局	渝中、渝南、渝东
四川煤矿安全监察局	攀西、川南、川北、川西
贵州煤矿安全监察局	林东、水城、盘江、遵义
云南煤矿安全监察局	曲靖、大理、红河
陕西煤矿安全监察局	铜川、渭南、渝林、咸阳
甘肃煤矿安全监察局	兰州、陇东
宁夏煤矿安全监察局	银北、银南
新疆煤矿安全监察局	北疆、南疆
	北京煤矿安全监察分局
	新疆生产建设兵团煤矿安全监察分局
福建煤矿安全监察局	
湖北煤矿安全监察局	
广东煤矿安全监察局	
广西煤矿安全监察局	
青海煤矿安全监察局	

资料来源：参见中国安全生产报（2005 年 2 月 3 日）。

第二，国家煤矿安全监察局的成立使得“安全第一，预防为主”的安全方针和组织使命感得到了强化。以前的煤炭工业管理部门承担着多种代理任务，各种代理任务对应着不同的组织文化和组织使命感，造成了组织使命感之间的冲突。长期以来，“生产第一”的组织使命感在煤炭工业管理部门占据了主导位置，安全监察在煤炭工业部门中处于一种边缘地位，不仅安全监察机构的地位和级别不高，负责安全监察工作的部门官员很难得到晋升的机会，而且安全监察机构还根据煤炭生产形势的需要而不断调整，这些都导致从事安全监察工作的人员缺乏一种职业认同感，从事安全监察的积极性不高，难以从根本上遏制煤矿安全生产形势恶化的势头。煤炭工业管理部门的这种弊端也被中央政府所认识，“（煤矿安全管理）这种体制，过去为保障煤矿安全生产发挥了应有的作用。但也存在许多弊端，主要是安全监察与安全管理不分，执法监察的力度不够，权威性不大”。① 一旦组织承担的主要任务对其他附属性任务造成影响，那么将主要任务和附属性任务分别交给两个不同的组织将是化解组织使命感之间冲突的可行途径。在詹姆斯·Q. 威尔逊看来，“碰到这种情况（注：指组织任务之间的冲突），明智的人往往分出一部分工作转托别家，或者干脆交给一个专门为此而设立的全新机构”。② 国家煤矿安全监察局独自承担煤矿生产安全监察的工作无疑会有助于在组织内部培养“安全第一”的组织文化和组织使命感，这种使命感一旦建立起来，就会被安全监察员自觉遵守和认同，转化为一种内在的行为动力，在很大程度上使安全监察员的行为不受激励和约束制度变化影响，乡镇煤矿管制的交易成本将因此而得到极大节约。培养国家煤矿安全监察局“安全第一，预防为主”的组织使命感成为中央政府克服组织成员“偷懒”和“卸责”问题的主要途径，能够改变组织成员对职位产权收益的评判标准，组织成员从安全监察中获得的精神满足感和荣誉感将超过可能获取的物质收益。

国家煤矿安全监察局的主要使命包括：研究拟定煤矿安全生产工作的方针、政策，组织起草有关煤矿安全生产的法律、法规草案，制定煤矿安全生产规章、规程，拟定煤炭工业安全标准，提出保障

① 《中国煤炭工业年鉴》编委会．中国煤炭工业年鉴（2000）．煤炭工业出版社，2001：70.

② ［美］詹姆斯·Q. 威尔逊．美国官僚政治——政府机构行为的动因．张海涛，译．中国社会科学院出版社，1995：442.

煤矿安全的规划和目标；负责组织调查处理煤矿重、特大事故，发布全国煤矿安全生产信息；组织煤矿使用的设备、材料、仪器仪表的安全监察管理工作和煤矿建设工程安全设施的设计审查和竣工验收工作；组织、指导煤炭企业安全生产技术培训，负责煤炭企业主要经营管理者安全资格认证工作；监督、检查煤矿职业危害的防治工作；组织、指导和协调煤矿救护队及其应急救援工作等。①

与以往的煤矿安全监察员不同的是，国家煤矿安全监察员都具有一定的任职资格和专业技能要求，直接从事煤矿安全监察工作的人员要求具有安全生产、安全管理、安全监察的经验以及采煤、通风、排水等方面的专业知识，专业技术人员占地区煤矿安全监察员的比例不得低于80%。② 对煤矿安全监察员专业任职资格的要求意味着在一定程度上提高了煤矿安全监察员的人力资本专用性，限制了煤矿安全监察员的流动性，因为将这种适用于特定场合的人力资本用于其他工作环境，可能会出现相应的资本贬值，除非这种流动不至于降低人力资本价值提供的收益，从而明确了煤矿安全监察员的职业发展方向。人力资本专用性的提高能够在中央政府和煤矿安全监察员之间建立起比较密切的依赖关系，而这有助于提高煤矿安全监察的效率，实际上也表明中央政府不能将煤矿安全监察工作委托给独立于自己的其他组织和人员来执行。然而，这些人员往往具有多种工作背景，既有国家煤炭工业局的官员，也有来自劳动部、国家经贸委等相关部委的人员，国有重点煤矿的管理人员也占据了一定的比例，毫无疑问，这些人员在处于新的工作环境中时，原有的价值观念和组织使命感仍然会或多或少地对其行为产生影响。当时的国家煤矿安全监察局局长张宝明就深刻认识到了原有的组织价值观念对安全监察工作带来的影响，在他看来，“省级煤矿安全监察局是行政执法机构，不同于过去的煤矿安全管理部门，更不是省

---

① 《中国煤炭工业年鉴》编委会. 中国煤炭工业年鉴（2000）. 煤炭工业出版社，2001：70.

② 张宝明. 依法强化监督实现煤矿安全状况稳定好转. 煤炭企业管理，2000（6）.

煤管局的翻牌，不再负有行业管理的职能，不能套用原来的那种工作模式，必须在思想观念和工作职能上，进行彻底的转变”。①

组织的创立时期通常是组织使命感培养和建立的最佳时机，国家煤矿安全监察局一经成立，中央政府就将培训作为培养安全监察人员组织使命感的重要途径，培训成为“建立安全监察工作运行机制的需要”，国家煤矿安全监察局决定在机构成立后的一年之内完成对省级和地区安全监察机构监察员的培训，2000 年 7 月和 8 月就先后完成了两批共 416 名安全监察员的培训工作。在培训过程中，培训者注重加强安全监察员对组织使命感的认同，使他们切实感受到自身工作的重要性和责任重大，明确自身的职业发展规划，将煤矿安全监察工作看做一种“神圣的使命”，把自己看做“煤矿工人生命安全的保护者，国家煤炭行业国际形象的改善者”。时任国家经贸委主任盛华仁在一次全国煤矿安全监察会议上，用诚恳的话语对煤矿安全监察员的工作提出了殷切的希望，请安全监察员们“加强安全设施的监督监察，要督促煤矿把设施搞上去”，否则“政治上也交代不过去”。②

第三，国家煤矿安全监察局成立之前，乡镇煤矿的安全监察和管理权限分散在劳动部、农业部和国家经贸委等中央政府部门手中，从而导致了煤炭资源使用过程中的“反公共地悲剧”现象。在追求短期利益的考虑下，乡镇煤矿主对煤炭资源进行了过度开采和利用，并借助于贿赂和权钱交易等非法手段实现了煤炭资源使用产权的“统一”。黑勒教授认为，通过重新集权将产权聚集在某个决策者手中是解决“反公共地悲剧”的主要途径③，但这种“官商结合”形成的一致性产权显然不符合相关法律法规的要求，进而导致乡镇煤矿整顿在地方保护主义的背景下难以取得实质性成

① 《中国煤炭工业年鉴》编委会．中国煤炭工业年鉴（2001）．煤炭工业出版社，2002：55.

② 《中国煤炭工业年鉴》编委会．中国煤炭工业年鉴（2001）．煤炭工业出版社，2002：53.

③ Michael A Heller, The Tragedy of the Anticommons: Property in the Transition from Marx to Markets. Harvard Law Review, 1998 (3): 640.

果。国家煤矿安全监察局的成立则使分散的乡镇煤矿管理尤其是乡镇煤矿安全监察的权力得到了统一和集中，这就是黑勒教授所谓的实现“碎片化”产权统一的正规途径。① 煤矿安全监察权力统一之后，国家煤矿安全监察局就细化了煤矿安全监察的程序，包括收集在产煤矿的数据和与工作有关的伤亡数据、对每个煤矿进行定期检查、调查违法行为和施加惩罚等内容。为了更好地支持国家煤矿安全监察工作和乡镇煤矿管制，中央政府还在建立和完善有关乡镇煤矿管制的法律法规方面进行了更为细致的工作。这些制度化措施都有助于提高乡镇煤矿管制的力度和进度，将乡镇煤矿清理整顿工作更好地纳入法制化管制的轨道（见表 5-2）。

表 5-2　**1998 年后出台的与煤矿安全监察有关的部分法律法规及规章**

序号	制度	发布时间	主要内容
1	《中华人民共和国职业病防治法》	2001 年 10 月 27 日	规定了企业关于安全和健康方面的工作环境的责任
2	《中华人民共和国安全生产法》	2002 年 6 月 29 日	首部强调工作场所安全的基本法律，明确规定了安全生产及其监督管理的相关内容
3	《中华人民共和国煤矿安全监察条例》	2000 年 11 月 7 日	为在煤矿行业进行安全监督和检查提供了法律依据，明确了煤矿安全监察机构的权限、责任和内容
4	《中华人民共和国安全生产许可证条例》	2004 年 1 月 13 日	依据《中华人民共和国安全生产法》的相关规定，对矿山企业、建筑施工企业等实行安全生产许可证制度。煤矿企业应该以矿（井）为单位，在申请领取煤炭生产许可证前，按规定取得安全生产许可证，安全生产许可证的有效期为 3 年

① 但这次的调整并没有根本改变煤炭资源使用中的“反公共地悲剧”现象，“九龙治煤”是对现阶段这种现象的最好注释。

续表

序号	制度	发布时间	主要内容
5	《中华人民共和国煤矿职工伤亡事故报告和调查处理暂行规定》	2000年6月19日	规定了煤矿伤亡事故报告和调查的基本程序
6	《中华人民共和国煤矿安全监察专用设备管理暂行办法》	2001年4月29日	加强和规范煤矿安全监察专用设备的管理
7	《中华人民共和国煤矿矿用产品安全标志管理暂行办法》	2001年11月26日	明确了煤矿矿用产品安全标志管理的基本方式
8	《中华人民共和国安全生产违法行为行政处罚办法》	2003年5月19日	明确了对违法违规企业施加行政处罚的程序
9	《中华人民共和国煤矿安全监察员管理办法》	2003年6月13日	具体规定了国家煤矿安全监察员的权限、职责等
10	《中华人民共和国煤矿安全监察行政复议规定》	2003年6月20日	明确了对煤矿安全监察机构具体行政行为提出行政复议的相关内容

续表

序号	制度	发布时间	主要内容
11	《中华人民共和国煤矿安全监察行政处罚办法》	2003 年 7 月 2 日	规定了国家煤矿安全监察机构施加行政处罚的条件和内容
12	《中华人民共和国煤矿安全生产基本条件规定》	2003 年 7 月 4 日	明确了煤矿安全生产的基本条件，煤矿应当依法取得采矿许可证、煤炭生产许可证、营业执照、煤矿矿长资格证和矿长安全资格证。
13	《中华人民共和国煤矿企业安全生产许可证实施办法》	2004 年 5 月 17 日	细化了煤矿企业安全生产许可证颁发的管理工作
14	《中华人民共和国煤矿安全培训监督检查办法》	2005 年 9 月 26 日	规定了煤矿安全培训的基本内容

二、激励方式的选择

（一）分权式的激励方式

前面的分析表明，中央政府和地方政府之间的利益竞争是乡镇煤矿清理整顿效果不佳的主要缘由。中华人民共和国成立以来，煤矿一直实行的是“条块”分割的分级管理体制，国有重点煤矿和包括乡镇煤矿在内的地方煤矿分别由中央政府和地方政府管理，其所得税收入分别上缴中央和地方财政。在这种“条块”分割的管理体制下，中央政府将获得乡镇煤矿清理整顿产生的正外部性，减少中央财政对国有重点煤矿的亏损补贴，提高国有重点煤矿的市场份额，地方政府可支配的财力将随着大量乡镇煤矿的关闭而减少，进而影响地方官员职位产权收益最大化的实现。

在委托代理关系中，要保证代理人行为与委托人的目标大体一致，有强制、劝说和交易三种途径。相对而言，交易的方式——委托人向代理人提供合理的激励契约，使代理人在追求自己利益的同时也实现和增进委托人的利益——所耗费的交易成本要低于强制和劝说的方式，也更富有成效。在以往针对乡镇煤矿的多次清理整顿过程中，中央政府通常过多地运用强制和劝说的方式，要求地方政府具有大局观，正确处理长期利益与短期利益，整体利益和局部利益之间的关系，但是这两种方式的运用并没有强化地方政府对中央政府利益的认同。中央政府对“条块分割”体制导致的“激励困境”也有着清醒的认识，认为“这些年，国有大矿、地方矿和乡镇煤矿之间出现的争资源、抢运力、挤市场，以及由此而产生的各种矛盾纠纷，其中管理体制不顺是一个重要原因”。① 在这种“条块分割”的管理体制下，中央政府和地方官员关注的重点和考虑的问题并不一样，国有重点煤矿效益的好坏对地方官员职位产权收益的影响不大。

为了尽快解决乡镇煤矿管制中出现的“政策执行鸿沟”现象，促进国有重点煤矿生产经营效益的好转，中央政府在 1998 年颁发了《关于改革国有重点煤矿管理体制有关问题的通知》，决定从 1998 年 7 月起，将原煤炭工业部直属和直接管理的 94 户国有重点煤矿以及原随煤矿一起上收、为煤矿服务的地质勘探、煤矿设计、基建施工、机械制造、科研教育等企事业单位，转交给地方政府管理。国有重点煤矿管理体制的这次重大变革实际上意味着中央政府对激励契约的重新选择，通过向地方政府让渡国有重点煤矿的收益权来换取地方政府对乡镇煤矿管制政策的支持，从而满足了“激励相容”的原则。这是因为随着国有重点煤矿的下放，地方政府的经济发展状况以及地方官员的职位产权收益与国有重点煤矿的生产经营效益有着密切联系，一旦国有重点煤矿效益不佳，地方政府将直接面对国有重点煤矿工人下岗失业、煤矿企业破产关闭等问

---

① 成家钰．全国煤矿行业关井压产文件资源选编．煤炭工业出版社，1999：32.

题，这就打破了地方政府与地方煤矿尤其是乡镇煤矿之间的利益纽带关系，地方官员不得不权衡国有重点煤矿效益不佳和关闭乡镇煤矿分别对自己的职位产权收益产生的影响。当时的四川省委书记就指出，“不能为了小矿利益而牺牲大矿”。

国有重点煤矿的下放虽然有助于缓解中央政府和地方政府在清理整顿乡镇煤矿过程中的利益冲突，但是国有重点煤矿自身的生产经营困境和债务包袱却使得地方政府对接收国有重点煤矿心存疑虑，并在一定程度上将国有重点煤矿的下放看做中央政府“甩包袱”的举措。因此，为了推动国有重点煤矿的顺利下放，中央政府仍然继续执行以往对国有重点煤矿的支持政策，如中央财政对国有重点煤矿的亏损补贴、增值税定额返还以及对国有重点煤矿的转产贴息贷款等优惠政策①都得以保留。

国有重点煤矿的下放促使乡镇煤矿管制产生的收益被“内部化”了，理顺了中央政府和地方政府间的利益关系，在很大程度上解决了地方官员清理整顿乡镇煤矿激励性和参与性不足的问题。从 1998 年 8 月 1 日起，国有重点煤矿的企业所得税收入属于地方政府可支配的财力，国有重点煤矿缴纳的税收越多，亏损额越小，则地方政府可支配的财力越充足，而这又取决于国有重点煤矿的市场前景和地方政府的态度。与乡镇煤矿相比，国有重点煤矿在生产规模、技术力量和安全生产条件等方面都具有相当大的优势，而纵容乡镇煤矿的盲目发展却使得地方官员有被中央政府查处的政治风险，而且乡镇煤矿提供的收益具有不稳定性。出于对职位产权收益最大化的考虑，地方官员不仅重视对乡镇煤矿的清理整顿，而且还关心国有重点煤矿生产经营效益的改善，毕竟国有重点煤矿经营效益的改善能够使地方政府获取更多的收益，能够更好地显示地方官员促进经济发展的能力，因而，国有重点煤矿经营状况的好转具有“信号传递”的作用，有助于提高地方官员的职位产权收益。为了推动国有重点煤矿早日摆脱亏损状况，地方政府都相应地出台了各种扶持政

① 参见《国务院关于改革国有重点煤矿管理体制有关问题的通知》（1998 年 7 月 3 日）。

策。河南平顶山煤业（集团）有限公司下放给河南省管理之后，河南省主要领导就将其列为河南省“十大企业”之一，并给予了一系列优惠政策。当该公司的资金周转出现问题之后，河南省政府很快就要求相关部门给其办理了5000万元的承兑汇票。鸡西、鹤岗、双鸭山和七台河等四个国有重点煤矿下放黑龙江省之后，省政府就成立了专门的煤炭工作领导小组，并制订了《全省国有重点煤炭企业改革脱困实施方案》，加强对小煤矿的关闭力度，控制煤炭的生产总量，一系列改革措施使得黑龙江省的四大国有重点煤矿在2002年就摆脱了亏损的局面。① 除了采取有效措施具体解决国有重点煤矿的生产经营困难外，地方政府还依托所在地的国有重点煤矿，统一规划煤炭资源的使用，实行以国有重点煤矿为主体的煤炭资源整合战略。1998年以来，河南省整顿煤炭生产秩序，解决煤矿规模小、数量多、监管困难等问题。从2004年起，河南省就在全国率先实行了煤炭资源整合，以省重点支持的7家大型煤炭骨干企业为依托，对45家地方国有煤炭企业、1569个小煤矿和72处煤炭资源探矿权实施了全面整合，将资源向国有骨干煤炭企业集中。河南省的煤炭资源整合战略使得河南省的小煤矿从5800多个减少到592个，国有煤矿摆脱了亏损局面，年盈利45亿元。②

显而易见，国有重点煤矿的下放改变了中央政府和地方政府之间的激励契约，“内部化了”乡镇煤矿管制的收益，使地方官员成为乡镇煤矿清理整顿政策的受益者和支持者，而不仅仅是政策的被动执行者。然而，国有重点煤矿的这次下放只限于省级政府，没有继续下放到相应的市和县级政府，这使得省以下各级政府仍然存在与所在地的国有重点煤矿的利益冲突，省以下各级地方官员仍然有发展和庇护乡镇煤矿的动机和冲动，而中央政府从2002年开始将企业所得税转变为“共享税”而非按照隶属关系缴纳则相应地缓

---

① 黑龙江四大国有重点煤矿扭亏脱困，http：//101. stock888. net/030214/100，101，72268，00. shtml.

② 河南整合煤炭资源成效显著 产量增加一亿多吨，http：//www. gov. cn/jrzg/2006-09/17/content_ 390809. htm.

解了这种利益冲突。更为重要的是，国有重点煤矿的下放改变了乡镇煤矿管制的委托代理链条，省级政府实际上成为乡镇煤矿清理整顿的推动者和委托人，这就减缓了乡镇煤矿清理整顿过程中的信息不对称问题。与中央政府相比，省级政府对辖区的各级地方官员的职位产权收益有着更为直接的影响，这也促使省级政府管制乡镇煤矿的政策更容易得到下级政府的执行。

（二）激励契约的平衡

多项任务的委托代理关系是中央政府和地方政府之间委托代理契约的主要特征，地方官员依据代理事项对其职位产权收益的影响程度来相应地分配需要投入的资源，而不是根据所掌握的资源来选择性地执行中央政策。换句话说，那些对地方官员职位产权收益有着重要影响的代理任务，即使中央政府不提供相应的资源，地方政府也要想方设法地去完成。那些对地方官员职位产权收益影响一般的代理事项，地方官员即使拥有充足的资源，也会将其挪作他用。代理任务对地方官员职位产权收益的影响主要体现在对地方官员的绩效考核指标体系中，绩效考核指标体系实际上构成了中央政府和地方政府之间的激励契约，成为地方官员行为的指示器。在“以经济建设为中心”的制度环境中，与经济发展的相关性就成为地方官员选择性执行中央政策的主要标准。在地方官员看来，乡镇煤矿的清理整顿在短期内会影响地方政府可支配的财力，不利于地方政府官员在职位晋升竞争中占据有利位置，有损于地方官员的职位产权收益。因而，乡镇煤矿的清理整顿就在地方官员承担的多项任务中处于次要地位，地方政府官员不会保证乡镇煤矿清理整顿政策的落实，而可能千方百计地为乡镇煤矿逃避管制创造有利条件。

在多项任务的委托代理关系中，一旦激励契约不能推动代理人均衡地分配资源和精力，那么就需要有意识地平衡激励契约，即相应地降低对其他代理任务的激励或者提高受到忽视的代理任务的激励程度，最终使得代理人比较均衡地分配自己的资源。有鉴于此，中央政府从 1998 年开始就逐步提高了对乡镇煤矿清理整顿工作的激励程度，层层落实乡镇煤矿清理整顿的领导责任制。由于县和乡镇政府是乡镇煤矿清理整顿工作的重心，当时的国务院副总理吴邦国就要求县、乡政府把关井压产作为今后一个时期的重点工作来抓，把关井压产的成效作为考核领导政绩的重要内容。① 随着激励程度的提高，地方政府自上而下地将乡镇煤矿的清理整顿工作列入对地方官员的考核之中，通过签订责任状和承包契约的方式加强乡镇煤矿清理整顿工作的力度，将乡镇煤矿管制的压力通过转型期的"压力型体制"层层传递到地方政府。地方政府官员没有完成规定的任务将受到相应的惩罚，以至于有地方官员戏言，"舆论监督不好使，行业管理也不好使，只有政府命令才好使"。表 5-3 简要地列举了一些地方政府对乡镇煤矿清理整顿工作的激励方式的转变。

虽然时任国务院副总理吴邦国要求将乡镇煤矿清理整顿工作纳入地方官员的政绩考核内容，并且得到了各级地方官员的回应和支持，但是激励契约的这次调整并没有给予制度化，以至于相当多的地方官员将其看做适应乡镇煤矿管制需要的应急之策，一旦煤炭市场行情好转，煤炭供应又趋于紧张的时候，对乡镇煤矿的清理整顿工作就会随之停顿下来，对煤炭产量的关注又会成为中央政府优先关注的事项。对于他们而言，抓住煤炭价格上涨的大好时机，推动本地区煤炭产量的提高，增加地方财政收入，促进地方经济发展才是"硬道理"和提高职位产权收益的保障。在这种追求"官僚效率"的指导思想下，湖南、重庆等十省市完成中央政府制定的 2005 年乡镇煤矿关闭指标的情况并不乐观。② 为了促使地方官员将乡镇煤矿的清理整顿当做一项长期工作来执行，加强对乡镇煤矿清理整顿工作的认识，根据国家安全生产监察管理总局、国家煤矿安全监察局等 12 个中央政府机构的意见，中央政府在 2006 年 9 月正式出台了《关于进一步做好煤矿整顿关闭工作的意见的通知》，

---

① 成家钰．全国煤炭行业关井压产文件资源选编．煤炭工业出版社，1999：20.

② 发改委要求十省市加快整顿煤矿，http：//news. xinhuanet. com/mrdx/2006-01/17/content_ 4062125. htm.

要求“把煤矿整顿关闭工作作为实现安全生产的一项重要举措列入地方各级人民政府工作目标，纳入政绩考核内容，把关闭煤矿的任务逐级分解，层层落实到市（地）、县（市）、乡（镇）人民政府”。① 激励契约的这次制度化变革将提高乡镇煤矿管制效果对地方政府官员职位产权收益的影响，并将这种影响常规化和正式化，实际上意味着地方官员在相当长的一段时期内都必须将乡镇煤矿的清理整顿作为常规性任务来完成，不能因为乡镇煤矿的清理整顿影响地方经济发展而选择性地执行中央政策。

表 5-3 **在关井压产期间部分地方政府对乡镇煤矿管制效果的绩效考核规定**

地方政府	主要内容
河南省	各有关部门要按照省关井压产领导小组的统一部署，采取措施，定期检查，逐级落实和签订工作目标责任书，责任到人，确保本部门按时完成关井压产工作任务。各产煤市、县（市、区）、乡镇政府都必须把这项工作列入政府重要议事日程，特别要强化县、乡两级政府的责任，把关井压产的成效作为考核领导政绩的重要内容。要建立各级主要领导负责制，层层分解责任目标
安徽省	各级要成立以分管负责同志挂帅的领导小组，并落实市长（专员）、县长、乡长（镇长）责任制，明确职责，一级抓一级
贵州省毕节地区	在逐级签订安全目标责任书的同时，各县、市和乡镇建立了领导干部包保责任制，使全区基本形成了行署领导包县、市，县、市领导包乡镇，乡镇领导包矿的“包保”网络
陕西省榆林市	严防关闭矿井死灰复燃，凡县区发现两处、乡镇发现一处非法生产或属“四个一律关闭”应关却未关的煤矿，对县、乡政府主要领导人给予行政处分

资料来源：根据河南、安徽、贵州、陕西省政府网站资料汇编而成。

① 社会上对于“少死人”能否成为衡量政绩的标准有着不同的意见。

第二节 约束型政策执行治理结构的选择

一、监督渠道的多元化

在信息不对称和目标不一致的委托代理关系中，加强对代理人行为的监督就成为委托人实现自身利益的有效途径之一。然而，监督活动只是对代理人行为的一种纠正，只能实现既定利益的转移，使本可以在信息对称或目标一致环境下实现的利益更多地向委托人倾斜。监督也意味着委托人在监督机构的建立、监督活动的开展以及代理人行为惩罚等方面需要承担一定的监督成本，只有在监督成本不高于监督活动产生的收益的情况下，委托人才有进行监督的动力。因此，尽量选择节约监督成本的监督方式就成为委托人的理性选择。就此而言，西方研究者利用交易成本理论分析了国会监督行政官僚的方式。在他们看来，国会对官僚行为的监督存在着“警察巡逻”监督和“火警”监督两种方式，“火警”监督能够将国会从繁重的听证和审查官僚行为的活动中解脱出来，并能产生不亚于“警察巡逻”监督的效果，成为国会更为偏爱的监督方式。① “警察巡逻”监督和“火警”监督虽然是针对国会和行政官僚之间的关系而言，但是其中所蕴涵的交易成本节约的思想却是选择监督方式的基础。那么，在乡镇煤矿管制过程中，中央政府又是如何权衡这两种监督方式的呢？

（一）“警察巡逻”监督方式

在转型时期，“警察巡逻”监督成为中央政府使用比较频繁的监督方式，督察组、巡视团和检查组则成为“警察巡逻”监督的主要形式，听取汇报、查阅资料、深入现场等成为督察组履行监督职能的主要方式。这些督察组和巡视团在思想、利益和组织等方面

---

① Mathew D. McCubbins, Thomas Schwartz. Congressional Oversight Overlooked: Police Patrols versus Fire Alarms. American Journal of Political Science, 1984 (2).

能够与中央政府保持高度一致，与地方政府之间存在较少的利益冲突和联系，因而成为中央政府了解地方官员行为动态的主要方式。在 1993—1998 年的乡镇煤矿的清理整顿过程中，为了推动地方官员贯彻落实中央政策，中央政府多次组织督察组和检查团深入乡镇煤矿清理整顿的现场。在 1998 年之后，这种监督方式成为中央政府了解地方政府行为信息的主要方式。总体而言，“警察巡逻”监督方式在 1998 年之后具有以下几个方面的特征：

（1）改变了督察方式。在以往的督察活动中，督察组的督察路线和对象都是依据地方官员的安排进行，地方官员对信息的披露掌握着主动权，督察组很难从地方官员的这种刻意安排中发现任何“蛛丝马迹”，督察工作难以取得实质性的效果。有鉴于此，督察组采取了“随机抽查”的方式，根据省区提供的检查名单，随机抽取几个乡镇煤矿，临出发才告诉随行人员和司机目的地。除此以外，督察组还采取了交叉监督的方式来加强督察的力度。中央政府的督察组通常是由中央政府部门的成员组成，并以小组的方式派往各个省区进行督察工作。虽然督察组是代表中央政府利益开展工作的，但是对于各个省区而言，它们对督察组的公正执法存在的疑问，担心督察组成员和被督察对象之间存在着某种“关系”，采取某种“共谋”行为，放松对相关省区的督察力度。中央政府就相应组织了省区之间的“交叉督察”来消除被督察对象的疑虑，在督察活动中，由于不能确保其他督察者也采取类似的“宽松”的督察方式，那么从代表本省区的利益出发，相应的督察者就会在督察过程中“找问题”和“挑毛病”。①

（2）保留和提高了监督频率。中央政府派出的督察组只能在短时期内集中对乡镇煤矿清理整顿工作在地方的开展情况进行检查和督促，这使得地方官员容易形成一套应付中央政府监督的有效策略，在中央政府督察组来之前，就提前通知相关的乡镇煤矿主停产或者采取“假关闭”行为，以应对中央政府的检查。针对这种情

① 参考国新办·国家安全生产监督管理局副局长梁嘉琨记者招待会答记者问的内容，http：//www. xinhuanet. com/zhibo/20031023/wz. htm。

况，中央政府有意识地加强了督察的频率，在一年之内多次组织相应的督察活动，提高对重点产煤省区和县乡的监督力度。国家督察组在河南省渑池县督察乡镇煤矿的清理整顿工作时，就通过“杀回马枪”的方式及时识破了地方官员的“欺骗”行为。1999—2002年，中央政府就组织了10次之多的大规模的督察活动，督察活动的发起主体不仅限于国家煤炭工业局和国家煤矿安全监察局，国家安全生产监督管理局、国务院安全生产委员会等也都成为督察活动的发起主体。① 督察活动之间都相应地具有连接性，往往一次督察活动刚结束，另一次督察活动就开始，这导致那些弄虚作假的地方官员始终处于极度紧张的工作状态。不仅如此，中央政府还及时公布了每次督察活动的结果，对清理整顿工作不力的省区进行通报批评，并出台了相应的整改通知或决定，而每次整改通知或决定的下发，则意味着又一次督察活动的开始。

2004—2006年中央政府出台的加强乡镇煤矿清理整顿的主要政策文件如表5-4所示。

表5-4 **2004—2006年中央政府出台的加强乡镇煤矿清理整顿的主要政策文件**

时间	文件名称	发布主体
2004年1月	《关于进一步加强安全生产工作的决定》	国务院
2004年5月	《煤矿企业安全生产许可证实施办法》	国家安全生产监督管理局
2004年10月	《关于加强煤矿安全生产工作的紧急通知》	国家煤矿安全监察局
2004年11月	《关于加强煤矿安全监督管理进一步做好小煤矿关闭整顿工作的意见》	国务院

① 为了加强全国安全生产的监督管理工作，中央政府在2001年先后成立了国家安全生产监督管理局和国务院安全生产委员会，国家安全生产监督管理局与国家煤矿安全监察局是“一套机构，两块牌子”，2005年，升格为国家安全生产监督管理总局。

续表

时间	文件名称	发布主体
2004 年 12 月	《关于立即开展煤矿安全生产大检查的紧急通知》	国务院安全生产委员会
2005 年 2 月	《关于开展煤矿安全生产大检查的通知》	国务院安全生产委员会
2005 年 6 月	《关于严厉打击煤矿违法生产活动的通知》	国家安全生产监督管理总局等
2005 年 7 月	《关于煤矿安全生产许可工作的紧急通知》	国家安全生产监督管理总局等
2005 年 8 月	《关于坚决整顿关闭不具备安全生产条件和非法煤矿的紧急通知》	国务院办公厅
2005 年 9 月	《关于预防煤矿生产安全事故的特别规定》	国务院
2005 年 11 月	《关于做好整顿关闭不具备安全生产条件和非法煤矿及信息发布工作的通知》	国家发改委
2005 年 12 月	《关于落实关闭不具备安全生产条件煤矿数量目标的通知》	国家安全生产监督总局
2006 年 10 月	《关于进一步做好煤矿整顿关闭工作意见的通知》	国务院办公厅
2006 年 10 月	《关于开展煤矿整顿关闭工作督察的通知》	国务院安全生产委员会

（3）加强了责任追究力度。责任追究也是一种事后监督方式，是对被监督对象行为的事后检查、评价和追认。在委托代理关系

中，监督机制作用的发挥是建立在委托人对代理人“偷懒”和“卸责”行为进行惩戒的基础之上的，如其不然，监督就不能发挥约束代理人行为的作用。依据代理问题的严重性，对代理人施加不同惩戒，除了能够让代理人尽可能地弥补其行为产生的负外部性外，还能够改变代理人对行为的预期成本和收益的计算和行为的选择空间，使其相信委托人发出的威胁信号是“可信的”。一旦认识到不服从行为会导致委托人的惩戒，代理人将会主动服从委托人的利益和要求，将其作为自身行为的内在要求。换句话说，如果责任追究对代理人施加的惩戒成本超过了代理人从投机行为中获取的利益，使其在任何条件下的理性行为选择都遵从委托人的利益要求，那么委托人利益将成为约束代理人行为的内在规范。对于选择性执行中央政策的地方官员而言，责任追究制度的实施和加强能够将地方官员选择性执行中央政策造成的社会成本损失尽可能地内在化，因为一旦被施以责任追加方面的惩罚，那就意味着地方官员政治生命的结束以及继续获得潜在职位产权收益机会的丧失。倘若责任追究施加的成本使地方官员从选择性中央政策中获得的边际收益低于其需要承受的边际成本损失，那么他将倾向于遵守和执行中央政策。

在督察过程中，中央政府的督察组对地方政府在清理整顿乡镇煤矿中存在的诸多问题，只能提出相应的建议，通报相应的督察结果，而不能对歪曲执行中央政策的地方官员进行任何人事或经济上的惩罚，只能对违规地方官员的惩处提供一些参考性的意见，而这些建议有时候也并不能够被地方官员接受，这使得督察组对地方官员职位产权收益的威胁不具有“可信性”。一般而言，中央政府督察组都有相应的煤矿生产和安全方面的专家参与，他们的意见对于预防煤矿安全事故的发生有着极为重要的作用，而地方官员对督察组意见的忽视实际上就是对煤矿安全生产条件的忽视。这种忽视主要是出于与地方官员职位产权收益有关的制度设计方面的诱导，即对安全生产条件的关注无助于提高地方官员的职位产权收益。

为了使地方官员因乡镇煤矿清理整顿不力而受到惩治的威胁具有“可信性”，中央政府在2001年4月21日颁布的《关于特大安全事故行政责任追究的规定》相应地提高了地方官员因忽视乡镇煤矿生产安全而应承受的成本，明确规定了地方人民政府主要领导人和政府有关正职负责人对特大安全事故的发生应该承担的行政责任和法律责任。① 2002年1月1日施行的《中华人民共和国安全生产法》又将地方官员承担行政责任和法律责任的范围从特大安全事故延伸到一般性的安全事故。安全事故责任追究制度的推行不仅提高了地方官员通过不法手段获取职位产权收益的成本，而且在一定程度上打破了上下级地方官员之间的"利益纽带"，提高了地方官员之间实现利益共享的成本。在中央政府责任追究力度加强的驱动下，地方政府纷纷出台了相应的追究地方官员煤矿安全事故责任的各种规定。2002年至2005年上半年，山西省共查处煤矿事故435人，处理事故责任者4589人，其中，刑事处罚346人，行政处分2165人，党纪处分560人，行政处罚1545人。行政和党纪处分中，副市级以上干部7人，县处级干部102人，乡镇科级干部303人。② 2005年9月施行的《国务院关于预防煤矿生产安全事故的特别规定》又细化了煤矿安全生产隐患的各种标准，具体规定了地方官员因关闭整顿乡镇煤矿不力而应承担的相应责任，要求地方各级人民政府建立并落实预防煤矿生产安全事故的责任制。如《国务院关于预防煤矿生产安全事故的特别规定》第七条规定："在乡、镇人民政府所辖区域内发现有非法煤矿并且没有采取有效制止措施的，对乡、镇人民政府的主要负责人以及负有责任的相关负责人，根据情节轻重，给予降级、撤职或者开除的行政处分；在县级人民政府所辖区域内1个月内发现有2处或者2处以上非法煤矿并且没有采取有效制止措施的，对县级人民政府的主要负责人以及负有责任的相关负责人，根据情节轻重，给予降级、撤职或者开

① 2006年出台的《生产安全重特大事故和重大未遂伤亡事故信息处置办法》对重特大事故的范围给予了具体说明，一次受伤10以上（含10人）、一次死亡3~9人为重大事故；一次死亡10~29人为特大事故；一次死亡30人以上（含30人）为特别重大事故。

② 政府急于"打板子"　干部忙着"换屁股"，http：//www.sx.xinhuanet.com/jdwt/2006-03/06/content_6397400_1.htm.

除的行政处分；构成犯罪的，依法追究刑事责任。”

为了保证责任追究制度的落实，中央政府还有针对性地将煤矿安全事故的责任追究列入了重点督察和监督的范围，通过随机抽查的方式保障责任追究切实落实到地方官员身上。①

“警察巡逻”监督的运用在一定程度上缓解了中央政府在乡镇煤矿清理整顿中所处的信息“劣势”地位，但是这种方式的频繁使用给中央政府带来了较高的交易成本支出：（1）中央政府督察组成员主要由中央相关部委的官员组成，对乡镇煤矿清理整顿工作的督察只是其工作的一部分，过于频繁地参加督察活动通常会影响对本职工作的履行，而且在地方官员的干扰下，中央督察组成员也很难掌握真实的信息。（2）督察工作只能针对部分重点产煤省区和市县，并不能涵盖所有的产煤地区，如在2006年11月7日至25日的督察活动中，每个督察组的督察任务都有了明确规定，“原则上每组应检查2个市（地）、3个县（区）、8个以上矿井（包括资源整合、停产整顿、建设项目、关闭和正常生产等各种矿井）”。这有可能使那些乡镇煤矿管制政策执行得较好的地区频繁地受到督察，那些非重点产煤地区却很少能够被中央政府督察，而乡镇煤矿管制工作在该地区可能进行得并不尽如人意。（3）中央政府的督察具有反复性和临时性，很难有效巩固乡镇煤矿管制的成果，往往是中央督察组刚走，非法的乡镇煤矿就开始恢复生产。（4）过多地使用中央政府督察制度容易使地方官员形成被动的清理整顿乡镇煤矿的心理，同时又将集中清理整顿工作的成功用来向中央政府和上级政府显示其能力。（5）将推动乡镇煤矿清理整顿效果的手段寄希望于中央督察组身上，不利于树立法律的权威，也不利于培养和促进社会公众的政治参与精神。在地方政府看来，“警察巡逻”监督存在的上述局限性实际上意味着降低了它们选择性执行乡镇煤矿管制政策的风险，进而使它们从这种选择性执行中获取的职位产

---

① 据报道，对重特大安全事故处理责任的督察将成为中央政府今后重点督察对象之一。参见国家督察制度建设进入快车道五大问题成重点，http://news.xinhuanet.com/politics/2006-08/09/content_4937194.htm。

权收益要高于对中央政策的遵照执行所获取的收益或需要承担的成本，这就需要中央政府采取新的监督方式来弥补“警察巡逻”监督存在的上述不足之处。

（二）“火警”监督方式

“警察巡逻”监督产生的高额交易成本促使中央政府也逐渐开始采用“火警”监督方式，即通过各种方式为社会公众向中央政府检举揭发地方官员在乡镇煤矿管制过程中的不作为或虚假行为创造有利条件，鼓励新闻媒体加大对乡镇煤矿清理整顿工作的报道力度，努力构造一种“政府统一领导、部门依法监管、企业全面负责、群众参与监督、全社会广泛支持”的安全生产工作局面。①人们习惯于认为我国并不具有进行“火警”监督的土壤，即并不存在代表各方面利益，并能影响地方政府行为的利益集团。然而，利益集团的存在只是“火警”监督的必要条件而非充分条件，即使是最缺乏组织性的弱势群体也会有关注自己利益的代言人，如新闻媒体，这些代言人会通过各种途径反映这些弱势群体的利益需求，影响政府决策。政府自身也会为缺乏组织性的社会公众反映意见提供相应的渠道，如公布举报电话、信箱等，甚至亲自和社会公众进行私人接触，这些都为“火警”监督的开展创造了条件。在乡镇煤矿管制中，各省市政府向煤矿派驻督导员、督察员，听取矿工意见，为矿工进行“火警”监督创造有效条件。

依据社会公众提供的信息，中央政府及时查处地方官员不作为行为应该看做“火警”监督发挥作用的充分条件。具体而言，乡镇煤矿清理整顿中的“火警”监督主要表现为：

（1）鼓励新闻媒体在乡镇煤矿清理整顿过程中充当监督和宣传的主力军。在大多数情况下，“信息悖论”都存在于监督活动中，一方面监督的主要作用在于提高代理人行为的透明度，减少委托人和代理人之间的信息不对称现象；另一方面，有效的信息获取渠道和充足的信息本身又是监督活动得以开展的前提条件。乡镇煤矿管制可以称得上当前新闻媒体受到新闻报道约束和限制较少的领

---

① 参见《关于进一步加强安全生产工作的决定》（2004 年 1 月 9 日）。

域，信息的流动比较自由，新闻媒体尤其是中央媒体在获取信息方面通常比一般社会公众处于更为优越的地位。中央媒体一般与地方政府官员不存在利益瓜葛，在监督过程中处于较为独立的地位，容易得到中央政府的支持，被中央政府寄予较高的期望，要求相关方面虚心和主动接受媒体监督。作为全国性的安全生产报纸，《中国安全生产报》在创刊之时就被认为在“安全生产新闻宣传的总体布局中，有举足轻重的地位”，被委以“发挥监督和导向作用”的重任。自20世纪90年代中期以来，新闻媒体越来越深入地报道了乡镇煤矿清理整顿工作的进展情况，时任国家安全生产监督管理总局局长李毅中多次在不同场合呼吁和鼓励新闻媒体对煤矿安全监察工作的监督，媒体曝光的事故被要求一查到底。与中央政府的督察相比，新闻媒体的调查大多是暗地进行，拥有自己的消息来源，不容易被地方政府发现，而且新闻媒体对社会公众的意见反馈都较为迅捷，这些都是督察活动所不能比拟的优势。有些中央政府的督查活动甚至是在新闻媒体对有关事件给予报道之后，才得以进行的。2003年7月6日，《焦点访谈》栏目对湖南攸县乡镇煤矿在地方官员默许的情况下进行非法开采的活动给予了报道，立刻就引起了中央政府和湖南省政府的重视，并对湖南攸县乡镇煤矿非法开采的活动进行了联合调查。而2007年2月曝光的山西忻州煤矿安监局超标购买小轿车和建设办公场所的违规问题也是最先通过媒体的连续报道才为中央政府所知晓和查处的。

（2）建立和完善了乡镇煤矿管制程序和标准。行政程序的完善和信息获取渠道的建立是“火警”监督进行的前提条件，甚至行政程序本身就被认为具有节约交易成本的功能，提高了地方官员行为的可预见性和透明度。在清理整顿乡镇煤矿的过程中，中央政府具体界定了非法乡镇煤矿的范围，有意识地完善了有关乡镇煤矿清理整顿工作的程序，对乡镇煤矿停产整顿和关闭的条件都进行了具体阐释，① 要求将停产整顿或被关闭的乡镇煤矿名单及时在当地

① 《关于预防煤矿生产安全事故的特别规定》于2005年8月31日起施行；《关于进一步做好煤矿整顿关闭工作的意见》于2006年9月28日起施行。

主要媒体上公告，接受社会监督。从2005年开始，国家煤矿安全监察局更是将那些不符合安全生产条件、停产整顿和关闭的乡镇煤矿名单在主要的中央级报纸和国家安全生产监督管理总局的网站上公布。乡镇煤矿管制程序的完善和明确，为社会公众搜集信息和进行监督提供了便利条件，有助于社会公众对地方政府是否依据程序履行清理整顿乡镇煤矿的职责做出明确的判断。

（3）完善了“选择性”激励机制。实现监督成本的节约和转移，使社会公众分担本应由中央政府承担的监督成本，这可以看做“火警”监督的主要作用，也体现了监督的公共物品性质，中央政府和社会公众共同承担着监督地方政府行为的责任。按照集体行动理论，采取区别对待的“选择性”激励方式，使承担了提供公共物品责任的组织成员能够享受不同于其他组织成员的待遇，成为破解“集体行动困境”导致的公共物品供给不足问题的有效途径。为了调动社会公众监督乡镇煤矿清理整顿工作的积极性，中央政府主要采取了两条“选择性”激励措施：（1）物质奖励，举报地方政府弄虚作假行为的社会公众能够获得相关部门给予的奖励。①（2）组建特聘煤矿安全群众监督员队伍，群众监督员拥有发现隐患、报告险情和制止违章的权力。从2005年开始，中华全国总工会和国家煤矿安全监察局就开展了在全国煤炭系统选聘10万名兼职煤矿安全群众监督员的活动。煤矿工会组织在煤矿安全生产中的作用逐渐被认识，中央政府已经开始要求各类所有制企业都必须建立健全工会组织，② 工会被要求“起到维护群众切身利益和安全的责任”。为了遏制乡镇煤矿的安全生产事故，湖南、四川等省市政府已经开始着手乡镇煤矿工会组织的建立工作，发挥工会对煤矿安全生产的监督作用。

虽然“火警”监督有助于降低中央政府承担的监督成本，但

---

① 举报煤矿重大安全生产隐患和违法行为的奖励办法（试行），http://www.adtech.com.cn/cindustry/showInfo.aspx?id=7.

② 李毅中谈安全发展：“以人为本”首先要以生命为本，http://kgks.people.com.cn/GB/0142/50814/63899/64017/4674846.html.

是该监督方式在当前并没有成为主导性的监督机制，而是处于一种依附性的地位。“火警”监督的作用在转型期受到以下因素的影响：(1)“火警”监督是一种反应性的监督方式，即中央政府只是在接到社会公众投诉和检举揭发之后，才采取各种措施督察地方官员的行为，这种反应性监督容易使人产生中央政府失去对地方官员监控的印象。与“火警”监督不同，诸如中央督察组和巡视团这样的“警察巡逻”监督能够向社会公众传递一种“信号”，表明中央政府对地方政府行为的关注，能够产生一种威慑作用，在社会公众中树立中央政府的威信。(2) 作为一种“分权式”的监督方式，“火警”监督所需要的“土壤”尚待进一步培育，这样才能使其对地方政府官员职位产权收益产生的威胁是“可信的”。

二、控制手段的多样化

(一) 基于政策产出的控制

在1998年前的多次清理整顿乡镇煤矿的过程中，中央政府虽然三令五申地要求地方政府积极主动地关闭本地方的非法乡镇煤矿，压缩煤矿产量，并将其和地方官员的责任追究联系在一起，但是由于中央政府出台的这些有关乡镇煤矿管制的具体政策内容大多是模糊不清的，这些措施都被地方政府在管制中拥有的自由裁量权所化解，地方政府官员的责任追究也流于形式。作为政策执行者，地方官员拥有相当大的自由裁量权，可以依据自身利益对中央政府的乡镇煤矿管制政策作出不同理解，或者放宽验收标准，或者延长整顿验收的期限。对于中央政府而言，1998年前后是煤炭行业尤其国有重点煤矿发展的关键时期，企业亏损、职工工资拖欠、煤矿停产或半停产等每时每刻都在触动着中央政府领导的神经,① 非法乡镇煤矿关闭得越晚，就意味着国有重点煤矿扭亏为盈的期限越遥遥无期，中央政府的财政负担越重，社会不稳定因素也就越大。面对地方政府在乡镇煤矿管制中的投机心理和形式主义，中央政府改变了应对策略，逐步明确了乡镇

---

① 成家钰. 全国煤炭行业关井压产文件资料选编. 煤炭工业出版社，1999：2-4.

煤矿管制的具体衡量标准，限制了地方政府和中央政府讨价还价的余地，对需要关闭的乡镇煤矿数量以及需要压缩的煤炭产量做出了明确要求，地方政府被要求在 1999 年底之前完成关闭非法和布局不合理煤矿 2.58 万处、压减产量 2.5 亿吨的任务，并将关井压产的具体指标层层分解到相应的地方政府。① 政策产出的量化控制减缓了中央政府和地方政府之间的信息不对称性，加强了中央政府对地方官员行为的控制力度和责任的追究力度。在乡镇煤矿管制过程中，中央政府出台的政策内容的明晰化可以通过表 5-5 大体反映出来：

表 5-5　**1993 年以来乡镇煤矿管制政策主要内容的演变**

时间	基本内容	说明
1993 年	1. 无证开采的小煤矿一律取缔，有条件继续开采的，要按规定审批；2. 各级煤炭工业管理部门要充分依靠地方政府，做好宣传、教育、说服等工作；3. 在年底将清理整顿有关情况书面报告煤炭部	对应该关闭的乡镇煤矿数量、清理整顿的验收条件及方式没有明确要求；没有明确的责任要求；整顿的时间过短
1994 年	1. 清理整顿的范围是全部乡镇煤矿，包括个体采煤及各行业、各企业事业单位开办的集体煤矿以及国有重点煤矿的矿办小井；2. 清理整顿的重点是无证非法开采以及持证但超层越界、乱采滥挖、不具备安全生产条件的煤矿；3. 将整顿效果作为考核的重要内容，整顿期限为两年	诸如“暂不具备开采条件，但经努力可以达到的，要限期达到”这样的内容过于含糊，具有较大的操作空间；没有规定验收的程序和条件；责任追究的具体方式没有明确，缺乏阶段性考核；具体应关闭的数量没有明确

① 成家钰．全国煤炭行业关井压产文件资料选编．煤炭工业出版社，1999：7.

续表

时间	基本内容	说明
1997年	1. 整顿的重点是无证非法开采的乡镇煤矿；2. 在国有重点煤矿的井田范围内无采矿许可证的各类煤矿要关闭；3. 坚决制止党政机关及其干部参与办矿；4. 综合运用法律、经济和行政等手段；5. 强化对县和乡镇级政府的责任考核，发生重大事故的要追究其责任	没有明确整顿关闭的具体数量；整顿效果的验收和监督程序不明确
1998年	1. 没有采矿许可证和煤炭生产许可证以及1997年1月1日以后在国有煤矿矿区范围内开办的各类小煤矿，一律依法取缔；2. 关井压产期间，各省、自治区、直辖市一律停止审批新开煤矿；3. 1998-1999年关闭各类小煤矿2.58万处，压缩非法和不合理的煤炭产量2.5亿吨；4. 强化责任追究	没有明确阶段性的关闭数量；清理整顿的验收标准和程序不明确
2001年	1. 国有煤矿矿办小井、国有煤矿矿区范围（国有煤矿采矿登记确认的范围）内的小煤矿、不具备基本安全生产条件的各类小煤矿、“四证”（采矿许可证、煤炭生产许可证、营业执照和矿长资格证）不全以及生产高灰高硫煤炭的小煤矿必须全部予以关闭；2. 明确了小煤矿的关闭要求；3. 已关闭而又擅自恢复生产的小煤矿，一律按无证开采论处，并追究有关责任人的责任	没有明确具体的关闭标准；关闭效果的验收和监督程序不明确

续表

时间	基本内容	说明
2003年	1. 凡《国务院办公厅关于进一步加强安全生产工作的紧急通知》下发后，发生过重大事故（一次死亡3～9人）的乡镇，发生过特大事故（一次死亡10～29人）的县（市），发生过特别重大事故（一次死亡30人以上）的市（地），所在地区要严加整顿；2. 符合关闭条件的小煤矿要一律予以关闭；3. 未取得煤炭生产许可证非法生产的，要依法没收全部违法所得并处以罚款，同时追究相关人员的责任；4. 自2003年7月1日起，凡县（市）发现两处、乡镇发现一处非法生产或属“四个一律关闭”应关却未关的煤矿，对县、乡政府主要领导人给予行政处分	2001年以后对乡镇煤矿的关注重点主要转向乡镇煤矿的安全生产问题。没有规定累计死亡人数超过一定限度的地方是否应该整顿小煤矿；对小煤矿的清理整顿缺乏具体的衡量标准
2005年	《国务院关于预防煤矿安全生产的特别规定》对符合关闭条件的乡镇煤矿以及关闭不力的地方政府官员的责任做出了比较具体的规定	清理整顿的重点转向资源整合
2006年	在《进一步做好煤矿整顿关闭工作意见的通知》中进一步明确了需要予以关闭的4种煤矿类型，并力争将小煤矿的百万吨死亡率在2008年控制在4以下	责任追究的标准仍然不明确

如表5-5所示，在1998年的乡镇煤矿管制之前，中央政府对地方政府行为的控制属于一种“投入控制”，寄希望于通过各种方式调动地方官员的积极性，提高地方官员的努力程度来完成乡镇煤矿清理整顿任务。这种“投入控制”方式却使中央政府陷入难以考核和控制地方官员行为的困境；地方政府的积极性如何衡量和比较？需要关闭多少座乡镇煤矿才算得上是“积极性高”？通过何种途径了解乡镇煤矿清理整顿的进展情况？如果频繁地采取“警察巡逻”监督方式来收集乡镇煤矿清理整顿的信息，那么中央政府

无疑要承担巨额的交易成本。通过量化的政策产出的方式来减少交易成本，体现出了政策过程的“结果导向”。中央政府的这种选择类似于私营部门委托代理关系中的“计件工资制”和“计时工资制”的选择，“计件工资制”适合于那些劳动过程不易监督、产出变化主要受员工主观努力影响且努力的弹性较大、产品质量容易检测或质量相对不太重要、员工风险规避程度不太高以及技术等外部环境变化并不频繁的部门。① 相比较而言，乡镇煤矿管制的进展主要受地方官员主观努力的影响，乡镇煤矿的关闭数量在很大程度上能够反映地方官员对中央政策的重视程度和主观意愿，乡镇煤矿存在安全条件差、回采率低等弊端，导致乡镇煤矿的清理整顿成为中央政府要求落实的一项长期政策，并不受煤炭市场供求关系和经济发展的影响，在中央政府看来，“关闭小煤矿不影响全国煤炭的供应”。②

在1998年底的关井压产行动中，中央政府并没有采取“一刀切”的方式确定各个地方关井压产的具体数量，而是依据相关法律规定以及从各地的实际出发来进行关井压产指标的分配，将指标的完成情况与地方官员的考核挂钩。关井压产指标的具体分配不仅关系到中央政府对地方官员行为的控制和考核，而且还影响到地方经济的发展和地方官员的职位产权收益，地方官员都以各种理由要求尽量降低本地的关井压产指标。然而，中央政府对关闭乡镇煤矿数目的确定并没有给予地方政府过多的讨价还价的余地，要求“他们理解要执行，不理解也要执行”。据统计，1999年共关闭非法和不合理乡镇煤矿3.1万处，压缩乡镇煤矿产量2.5亿吨，基本完成中央政府1998年底确定的目标。③ 此后，中央政府又根据国家整体经济发展形势和国有重点煤矿的发展状况，下达了2000年

① 陈钊．信息与激励经济学．上海三联书店，2005：175.

② 赵铁锤：整顿关闭小煤矿不影响煤炭供应，http://www.hn.xinhuanet.com/2006-01/30/content_6152455.htm.

③ 中华人民共和国1999年国民经济和社会发展统计公报，http://www.stats.gov.cn/tjgb/ndtjgb/qgndtjgb/t20020331_15394.htm.

的关井压产目标，要求各地方政府完成关井 1.89 万处和压产 1.2 亿吨的乡镇煤矿清理整顿任务，关井指标的分配见表 5-6。

表 5-6　　2000 年地方各级政府的关井指标①

省、区、市	北京	河北	山西	内蒙古	辽宁	吉林	黑龙江	江苏	安徽
数量	301	250	1080	833	837	360	910	40	187
省、区、市	福建	江西	山东	河南	湖北	湖南	广东	广西	四川
数量	30	366	108	870	619	1250	352	980	2650
省、区、市	重庆	云南	贵州	陕西	甘肃	青海	宁夏	新疆	
数量	1524	1015	3033	425	417	48	25	390	

随着乡镇煤矿清理整顿力度的加大以及国家整体经济形势的好转，国有重点煤矿的经营状况逐步好转，国有重点煤矿在 2001 年实现了整体扭亏为盈，从 1999 年开始，国有重点煤矿的煤炭产量在总产量中所占份额均超过乡镇煤矿，2001 年更是达到了 55.9%。国有重点煤矿经营状况的好转使得中央政府清理整顿乡镇煤矿的重心发生了转移，从通过关井压产来为国有重点煤矿创造市场份额和经济效益，转变为借助于关闭乡镇煤矿来促进国家煤矿安全形势的整体好转以及保护日益恶化的产煤地区的环境。换句话说，乡镇煤矿管制的重心由解决资金外部性问题转变为着重解决内部性和因开采率过低引起的资源浪费以及环境污染等外部性问题。客观而言，中央政府自 1998 年之后在乡镇煤矿清理整顿方面进行的各项治理结构的调整从整体上促进了乡镇煤矿生产安全形势的改善，然而与国有重点煤矿相比，乡镇煤矿的安全生产状况并不乐观，大量的伤亡事故发生在那些无证非法开采和安全条件不过关的乡镇煤矿，2005 年，全国乡镇煤矿百万吨死亡率为 5.505，分别是国有重点煤矿的 5.7 倍和地方国有煤矿的 2.8 倍。

---

① 成家钰．全国煤炭行业关井压产文件资料选编．煤炭工业出版社，1999：118.

为了进一步解决乡镇煤矿安全生产问题，中央政府一方面继续执行乡镇煤矿关闭的工作，大致确定到2010年只保留1万处乡镇煤矿，① 通过减少乡镇煤矿的数量达到控制乡镇煤矿安全事故的目的，力争2010年的全国煤矿百万吨死亡率比2005年下降25%，一次死亡10人以上的特大事故数比2005年下降20%以上；② 另外，从2004年开始实行煤矿安全生产指标控制制度，将指标的完成情况与地方官员考核联系起来，并将安全生产指标的完成情况及时在相关媒体上公布，以解决地方官员对煤矿安全生产重视程度不够的问题。根据2005年煤矿安全生产指标的完成情况，2006年煤矿百万吨死亡率定为2.624，下降7.2%。煤矿安全生产指标的确定、地方官员行政责任追究制度的完善和细化，都给地方政府带来了较大压力，为了完成中央政府确定的目标，地方各级政府采取安全生产指标细化分解和签订责任状的方式将煤矿安全生产尤其是乡镇煤矿安全生产状况的好转具体落实到每个层级上的地方官员，以此带动乡镇煤矿的清理整顿工作。2006年重庆市煤矿安全控制指标分解见表5-7。

表5-7　　**2006年重庆市煤矿安全控制指标分解表③**

序号	名称	2006年安全控制指标	2006年百万吨死亡率控制指标
一	全市合计	380	13
二	重煤集团	30	2.86
三	区县合计		
1	永川市	31	11.8
2	合川市	15	16.6

① 关于进一步做好煤矿整顿关闭工作意见，http://www.gov.cn/zwgk/2006-10/08/content_407243.htm.

② 煤矿安全生产“十一五”规划（草案），http://www.chinasafety.gov.cn/files/f2004/164235.doc

③ http://wjj.cq.gov.cn/xzgw/20060719218.HTM.

续表

序号	名称	2006年安全控制指标	2006年百万吨死亡率控制指标
3	北碚区	14	14
4	荣昌县	14	9.3
5	渝北区	9	11.2
6	大足县	7	11.6
7	铜梁县	6	6
8	长寿区	7	14
9	璧山县	4	13.3
10	双桥区	2	
11	南岸区	0	
12	江津市	0	
13	綦江县	16	16
14	武隆县	7	14
15	万盛区	18	16.3
16	南川市	32	20.6
17	涪陵区	6	17.1
18	丰都县	1	
19	梁平县	8	11.4
20	垫江县	5	16.6
21	忠　县	1	
22	万州区	7	23.3
23	云阳县	10	12.5
24	奉节县	57	16.2
25	巫山县	14	14
26	巫溪县	8	22.8
27	开　县	23	7.6

续表

序号	名称	2006 年安全控制指标	2006 年百万吨死亡率控制指标
28	城口县	3	
29	黔江区	4	11.4
30	石柱县	14	11.6
31	彭水县	4	11.4
32	秀山县	3	
33	酉阳县	0	

与设定乡镇煤矿关闭数量的制度设计相比，确定安全生产指标或煤矿百万吨死亡率指标引起了较大争议，被认为是对个人生命的忽视，是政府推卸责任的表现。事实上，煤矿百万吨死亡率考核指标的设定与煤矿安全监察工作的性质有关，也体现了中央政府降低交易成本的意图。为了减少煤矿生产的伤亡事故，中央政府在2000 年成立了独立于地方政府的国家煤矿安全监察局，主要承担起乡镇煤矿清理整顿工作。在其成立之初，为了提高安全监察工作的效率，中央政府注重从政策执行“投入”的角度来量化对煤矿安监员的考核和加强对其行为的控制，明确安全监察工作的对象在“井下”而非“井上”，规定了省级煤矿安全监察局和监察分局的主要领导和监察员下井监察的次数，如省级安全监察局的局长、副局长，每月现场监察不得少于 10 次；办事处主任、副主任和党支部书记每月现场监察不得少于 20 次。① 这种“投入”导向的控制方式存在几个方面的问题：（1）现场监察次数的多少和煤矿安全事故发生没有明显的因果关系，现场监察频繁并不意味着煤矿安全事故的减少；（2）现场监察的次数很难反映出安监员的工作质量，换句话说，煤矿安监员承担着双重代理任务，既要保证监察的次数，又要保证监察的质量，发现和消除煤矿安全隐患；（3）很难

① 《中国煤炭工业年鉴》编委会. 中国煤炭工业年鉴（2001）. 煤炭工业出版社，2002：57.

准确地衡量安监员现场监察的数量和质量，根据现有的媒体报道，有些煤矿安监员在执法过程中甚至以罚代替停产整顿，中央政府只能通过日常的工作报表来了解煤矿安监员的工作表现，而这其中不乏弄虚作假的现象；（4）容易出现目标置换现象，安全监察员关注的是“如何做”，而不是“效果如何”，将现场监察次数而不是事故发生率作为主要目标。换句话说，国家煤矿安全监察局的安全监察工作在目前的条件下类似于詹姆斯・Q. 威尔逊所说的“工艺型组织”，即煤矿安监员的活动很难观察，但其活动的结果相对容易观察。① 就“工艺型组织”而言，根据组织成员工作绩效表现来控制其行为是组织管理者一种较为经济的控制方式。在当前，国家煤矿安全监察局的主要工作就是控制煤矿，尤其是乡镇煤矿的安全事故，降低煤矿的百万吨死亡率。因此，将煤矿百万吨死亡率作为控制煤矿安监员以及地方官员行为的主要方式还是有其合理之处的，不仅能使安监员遵守应有的监察程序，还能够使其从减少伤亡事故、挽救人员生命的过程中获得相应的满足感和成就感。

在外界环境的变化很少对乡镇煤矿清理整顿或乡镇煤矿安全条件的改善产生影响时，乡镇煤矿整顿关闭的数量和乡镇煤矿百万吨死亡率在很大程度上能够体现出地方官员的主观努力程度和政策执行能力。一般而言，乡镇煤矿数量的多少和乡镇煤矿安全事故发生次数及死亡人数有着正相关性，地方官员要想不突破煤矿百万吨死亡率的指标控制，就需要在关闭乡镇煤矿数量或促使乡镇煤矿改善安全生产条件上下工夫，而乡镇煤矿百万吨死亡率的高低也能大体上反映出地方官员整顿关闭乡镇煤矿的努力程度。因此，依靠政策产出指标的对比分析，中央政府能够较为容易地对地方官员的积极性和能力做出鉴别，而这种鉴别将直接影响到地方官员的职位产权

① 之所以说是目前条件下，是因为煤矿安全状况实际上也很难反映安监员的努力水平，即煤矿没有发生任何事故并不意味着安监员工作努力，就此而言，煤矿安全监察应该符合“应付型组织”的特征。但是，在乡镇煤矿安全生产条件参差不齐、安全生产状况较为恶劣的情况，煤矿安全事故的发生次数还是能够大致反映出煤矿安监员工作状况的。也就是说，“现阶段事故死亡在中国还是不能够回避的”（李毅中语）。

收益。值得注意的是，通过量化的产出指标来控制地方官员行为，只是中央政府降低政策执行交易成本的必要条件，中央政府必须有效地将控制指标的完成情况与对地方官员的责任追究联系起来，提高责任追究的力度，而这些目标的实现还尚待时日。①

（二）意识形态教育

有人认为制定产出控制指标容易导致地方官员弄虚作假和腐败行为，而且地方官员会迫于完成产出指标的压力而忽视对正当程序的遵守，从而损害社会公众的合法利益。不可否认，这的确是所有产出控制行为存在的共同弊端，对此问题的解决除了要求保证产出指标设计的科学性和合理性以外，还涉及对地方官员的意识形态教育和组织使命感的培养。詹姆斯·Q. 威尔逊认为，这类结构（工艺型组织）中最成功的就是那些在其工作人员中培养出一种使命感、敬业精神或对职业道德的崇尚，这样就可以防止那些受不到监视的工作人员滥用自行其是的权力，② 这种使命感、职业道德可以看做意识形态的组成部分。

在中央政府看来，地方官员的"思想认识"是困扰乡镇煤矿清理整顿力度的首要因素，地方官员不能正确处理长远利益和短期利益之间的关系、安全与效益的关系，持有地方保护主义态度和观念，这些主观因素导致了地方官员在乡镇煤矿清理整顿的"观望"和"不合作"行为。负责乡镇煤矿管制工作的中央政府主要领导人在不同场合都表达了对地方官员这种消极心理的忧虑和不满，认为"一些地方特别是县、乡领导，从局部利益出发，担心关闭整顿小煤矿影响地方经济发展，看到要关闭的小煤矿量大面广，存在着抵触情绪和畏难情绪"。③ 随着地方政府面临的激励约束自上而

---

① 中纪委监察部等部门对十省（市）重特大安全事故责任追究落实情况的督察发现，相关部门在责任追究中存在党政纪处分程序不规范、刑事责任追究力度大沟以及经济处罚、整改措施落实不到位等问题。

② ［美］詹姆斯·Q. 威尔逊．美国官僚政治——政府机构行为的动因．张海涛，译．中国社会科学出版社，1995：214.

③ 《中国煤炭工业年鉴》编委会．中国煤炭工业年鉴（2001）．煤炭工业出版社，2002：21.

下地强化，地方官员对清理整顿乡镇煤矿的积极性也相应地呈现出自上而下弱化的趋势，越是基层地方政府，清理整顿工作对地方官员职位产权收益的影响越大。因此，“在一些领导同志的头脑里，‘安全第一’的思想树立得不牢，抓安全生产的积极性从上到下呈现层层衰减、逐级弱化的趋势”。①

为了扭转地方官员的消极和抵制态度，引导他们正确认识乡镇煤矿管制的重要性，中央政府将乡镇煤矿清理整顿提升到“讲政治”的高度，将其看做地方官员要完成的一项政治任务，乡镇煤矿的安全生产状况直接关系到“社会主义优越性的体现”和“国际形象”。

总体而言，中央政府影响和改变地方官员价值观念的主要有三种途径：

（1）召开乡镇煤矿清理整顿的各种现场会议、电视电话会议。这种工作会议能够帮助地方官员统一对中央政策的认识，互相交流和学习乡镇煤矿清理整顿的成功经验，促进乡镇煤矿清理整顿工作的协调一致。当省（区、市）地方官员统一认识之后，就会相应地向其下级政府和官员贯彻中央政府的政策精神，进一步统一下级地方官员的思想认识。在1998年末开始的关井压产行动中，中央政府接连召开了五次全国性的现场和电视电话工作会议，通过会议来表达中央政府对关井压产行动的重视，帮助地方官员树立正确的利益观。

（2）学习中央领导人的讲话和会议精神，将乡镇煤矿管制看做践行“三个代表”重要思想和“共产党员先进性”的主要体现。清理整顿乡镇煤矿是维护人民生命财产安全的重要举措，是人民群众根本利益所在，中央政府号召地方官员要以“三个代表”重要思想为指导，进一步统一思想，提高认识，② 在乡镇煤矿清理整顿

---

①《中国煤炭工业年鉴》编委会．中国煤炭工业年鉴（2003）．煤炭工业出版社，2004：209.

②《中国煤炭工业年鉴》编委会．中国煤炭工业年鉴（2002）．煤炭工业出版社，2003：21.

中提升自己的责任感和使命感。

（3）通过制度变革来影响地方官员的价值观念。诺斯认为，当个人的经验与他们的意识形态不一致时，他们便改变自己的思想观念。① 制度环境在转型期的变革改变了地方官员原有的价值观念，使其采取了一种“务实”的价值取向，从职位产权收益最大化的角度来选择性执行中央政策，这就淡化了中央政府对地方官员行为的控制和意识形态影响。有鉴于此，中央政府在责任追究、绩效考核等方面对原有的制度安排进行了调整，借助于这种调整来改变地方官员对职位产权收益的计算，推动他们形成正确的“政绩观念”。如果不服从的成本使个人在任何场合的最大化选择都是奉行现存的社会或法律规范，他服从该规范就是完全理性的，该规范被完全内部化的可能性就很大。②

虽然中央政府寄希望于意识形态教育来推动乡镇煤矿清理整顿的力度，但是这种意识形态影响却可能由于以下因素的限制而受到削弱：①转型以来，地方官员形成了独立于中央政府的意识形态，进而影响到地方官员对中央政策的态度，中央政府主导的意识形态教育只能间接地对地方官员行为产生影响，这取决于中央政府和地方官员之间意识形态的重合程度及其对地方官员职位产权收益的影响；②能够统率社会现有的各种意识形态或价值观念是中央政府主导的意识形态能够发挥作用的前提条件之一，这种作用在利益主体多元化的时代很难实现；③中央政府主导的意识形态教育拔高了地方官员的道德追求，把只有少数人才能实现的道德追求当做对地方官员的普遍要求；④中央政府主导的意识形态通常主导了政府部门使命感的培养，这并不利于建立适合政府部门任务性质的使命感。

---

① ［美］道格拉斯·诺斯．经济史上的结构和变迁．杭行，译．商务印书馆，2002：50.

② ［英］马尔科姆·卢瑟福．经济学中的制度．郁仲莉，译．中国社会科学出版社，1999：65.

第三节　政策执行治理结构选择效果的初步评价

自1998年以来，中央政府为了改变煤炭产业结构，促进国有重点煤矿经营效益的好转，遏制煤矿安全事故数量居高不下的趋势，在政策执行治理结构方面进行了多方面调整，以加大乡镇煤矿管制力度。对政策执行治理结构选择效果的初步评价依旧可以从乡镇煤矿安全形势和煤炭行业产业结构两个方面来衡量。如果乡镇煤矿安全形势与煤炭行业产业结构达到了中央政府的既定政策目标或者朝着中央政府期望的方向发展，那么就表明这些政策执行治理结构确实在发挥着减少政策执行中的交易成本的作用。

一、乡镇煤矿安全形势

1998年以来，整体的煤矿生产安全形势呈现出好转趋势（见图5-1和图5-2），全国煤矿百万吨死亡率从1998年的5.02下降到2005年的2.84，下降了50%左右，2006年更是达到了2.041的历史最好水平，全年共死亡4746人，比1998年减少1388人。1999—2006年，全国煤矿年均死亡人数为6078人，比1994—1998年的年均死亡人数减少460人，而全国的煤炭产量早已从1998年的12.22亿吨增加至2006年的23.8亿吨，增加了将近一倍的煤炭产量。乡镇煤矿的百万吨死亡率则从1998年的8.60下降到2005年的5.50。虽然在1999—2001年，乡镇煤矿的百万吨死亡率均超过了14，但是同时期的死亡人数却低于1998年。随着煤矿安全监察体制的改革和完善，乡镇煤矿的百万吨死亡率从2002年开始呈现下降的趋势，2005年的百万吨死亡率大体相当于2001年百万吨死亡率的1/3，下降了63%左右，而同时期的煤炭产量却相当于2001年的三倍之多。与1993—1998年的年均死亡人数4571.8人相比，乡镇煤矿在1999—2005年的年均死亡人数为4322.7人，减少了249.1人。如果按照1998年的百万吨死亡率计算，2005年乡镇煤矿的煤炭产量为8.10亿吨，其死亡人数应该为6966人，而实际死亡人数为4457人，换句话说，2005年至少挽救了2509名矿工的生命。

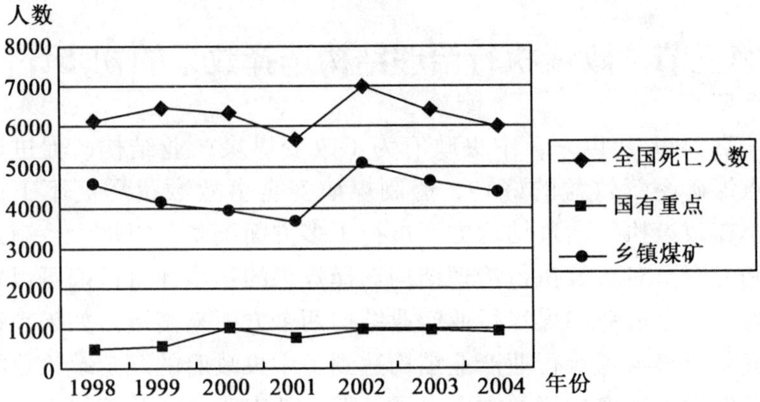

图 5-1　1998—2005 年全国煤矿和各所有制煤矿死亡人数分布

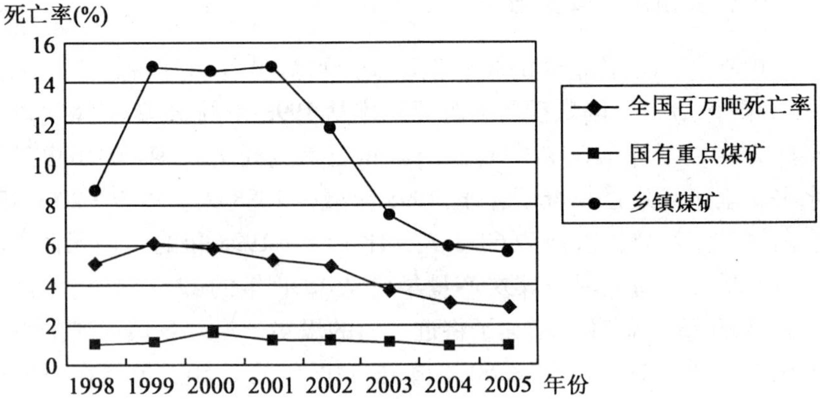

图 5-2　1998—2005 年全国煤矿和各所有制煤矿百万吨死亡率分布

图 5-1 和图 5-2 资源来源：根据 1998—2004 年《中国煤炭工业年鉴》及 2005 年全国煤矿安全生产状况整理得出。

从一次死亡 3 人以上的重特大安全事故来看，1999 年以后，乡镇煤矿的事故发生次数和死亡人数都出现了不同程度的下降，1999 年发生的乡镇煤矿重特大安全事故死亡人数和次数分别为 2554 人和 406 次，2003 年则分别下降到 1571 人和 254 次。即使就一次死亡 10 人以上的特大事故而言（见图 5-3 和图 5-4），与 1999

年的 879 人和 58 次相比，2004 年分别下降到 559 人和 31 次，不过 2005 年乡镇煤矿的特大事故的发生次数和死亡人数均超过了 2004 年的水平，达到了近五年来的高峰。然而，乡镇煤矿的安全形势并没有在 2006 年进一步恶化，乡镇煤矿全年死亡 3431 人，同比减少 953 人，死亡人数减少了 21.8%，其中一次死亡 10 人以上特大安全事故 25 起、死亡 458 人，同比减少 22 起、729 人，分别下降 46.8% 和 61.4%。① 需要指出的是，国有重点煤矿长期安全投入不足②以及盲目追求超产，导致国有重点煤矿的安全生产条件也并不乐观，2001 年以来国有重点煤矿发生的一次死亡 10 人以上的特大安全事故的规模和死亡人数也呈现出上升趋势，2004 年和 2005 年，国有重点煤矿共发生 4 起一次死亡百人以上的事故，其中 2005 年 3 月发生的辽宁阜新矿业集团的煤矿事故一次死亡 214 人，是中华人民共和国成立以来的第二大煤矿死亡事故。

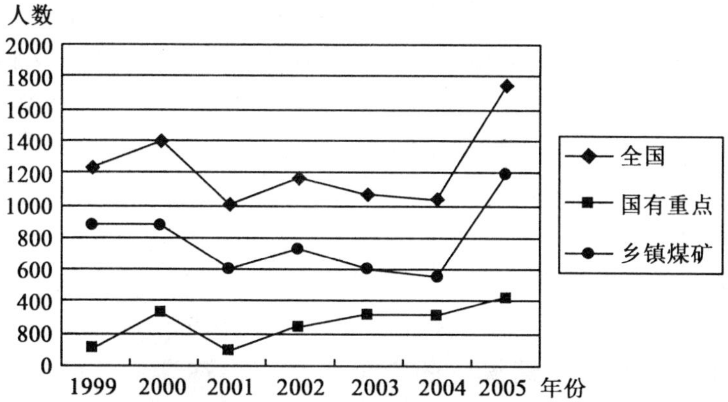

图 5-3　1999—2005 年一次死亡 10 人以上的特大事故死亡人数

① 2006 年安全生产主要特点，http：//www. chinasafety. gov. cn/anquanfenxi/2007-01/11/content_ 214956. htm.

② 最新数字为国有重点煤矿安全资金欠账 689 亿元，http：//politics. people. com. cn/GB/1027/4086732. html.

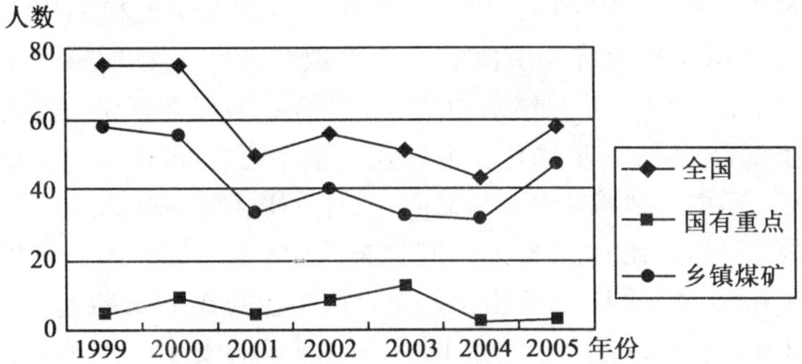

图 5-4 1999—2005 年一次死亡 10 人以上的特大事故次数分布

图 5-3 和图 5-4 资料来源：根据 2000—2004 年《中国煤炭工业年鉴》整理得出。

二、煤炭行业产业结构

经过近八年的清理整顿，乡镇煤矿的数量已经由 1997 年的 7.5 万处,① 下降到 2005 年初的 2.44 万处，只是 1997 年的 1/3 左右。数量的减少使得乡镇煤矿的产量在全国煤炭产量中所占份额下降，从 1999 年开始，国有重点煤矿的产量比例一直高于乡镇煤矿，2001 年一度高达 55.9%（见图 5-5 和图 5-6）。随着煤炭市场的逐步好转，市场份额的提高也带动了国有重点煤矿经营效益的好转，在 2001 年实现了国有重点煤矿整体扭亏为盈。值得注意的是，从统计数据来看，在煤炭市场好转的推动下，乡镇煤矿的煤炭产量并没有随着乡镇煤矿数量的减少而下降。在经历了 1998—2001 年的关井压产之后，乡镇煤矿的产量又呈现出逐渐上升的势头，从 2001 年的 2.45 亿吨增加到 2005 年的 8.10 亿吨。这其中存在两种可能：第一，为了提高乡镇煤矿的生产能力和效率，地方政府在资源整合、国有重点煤矿与乡镇煤矿的合并和改造等方面采取的措施取得了一定的效果，乡镇煤矿的整体生产能力得到了提高。第二，在近几年煤炭市场供不应求的刺激下，乡镇煤矿不顾自身生产能力

① 《中国煤炭工业年鉴》编委会．中国煤炭工业年鉴（1998）．煤炭工业出版社，1998：45.

和安全条件的限制，盲目超越生产能力，提高煤炭产量。这实际上又会因超产带来严重的安全隐患问题，据一项不完全的统计，我国地方煤矿补齐安全欠账，达到最基本的安全生产条件，至少需要 80 亿～90 亿元资金。①

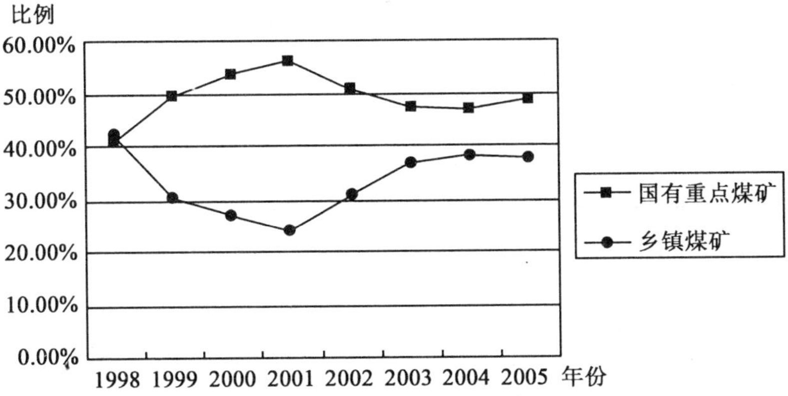

图 5-5　1998—2005 年国有重点煤矿和乡镇煤矿产量比例分布

总体而言，经过自 1998 年以来的政策执行治理结构的调整，乡镇煤矿管制政策正向着中央政府希望的方向发展，国有重点煤矿重新在煤炭市场占据了主导地位，而煤炭市场前景的好转改善了国有重点煤矿的生产经营效益。虽然乡镇煤矿的死亡人数和百万吨死亡率仍然在全国煤矿死亡人数和百万吨死亡率中占据了相当大的比例，但是乡镇煤矿生产安全情况仍然在朝着好的方向发展。因此，与 1993—1998 年的乡镇煤矿管制效果相比，1998—2006 年的乡镇煤矿管制政策执行效果与中央政府既定政策意图之间的差距在逐渐缩小。

---

① 我国地方煤矿安全生产问题存在三大矛盾，http：//www. china5e. com/news/meitan/200410/200410110146. html.

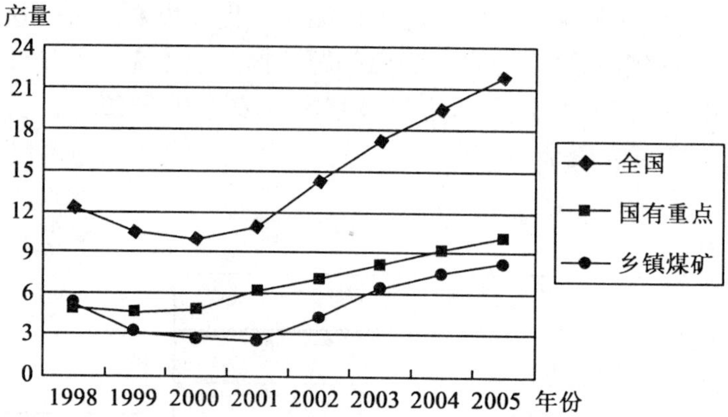

图 5-6 1998—2005 年全国煤矿和各所有制煤矿的产量分布

图 5-5 和图 5-6 资料来源：根据 1998—2004 年《中国煤炭工业年鉴》，以及 2005 年煤炭行业产销量分析：http：//info. energy. hc360. com/2006/03/31071921119. shtml，整理得出。

第四节 小 结

1998 年以来，中央政府对煤矿安全监察体制、监督方式、激励和控制手段等方面进行调整，建立了独立于地方政府的煤矿安全监察机构，提高了乡镇煤矿管制力度，扭转了煤炭行业产业结构，遏制了煤矿生产安全形势继续恶化的局面。虽然乡镇煤矿目前的安全状况仍然不容乐观，其百万吨死亡率仍然相当于全国百万吨死亡率的两倍，但是乡镇煤矿整体的安全形势仍然出现了好转的趋势。总体而言，乡镇煤矿管制工作的成效取决于所有被选择的政策执行治理结构的协调和共同作用，而不能寄希望于某一项或某几项政策执行治理结构。激励契约的调整、控制手段的转变等都是在近两年开始进行的，减少交易成本所产生的最终效果还需要过一段时间以后才能完全显现出来。

第六章
结　　语

本书的研究表明，在转型期形成的制度环境的影响下，地方政府官员将对职位产权收益最大化的追求建立在偏离中央政府利益的基础之上，这可以视为“政策执行鸿沟”现象在目前频繁出现的主要缘由。中央政府和地方政府之间存在的信息不对称现象又使前者不能及时、有效地查处后者选择性执行中央政策的行为。因此，中央政府和地方政府之间的互动存在着大量的交易成本，从而面临着较为突出的交易问题或代理问题。出于摆脱政策执行中存在的高昂交易成本困扰的目的，中央政府通过调整和选择能够节约交易成本的政策执行治理结构来控制地方官员执行中央政策的行为，以保证中央政策效果的实现。不过，本书对政策执行治理结构的选择是建立在逻辑推理基础之上，只是从交易成本最小化的方面来探讨中央政府对政策执行治理结构的选择问题，并没有深入研究作出某项选择的现场和过程。就像约翰·克劳奈维根所言，“这种简化的交易成本经济学无法解释真正的历史变革，因为真实世界中的选择是在历史上所获得的信息和可供选择的真实制度的基础上作出的”。①

虽然当前并不那么乐观的煤矿安全生产形势，尤其是乡镇煤矿居高不下的伤亡事故使得人们对中央政府控制地方官员行为的能力产生了怀疑，但是辩证地看，乡镇煤矿管制是一项长期性的工作，至今差不多已经持续进行了13年，在这13年期间，无论是从乡镇煤矿的数量还是乡镇煤矿的百万吨死亡率来看，乡镇煤矿的清理整顿并没有完全脱离中央政府的控制，中央政府仍然通过掌控的政策执行治理结构来影响地方政府的行为。否则，仅凭市场竞争的力量是难以导致乡镇煤矿的数量大幅度下降以及煤矿安全事故逐渐减少的，这也意味着中央政府在1998年之后围绕政策执行治理结构进行的一系列调整正在发挥着减少交易成本的作用。而本书有关乡镇煤矿管制效果的分析实际上也论证了王绍光（2004）有关煤矿安全监管模式转换的分析。这意味着中央政府仍然有能力应对地方政府选择性执行中央政策的行为，尤其是那些被中央政府优先考虑的政策领域。与珍·奇（Jean C. Qi，1989）和科维·J. 奥布日恩等（Kevin J. O'Brien 和 Lianjiang Li，1999）以及魏玮等（2006）的分析结论类似，地方政府虽然在转型期成为相对独立的利益主体，具有了抗衡中央政府和抵制中央政策的一定条件，但是中央政府并没有因此而成为一个“空心化”政府（hollowed-out state），丧失控制地方政府选择性执行中央政策行为的政治能力。事实上，中央政府可以通过主动地调整政策执行治理结构，减少政策执行中的交易成本及其带来的不利影响，改变地方官员行为选择集的方式，推动中央政策的贯彻落实。

依据分析，本书在第一章和第二章提出的核心假设和具体假设已经基本上得到了案例的检验。在本书的研究中，交易成本的变化虽然难以准确把握，但是中央政府仍然可以依据事态发展、环境变化等因素，通过自身感知和判断来估量政策执行中的交易成本高

---

① ［美］约翰·克劳奈维根. 交易成本经济学及其超越. 朱舟，黄瑞红，译. 上海财经大学出版社，2002：12-13.

低，如果中央政府三令五申地要求地方官员遵从中央政策，但是并没有取得预期效果，那么大体上就可以表明交易成本已经达到了严重妨碍政策执行的地步，需要中央政府采取那些有助于降低交易成本的政策执行治理结构。本书的分析表明，当交易成本对中央政策执行产生的阻力达到一定程度的时候，中央政府就会选择相应的政策执行治理结构来化解妨碍政策执行的“摩擦力”。

即使如此，本书的分析并不意味着中央政府选择的政策执行治理结构就完美无缺了，事实上，任何形式的治理结构都不是绝对完美的，或多或少地都存在某些缺陷，这些缺陷导致“政策执行鸿沟”现象难以通过完美的方式加以彻底解决。就乡镇煤矿管制而言，中央政府选择的政策执行治理结构是符合节约交易成本要求的，但是政策执行治理机构本身仍存在一些需要继续完善和提高的方面。这主要表现为：

（1）虽然“去分权化”措施使煤矿安全监察工作摆脱了地方政府的干扰，但是煤矿安全监察机构的权力、地位以及执法力量和强度仍然有待进一步加强。现有资料表明，煤矿安监工作仍然存在人员不足、力量薄弱等问题，即使煤矿安监员对非法的乡镇煤矿下达了停产整顿和责令关闭的通知书，但是非法的乡镇煤矿矿主仍然可以无视煤矿安监机构下达的指令，因为乡镇煤矿的停产和关闭需要由地方官员来统一组织实施，而乡镇煤矿与地方政府之间非正当的利益纽带仍然没有被有效切断。乡镇煤矿管制中出现的“反公共地悲剧”问题并没有得到有效解决，反而愈演愈烈。“九龙治煤”现象导致乡镇煤矿主将寻求“官员庇护”作为降低煤炭资源使用中发生的交易成本的可行方式。当前的“官煤勾结”就类似于黑勒教授在《反公共地悲剧》一文中所说的资源使用者为了取得资源使用权而向黑社会寻求帮助的情形。因此，采取横向一体化的措施，统一煤炭开采使用权的管理，强化煤矿安全监察机构的权责应该成为中央政府继续完善“去分权化”措施的当务之急。

（2）出于节约监督成本的考虑，中央政府注重发挥“火警”监督机制的作用，但是形成“火警”监督机制所需要的土壤仍然有待强化。在“火警”监督机制中发挥重要作用的乃是“报警装置”，只有报警人员能够及时和方便地“拉响警报器”，中央政府才会及时知晓地方官员对中央政策的态度及行为。而要想“报警装置”不“失灵”，中央政府对“报警装置”的设置就需要考虑透明性、可接近性、经济性、回应性以及可问责性等方面的要求。按理说，非法乡镇煤矿的煤矿工人应该是最有积极性向中央政府“报警”的，但是目前适应煤矿工人要求的“报警装置”并不能满足透明性、可接近性、经济性、回应性以及可问责性的特点，这导致中央政府只能通过频繁的“巡逻式”监督来收集乡镇煤矿管制的相关信息。当面对地方官员和乡镇煤矿间的同盟关系，中央政府难以继续推进乡镇煤矿清理整顿工作时，不妨考虑进一步强化自下而上的监督途径的作用，即鼓励和培育工会组织，及时推进煤炭资源开采和使用权改革，提高乡镇煤矿主进行长远投资的期望值，鼓励乡镇煤矿矿主加强安全投入。这种自下而上的途径可能是中央政府需要作出的选择，工会组织的发展可以与中央政府形成同盟，以抗衡地方政府与不法乡镇煤矿间的合作。

（3）即使就“警察巡逻”监督而言，作为事后监督机制的责任追究制度在责任追究的力度、形式等方面仍然具有很大的提升空间。除了国务院颁发的《关于预防煤矿生产安全事故的特别规定》（以下简称“《特别规定》”）详细规定了地方政府官员在乡镇煤矿管制中应该承担的主要责任以外，中央政府在近期又颁发了一系列追究乡镇煤矿非法开采以及安全事故责任的政策文件。如最高人民法院和最高人民检察院在2007年2月又联合颁布了《关于办理危害矿山生产安全刑事案件具体应用法律若干问题的解释》（以下简称“《解释》”），《解释》进一步明确了政府官员、矿主等行为主体在矿山生产安全事故中的责任追究标准和追究力度。国务院在2007年4月又颁发了《生产安全事故报告和调查处理条例》（以下简称“《条例》”），但是这些《特别规定》、《解释》和《条例》的相关条款在责任追究方面实际发挥的效力仍然有待检验。时任国家安全生产监督管理总局局长李毅中就认为“当前对煤矿事故的处理存在失之以宽、失之以软”的问题。① 而据国家最高人民检察院渎职侵权检察厅透露，在矿难渎职犯罪中，免刑和缓刑比例高达95.6%。②

（4）中央政府试图通过平衡激励契约的方式引导地方官员的行为，将安全生产指标纳入地方政府官员绩效考核之列，但是地方政府行为及其理念的彻底转变仍然需要深层次的激励平衡契约的措施，即将“科学发展观”的战略理念转化为具有可操作性的制度措施。

在交易成本理论看来，交易的治理结构、制度环境和交易者特性构成了一种互动循环的系统。制度环境和交易者特性影响着交易过程和交易治理结构的选择，而交易治理结构的选择反过来又会影响制度环境和交易者特性，由演变的环境所导致的治理结构的创新也可能推动制度环境的改革。这就意味着要想解决“政策执行鸿沟”现象还需要同时推动制度环境的创新和地方政府官员行为特性的转化。中央政府当前提出的科学发展观在某种程度上明确了制度环境变迁的方向，从片面追求经济增长速度转变到经济和社会的和谐发展。另外，将具有“德性”和“公益精神”的人员充实进政府队伍中来，应该看做改变行动者特性的一种可行途径。“德性”和“公益精神”并不意味着否定地方政府官员对职位产权收益最大化的追求，而是试图改变他们对职位产权收益的权衡，将对职位产权收益最大化的追求纳入法治化的轨道。而且，由有能力和公正的政府官员组成的管制机构能够提高管制对象自愿服从管制的程度。③ 与此同时，中央政府还需要有意识地改变资源分配的格局，更多地发挥市场机制在资源有效配置中的作用，减少当前在资源配置中存在的“等级产权”现象，尽量减少地方政府官员利用

① 六省近期矿难多发李毅中称对事故处理不够严肃，http://www.china.com.cn/news/txt/2007-04/13/content_ 8113516.htm.

② 检察官：矿难渎职犯罪免刑和缓刑比例高达95.6%，http://news.sohu.com/20070522/n250150067.shtml.

③ ［美］克里斯托夫·克拉格．制度与经济发展——欠发达和后社会主义国家的增长与治理．余劲松，李玲，张龙华，译．法律出版社，2006：378-403.

掌握的资源配置权谋取非法职位产权收益的可能性和机会。

在某种意义上，当前仍在持续进行的乡镇煤矿管制比较典型地反映了中央政府在转型期面临的几对利益矛盾，即中央政府和地方政府（协调发展与GDP崇拜）、地方政府与乡镇煤矿（乡镇煤矿清理整顿与官煤勾结、官员腐败）、乡镇煤矿与煤矿工人（劳资纠纷、权益保护）、中央政府和乡镇煤矿（煤炭资源的合法开发及可持续经营与煤炭资源的非法开采）以及中央政府、地方政府和乡镇煤矿工人（经济发展与工人权益保护），很少有类似的政策领域面临如此之多的利益矛盾问题。这就表明乡镇煤矿管制效果及其保持并不能仅仅取决于中央政府和地方政府间利益矛盾的解决或缓和，需要解决其他主体间利益矛盾和交易成本的治理结构的调整和创新，以更好地推进乡镇煤矿管制工作。如何设计有效解决上述利益矛盾的治理结构应该成为乡镇煤矿管制政策下一步研究的重点内容。例如，如果实现了劳资双方的有效对话的机制和渠道，那么中央政府也许在乡镇煤矿管制中就不会如此被动。

政策执行治理结构的选择既是一个技术问题，也具有相应的政治性质，受到包括政策问题、制度环境、政策对象以及交易成本等多种因素的影响，本书只是强调了交易成本因素对政策执行治理结构的影响。与此同时，政策执行治理结构的选择也应该考虑效率、平等和公正等多种价值标准，而本书的研究也只是考虑了效率原则在政策执行治理结构选择中的作用。因此，在今后的研究中应该综合考虑上述各种因素和价值标准对政策执行治理结构的影响。事实上，按照交易成本理论的“匹配性”原则，某一项政策执行治理结构并不能适合于所有的政策执行领域，关键是要求“最合适”的政策执行治理结构。

在可供中央政府选择的多项政策执行治理结构中，对某项治理结构的采用及其效果在一定程度上取决于另一项治理结构对它的支持，以发挥减少交易成本的整体功效。一般而言，“去分权化”选择应该是在诸如激励契约平衡、“火警”监督方式的培育等其他政策执行治理结构难以发挥作用时的最后选择，因为“去分权化”虽然将政策执行置于中央政府的直接掌控之下，但是仍然会产生监督、激励和权力配置等方面的问题。本书分析的政策执行治理结构并没有包含政策执行中出现的全部交易成本，例如有关中央政府和地方政府在政策执行中讨价还价的成本，本书就没有涉及，这应该成为今后研究的重点内容。实际上，如果中央政府和地方政府间建立了良性的讨价还价和利益表达机制，地方政府的利益得失能够通过正常途径纳入中央政府的决策内容，那么“政策执行鸿沟”现象也会得到有效遏制。毕竟一旦地方政府和中央政府围绕决策内容达成了共识，就意味着地方政府的利益与中央政府的政策意图建立了正常的纽带关系，双方“一荣俱荣，一损俱损”。

参考文献

[1] [美] 康芒斯. 制度经济学（上）. 于树生，译. 北京：商务印书馆，1962.
[2] 马洪，孙尚清. 中国经济结构问题研究（上册），北京：人民出版社，1981.
[3] [匈] 亚诺什·科尔纳. 短缺经济学（下卷）. 张晓光，李振宁，黄卫平，译. 北京：经济科学出版社，1986.
[4] [美] 加布里埃尔. A. 阿尔蒙德，G. 宾厄姆，鲍威尔. 比较政治学：体系、过程和政策. 郑世平，译. 上海：上海译文出版社，1987.
[5] 国家统计局国民经济平衡统计司. 国民收入统计资料汇编 1949—1985. 北京：中国统计出版社，1987.
[6] 中国社会科学院经济研究所. 中国乡镇企业的经济发展与经济体制. 北京：中国经济出版社，1987.
[7] [美] 查尔斯·林德布罗姆. 政策制定过程. 朱国斌，译. 北京：华夏出版社，1988.

[8] 日中经济协会．中国经济的中长期展望．北京：经济科学出版社，1988.
[9] 张明理．当代中国的煤炭工业．北京：中国社会科学出版社，1988.
[10] 史东琪．加速煤炭工业技术进步政策措施研究．北京：中国计划出版社，1988.
[11] [美] 乔治·J. 施蒂格勒．产业组织和政府管制．潘振民，译．上海：上海三联书店，1989.
[12] [美] 肯尼斯·阿罗．信息经济学．何宝玉，等，译．北京：北京经济学院出版社，1989.
[13] [美] 史蒂文·凯尔曼．制定公共政策．商正，译．北京：商务印书馆，1990.
[14] [美] 詹姆斯·E. 安德森．公共决策．唐亮，译．北京：华夏出版社，1990.
[15] 乔荣章．价格补贴．北京：中国物价出版社，1990.
[16] [瑞典] 冈纳·缪尔达尔．世界贫困的挑战——世界反贫困大纲．谭力文，译．北京：北京经济学院出版社，1991.
[17] 国家物资部燃料司等．中国能源供求趋势区域平衡及对策．北京：中国物资出版社，1991.
[18] 田源，乔刚．中国价格改革研究：1984—1990. 北京：电子工业出版社，1991.
[19] 桂世镛．宏观经济与决策．上海：上海人民出版社，1993.
[20] [美] 道格拉斯·诺斯．制度、制度变迁与经济绩效．杭行，译．上海：上海三联书店、上海人民出版社，1994.
[21] 高扬文．三十年的足迹：高扬文回忆录．北京：煤炭工业出版社，1994.
[22] 胡象明．地方政策分析．武汉：武汉大学出版社，1994.
[23] [美] 查尔斯·林德布洛姆．政治与市场．王逸舟，译．上海：上海三联书店、上海人民出版社，1995.
[24] [美] 詹姆斯·Q. 威尔逊．美国官僚政治——政府机构行为的动因．张海涛，译．北京：中国社会科学出版社，1995.

［25］肖国安等．煤炭市场经济导论．北京：煤炭工业出版社，1995.
［26］［美］西摩·马丁·李普塞特．政治人——政治的社会基础．张绍宗，译．上海：上海人民出版社，1997.
［27］［美］丹尼尔·W. 布罗姆利．经济利益与经济制度——公共政策的理论基础．陈郁，等，译．上海：上海三联书店，上海人民出版社，1997.
［28］［美］C. I. 巴纳德．经理人员的职能．王永贵，译．北京：中国社会科学出版社，1997.
［29］林毅夫等．充分信息与国有企业改革．上海：上海三联书店，1997.
［30］陆学艺等．中国新时期社会发展报告．沈阳：辽宁人民出版社，1997.
［31］［德］马克斯·韦伯．经济与社会．林荣远，译．北京：商务印书馆，1998.
［32］［美］塞缪尔·亨廷顿．第三波——20 世纪后期民主化浪潮．刘军订，译．上海：上海三联书店，1998.
［33］荣敬本等．从压力型体制向民主合作体制的转变 县乡两级政治体制改革．北京：中央编译出版社，1998.
［34］叶青，张宝明．中国乡镇煤矿．北京：煤炭工业出版社，1998.
［35］郑海航．国有企业亏损研究．北京：经济管理出版社，1998.
［36］［美］丹尼尔·F. 史普博．管制与市场．余晖，等．上海：上海三联书店、上海人民出版社，1999.
［37］中国（海南）改革发展研究院．中国公司治理结构．北京：外文出版社，1999.
［38］张维迎．企业理论与中国企业改革．北京：北京大学出版社，1999.
［39］中国社会科学院工业经济研究所．中国工业发展报告 1999．北京：经济管理出版社，1999.
［40］《中国煤炭志》编委会．中国煤炭志（综合卷）．北京：煤

炭工业出版社，1999.
[41] 成家钰. 全国煤炭行业关井压产文件资料选编. 北京：煤炭工业出版社，1999.
[42] [美] 詹姆斯·S. 科尔曼. 社会理论的基础. 邓方，译. 北京：中国社会科学出版社，1999.
[43] 贾康，闫坤. 转轨中的财政制度变革. 上海：上海远东出版社，1999.
[44] [英] 马尔科姆·卢瑟福. 经济学中的制度. 郁仲莉，译. 北京：中国社会科学出版社，1999.
[45] 周振华. 体制变革与经济增长——中国经验与范式分析. 上海：上海三联书店，1999.
[46] [美] 科斯，阿尔钦等. 财产权利与制度变迁. 刘守英，译. 上海：上海三联书店、上海人民出版社，2000.
[47] [美] 艾尔·巴比. 社会研究方法. 邱泽奇，译. 北京：华夏出版社，2000.
[48] [美] 埃利诺·奥斯特罗姆. 公共事物的治理之道. 余逊达，陈旭东，译. 上海：上海三联书店，2000.
[49] [美] 麦克尔·麦金尼斯. 多中心治道与发展. 上海：上海三联书店，2000.
[50] [英] 马克斯·H. 布瓦索. 信息空间. 上海：上海译文出版社，2000.
[51] [英] 彼得·M. 杰克逊. 公共部门经济学前沿问题. 郭庆旺，等，译. 北京：中国税务出版社，2000.
[52] 张五常. 经济解释. 北京：商务印书馆，2000.
[53] 张静. 基层政权：乡村制度诸问题. 杭州：浙江人民出版社，2000.
[54] 马戎，刘世定，邱泽奇. 中国乡镇组织调查. 北京：华夏出版社，2000.
[55] 张昕竹. 中国规制与竞争：理论和政策. 北京：社会科学文献出版社，2000.
[56] [德] 柯武刚. 制度经济学. 史漫飞，译. 北京：商务印书

馆，2001.
[57] ［美］奥利弗·E. 威廉姆森．治理机制．王健，方世建，译．北京：中国社会科学出版社，2001.
[58] 王家成，赵志林．中国能源发展报告2001. 北京：中国计量出版社，2001.
[59] 王俊豪．政府管制经济学导论．北京：商务印书馆，2001.
[60] 张可云．区域大战与区域经济关系．北京：民主与建设出版社，2001.
[61] 刘云龙．民主机制与民主财政——政府间财政分工及分工方式．北京：中国城市出版社，2001.
[62] 管志光．20世纪河南重大灾害纪实．北京：地震出版社，2001.
[63] ［美］威廉·F. 韦斯特．控制官僚．重庆：重庆出版社，2001.
[64] ［美］道格拉斯·C. 诺斯．经济史上的结构和变革．厉以平，译．北京：商务印书馆，2002.
[65] ［美］盖瑞·J. 米勒．管理困境——科层的政治经济学．王勇，等．上海：上海三联书店、上海人民出版社，2002.
[66] ［美］奥利弗·E. 威廉姆森．资本主义经济制度．段毅才，王伟，译．北京：商务印书馆，2002.
[67] ［美］威廉·N. 邓恩．公共政策分析导论．北京：中国人民大学出版社，2002.
[68] ［美］丹尼斯·C. 缪勒．公共选择理论．韩旭，等，译．北京：中国社会科学出版社，2002.
[69] ［美］边燕杰．市场转型与社会分层：美国社会学者分析中国．北京：三联出版社，2002.
[70] 丁煌．政策执行阻滞机制及其防治对策．北京：人民出版社，2002.
[71] 杨雪冬．市场发育、社会生长和公共权力构建——以县为微观分析单位．郑州：河南人民出版社，2002.
[72] 王振海．公共职位论纲．郑州：河南人民出版社，2002.

[73] 周凤起，王庆一. 中国能源五十年. 北京：中国电力出版社，2002.
[74] 刘法新等. 煤矿安全生产 昨天·今天·明天. 北京：煤炭工业出版社，2002.
[75] 张宝明. 中国煤炭工业改革与发展. 北京：煤炭工业出版社，2002.
[76] 盛斌. 中国对外贸易政策的政治经济分析. 上海：上海三联书店，2002.
[77] 王健. WTO 规则与政府职能转变. 北京：经济科学出版社，2002.
[78] [美] 黄佩华、迪帕克. 中国：国家发展与地方财政. 吴素萍，等，译. 北京：中信出版社，2003.
[79] [美] Y. 巴泽尔. 产权经济学. 费方域，段毅才，译. 上海：上海三联书店、上海人民出版社，2003.
[80] [美] 乔·B. 史蒂文斯. 集体选择经济学. 上海：上海三联书店、上海人民出版社，2003.
[81] [美] 曼瑟尔·奥尔森. 集体行动的逻辑. 陈郁，新宇新，李崇新，译. 上海：上海三联书店，2003.
[82] 陈国富. 委托—代理与机制设计. 天津：南开大学出版社，2003.
[83] 林毅夫等. 中国的奇迹：发展战略与经济改革. 上海：上海三联书店，2003.
[84] 徐家良. 制度、影响力与博弈. 北京：中国社会科学出版社，2003.
[85] [俄] 安德烈·施莱弗，罗伯特·维什尼. 掠夺之手. 赵红军，译. 北京：中信出版社，2004.
[86] [日] 今井贤一等. 内部组织的经济学. 金洪云，译. 上海：上海三联书店，2004.
[87] [冰岛] 思拉恩·埃格特森. 经济行为与制度. 吴经邦，等，译. 北京：商务印书馆，2004.
[88] [英] 米切尔·黑尧. 现代国家的政策过程. 赵成根，译.

北京：中国青年出版社，2004.
[89] [新西兰] 穆雷·霍恩. 公共管理的政治经济学——公共部门的制度选择. 汤大华，译. 北京：中国青年出版社，2004.
[90] [英] 帕特里克·敦利威. 民主、官僚制与公共选择. 北京：中国青年出版社，2004.
[91] [英] 简·莱恩. 新公共管理. 赵成根，等，译. 北京：中国青年出版社，2004.
[92] [美] 詹姆斯·P. 莱斯特等. 公共政策导论. 北京：中国人民大学出版社，2004.
[93] [美] 珍妮特·V. 登哈特等. 新公共服务. 北京：中国人民大学出版社，2004.
[94] [美] 阿维纳什·K. 迪克西特. 经济政策的制定：交易成本政治学的视角. 刘元春，译. 北京：中国人民大学出版社，2004.
[95] [美] 赫伯特·A. 西蒙. 管理行为. 詹正茂，译. 北京：机械工业出版社，2004.
[96] [英] 简·莱恩. 公共部门：概念、模型与途径. 谭功荣，等，译. 北京：经济科学出版社，2004.
[97] [美] 罗伯特·K. 殷. 案例研究设计与方法. 周海涛，李永贤，李虔，译. 重庆：重庆大学出版社，2004.
[98] 刘小兵. 政府管制的经济分析. 上海：上海财经大学出版社，2004.
[99] 马骏，叶丽娟. 西方公共行政理论前沿. 北京：中国社会科学出版社，2004.
[100] 谢庆奎等. 中国地方政府体制概论. 北京：中国广播电视出版社，2004.
[101] [美] 斯科特·E. 马斯滕. 契约和组织案例研究. 李海成，李强，译. 北京：中国人民大学出版社，2005.
[102] [韩] 吴锡泓，金荣枰. 政策学的主要理论. 金东日，译. 上海：复旦大学出版社，2005.
[103] [荷兰] 塞特斯·杜玛，海因·斯莱德. 组织经济学. 北

京：华夏出版社，2005.
[104] [美] 林南．社会资本——关于社会结构与行动的理论．张磊，译．上海：上海人民出版社，2005.
[105] 王小龙．经济转型与激励机制．北京：经济科学出版社，2005.
[106] 张维迎．产权·激励与公司治理．北京：经济科学出版社，2005.
[107] 金太军等．公共政策执行梗阻与消解．广州：广东人民出版社，2005.
[108] 李小宁．组织激励．北京：北京大学出版社，2005.
[109] 陈钊．信息与激励经济学．上海：上海三联书店、上海人民出版社，2005.
[110] 张曙光．中国转型中的制度结构与变迁．北京：经济科学出版社，2005 年．
[111] 陈鸿仪．中国乡镇企业体制转变：市场自由化、契约形式创新和私有化．武汉：华中科技大学出版社，2005.
[112] 毛寿龙．中国政府功能的经济分析．北京：中国广播电视出版社，2005.
[113] [美] 托马斯·斯德纳．环境与自然资源管理的政策工具．上海：上海三联书店、上海人民出版社，2005.
[114] [美] 埃里克·弗鲁博顿，[德] 鲁道夫·芮切特．新制度经济学：一个交易费用分析范式．姜建强，罗长远，译．上海：上海三联书店、上海人民出版社，2006.
[115] [美] 安东尼·唐斯．官僚制内幕．郭小聪，等，译．北京：中国人民大学出版社，2006.
[116] 盛洪．分工与交易．上海：上海三联书店、上海人民出版社，2006.
[117] 胡书东．经济发展中的中央与地方关系．上海：上海三联书店、上海人民出版社，2006.
[118] 盛洪．中国的过渡经济学．上海：上海三联书店、上海人民出版社，2006.

[119] 陈郁．所有权、控制权与激励．上海：上海三联书店、上海人民出版社，2006.
[120] 陈郁．企业制度与市场制度．上海：上海三联书店、上海人民出版社，2006.
[121] 沙安文，乔宝云．政府间财政关系．北京：人民出版社，2006.
[122] 沙安文，乔宝云．地方财政与地方政府治理．北京：人民出版社，2006.
[123] [美] 克里斯托夫·克拉格．制度与经济发展——欠发达和后社会主义国家的增长与治理．余劲松，李玲，张龙华，译．北京：法律出版社，2006.
[124] 中国乡镇企业年鉴编辑委员会．中国乡镇企业年鉴 1991. 北京：农业出版社，1992.
[125] 陈喜强．政府与社区组织：从纵向控制到横向互动——基于交易费用视角的考察．中国行政管理．2004（11）.
[126] 程臻宇．中国同级地方政府间的政绩性竞争．上海经济研究,2003（12）.
[127] 邓念国．公共政策执行系统价值取向的分析．武汉大学学报,2005（5）.
[128] 丁煌．论政策执行．中国行政管理．1991（11）.
[129] 傅广宛．非线性视角中的公共政策执行过程．中国行政管理,2003（5）.
[130] 顾海兵．不可轻视经济政策执行的操作成本——以税收征管为例．湖北经济学院学报，2005（5）.
[131] 郭渐强．机构改革与行政执行．求索．1999（1）.
[132] 胡春梅．制度分析方法与教育政策执行研究．教育探索，2005（10）.
[133] 胡伟．合法性问题研究政治学研究的新视角．政治学研究，1996（1）.
[134] 黄继忠．省级财政支出制度：委托代理关系下的分析．经济社会体制比较．2003（6）.

[135] 霍海燕．当前我国政策执行中的问题与对策．理论探讨，2004（4）．
[136] 康晓光．经济增长、社会公正、民主法治与合法性基础——1978年以来的变化与今后的选择．战略与管理，1999（4）．
[137] 李成贵．政策执行：一个需要纳入学术视野的问题．国家行政学院学报，2000（3）．
[138] 李豪峰、高鹤．我国煤矿生产安全监管的博弈分析．煤炭经济研究，2004（7）．
[139] 李和中．公共部门人力资本产权的性质及其运作．武汉大学学报》（哲学社会科学版），2005（5）．
[140] 李军杰．经济转型中的地方政府经济行为变异分析．中国工业经济，2005（1）．
[141] 李军杰．基于政府间竞争的地方政府经济行为分析——"以铁本事件"为例．经济社会体制比较，2005（1）．
[142] 李军杰．地方政府经济行为短期化的体制性根源．宏观经济研究，2005（10）．
[143] 李孔岳，罗必良．公司治理结构的理论：一个综述．当代财经，2002（8）．
[144] 李孔岳，罗必良．政府控制国有企业的方式与效率分析．南方经济，2004（2）．
[145] 刘穷志．煤矿安全事故博弈分析与政府管制政策选择．经济评论，2006（5）．
[146] 刘亚平．退出选择视角中的地方政府间竞争：两个基本纬度．江海学刊，2006（1）．
[147] 刘亚平．退出——呼吁与转型期中国地方政府间竞争．学术研究，2006（7）．
[148] 马骏．收入生产、交易费用与宪政体制．开放时代，2003（4）．
[149] 马骏．交易费用政治学：现状与前景．经济研究，2003（1）．

[150] 马骏. 包税制的兴起与衰落：交易费用与征税合同的选择. 经济研究，2003（6）.
[151] 马骏. 中国省级预算中的非正式制度：一个交易费用理论框架. 经济研究，2004（10）.
[152] 潘世强. 略论政策的执行问题. 行政论坛，1994（4）.
[153] 潘伟尔.2004 年煤炭经济运行评析. 中国煤炭，2005（3）.
[154] 裴德海. 合法性资源的供给与再生. 江淮论坛，2004（1）.
[155] 邱海雄、徐建牛. 市场转型过程中地方政府角色研究述评. 社会学研究，2004（4）.
[156] 全国乡镇煤矿调查研究课题组. 全国乡镇煤矿调查. 中国煤炭，1997（10）.
[157] 张青松，曹荫昌. 政策执行过程的滞差研究. 行政论坛，1994（6）.
[158] 孙柏英. 新政治经济学与当代公共行政. 北京行政学院学报,2002（3）.
[159] 孙国峰. 交易成本的本质、原因和度量分析. 天津社会科学,2003（1）.
[160] 孙洪志等. 小煤窑行为策略博弈分析. 辽宁工程技术大学学报，2003（6）.
[161] 唐皇凤. 政策网络与政策后果：中国的运用——对农村税费改革中利益分配关系变化的分析. 中共浙江省委党校学报，2004（1）.
[162] 田野. 国际制度的形式选择——一个基于国家间交易成本的模型. 经济研究，2006（7）.
[163] 王绍光. 煤矿安全生产监管：中国治理模式的转变. 比较，2003，13.
[164] 王维. 中国住房政策执行的障碍性因素分析——史密斯模型的一个解释. 中国行政管理，1998（12）.
[165] 魏玮. 多委托代理关系、政策的选择性执行与农村税费改

革．财贸经济，2006（8）．

[166] 吴庆．中国青年政策执行过程的初步研究——史密斯模型的一个解释．中国青年政治学院学报，2001（6）．

[167] 吴庆．我国政策执行研究现状的实证分析．中国青年政治学院学报，2005（2）．

[178] 校天奇、王信玉．蒲白矿务局至今“无证开采”．当代矿工,1997（3）．

[169] 杨悦．交易成本理论的哲学思想与方法论基础．经济学研究,2004（7）．

[170] 杨瑞龙．中国制度变迁方式转换的三阶段论——兼论地方政府的制度创新行为．经济研究，1998（1）．

[171] 杨宜勇、李宏梅．对中国矿难的制度分析．发展，2005（6）．

[172] 于凤荣、王殿春．提高我国公共政策执行力的对策研究．行政论坛，1995（3）．

[173] 余敏江、梁莹．协商民主与政策执行网络．理论探讨，2006（1）．

[174] 赵杰．换一换遏制矿难的思路．南风窗，2005（6）．

[175] 张宝明．依法强化监督实现煤矿安全状况稳定好转．煤炭企业管理，2000（6）．

[176] 张成福、党秀云．公共政策执行的低效率分析．行政论坛，1996（6）．

[177] 张健．合法性与中国政治．战略与管理，2000（5）．

[178] 张勇．公共政策执行步骤和方法的研究与论证．复旦大学博士学位论文，2004 年．

[179] 郑永年、王旭．论中央地方关系的集权和民主问题．战略与管理，2001（3）．

[180] 钟开斌．遵从与变通：煤矿安全监管中的地方行为分析．公共管理学报，2006（2）．

[181] 周飞舟．分税制十年：制度及其影响．中国社会科学，2006（6）．

[182] 周黎安．晋升博弈中政府官员的激励与合作．经济研究，2004（6）．

[183] 周佳．进城务工就业农民子女义务教育政策执行研究．北京师范大学博士学位论文，2005.

[184] 周雪光．“逆向软预算约束”：一个政府行为的组织分析．中国社会科学，2005（2）．

[185] 周雪光．“关系产权”：产权制度的一个社会学解释．社会学研究，2005（2）．

[186] 中国社会科学院环境与发展研究中心课题组．国家风景名胜资源上市的国家利益权衡．数量经济技术经济研究，1999（10）．

[187] 朱亚鹏．地方政策创新和政策执行：贵阳住房货币化改革．贵阳大学学报，2006（1）．

[188] Bardach, Eugene. The Implementation Game: What Happens After a Bill Becomes a Law. MIT Press, 1977.

[189] Beraman, Paul. The Study of Macro-and-Micro-Implementation. Public Policy, 1978.

[190] Bogt, Henk J. ter. A Transaction Cost Approach to the Automonization of Government Organization. European Journal of Law and Economics, 2003, 16(2).

[191] Bryson, John M. The Policy Process and Organization Form. Policy Studies Journal, 1984, 12(3).

[192] Bryson, John M., Ring, Peter Smith. A Transaction-Based Approach to Policy Intervention. Policy Sciences, 1990.

[193] Calista, Donald J. Employing Transaction Costs Analysis as A Theory of Public Sector Implementation. Policy Studies Journal, 1978, 15(3)

[194] Calista, Donald J. Bureaucratic and Governmental Reform. JAI Press, 1986.

[195] Calista, Donald J. Resolving Public Sector Implementation Paradoxes Through Transactions Costs Analysis: Theory and Applica-

tion. Policy Studies Review,1987,7(1).

[196]Chan ,Hon S,Cheung,K. C. ,Lo ,Jack Man-Keung. The Implementation Gap in Enviromental Management in China:The Case of Guangzhou, Zhengzhou, and Nanjing. Public Administration Review,1995,55(4).

[197] Chung, Jae Ho. Studies of Central-Provincial Relations in the People's Republic of China: A Mid-Term Appaisal. The China Quarterly,1995(142).

[198]Dethic,Martha. New Towns in Town. Brookings,1972.

[199] DeLeon, Peter. The Missing Link Revisited: Contemporary Iimplementation Research. Policy Studies Review,1999.

[200] Dwyer, D. J. The Coal Industry in Mainland China Since *1949*. the Geographical Journal,1963,129(3).

[201] Edwards, George C, Pubilc Policy and Implementation, JAI Press,1984.

[202] Fewsmith, Joseph. Institution, Informal Politics, and Political Transition in China. Asian Survey,1996,129(3).

[203] Frant, Howard. High-Powered and Low-Powered Incentives in the Public Sector. Journal of Public Administration Research and Theory,1996,6(3).

[204]Goggin,Malcolm L. The"Too Few Cases/Too Many Variables" Problem in Implementation Research,Western Political Quarterly,1986,39(2).

[205] Goggin, Malcolm L. ; Bowman, Ann O'M. ;. Lester, James P; O'Tool, Laurence J. Jr. 1990. Studying the dynamics of public policy implementation: a third-generation approach. In Dennis J. Palumbo & Donald J. Calista, eds. Implementation and the Policy Process :Opening up the Black Box, Westport, Conn. : Greenwood Press.

[206] Hall, Richard H. Quinn, Robert E. Organizational theory and public policy,Sage Publications,1983.

[207] Heckathorn, Douglasd, Maser, Stevenm. The Contractual Architechure of Public Policy: a Critical Reconstruction of Lowi's Typology. Journal of Politics, 1990, 52(4).

[208] Heller, Michael A. The Tragedy of the Anticommons: Property in the Transition from Marx to Markets. Harvard Law Review, 1998, 3.

[209] Hendrischke, Hans, Chongyi Feng, Eds. The Political Economy of China's Provinces, Routledge, 1999.

[210] Hjern, Benny, Porter, David O. 1981. Implementation Structures: A New Unit of Administrative Analysis. Organization Studies, 1981.

[211] Hirschman, Albert O. Exit, Voice, and Loyalty. Harvard University Press, 1970.

[212] Holmstrom, Bengt, Milgrom, Paul. Multitask Principal-Agent Analysis: Incentive Contracts, Asset Ownership, and Job Design. Journal of Law, Economics and Organization, 1991(7).

[213] Huber, John D&Shlpan, Charles R. The Costs of Control: Legislators, Agencies, and Transaction Costs. Legislative Studies Quarterly, 2000, 15(1).

[214] Li, Linda Chelan. Centre and Provinces: China *1978—1993*. Clarendon Press, 1998.

[215] Lester, James P., Stewart, Joseph, Jr. Public Policy: An Evolutionary Approach. China Remin Vnirorsity Press, 2004.

[216] Lupia, Arthur, McCubbins, Mathew D. Learning from Oversight: Fire Alarms and Police Patrols Reconstructed. Journal of Law, Economics, Organization, 1994, 10(1).

[217] Manion, Melanie. Policy Implementation in the People's Republic of China: Authoritative Decisions verus Individual Interests. Journal of Asian Studies, 1991, 50(2).

[218] Mazmanian, Daniel. A, Sabatier, Paul. A. Implementation and Public Policy. Scott Foresman and. Company, 1983.

[219] Meter Donald S. Van, Horn Carl E. Van. The Policy Implementation Process: A Conceptual Framework. Administration & Society, 1975, 6(4)

[220] McCubbins, Mathew D, Schwartz, Thomas. Congressional Oversight Overlooked: Police Patrols versus Fire Alarms. American Journal of Political Science, 1984(28).

[221] McCubbins, Mathew D, . Noll, Roger G and. Weingast, Barry R. Administrative Procedures as Instruments of Political Control. Journal of Law, Economics & Organization, 1987, 3.

[222] Moe, Terry M. The New Economics of Organization. American Journal of Political Science 1984(28).

[223] Moe, Terry M. Political Institutions: The Neglected Side of the Story. Journal of Law, Economics, & Organization, 1990, 6.

[224] Muldavin, Joshua. The Paradoxes of Environmental Policy and Resource Management in Reform-Era China. Economic Geography, 2000, 76(3).

[225] Nalebuff, Barry J, Stiglitz, Joseph E. Prizes and Incentives: Towards A General Theory of Compensatioin and Competition. the Bell Journal of Economics, 1983, 14.

[226] North, Douglass C. A Transaction Cost Theory of Politics. Journal of Theoretical Politics, 1990, 2(4).

[229] O'Brien, Kevin J, Li, Lianjiang. Selective Policy Implementation in Rural China. Comparative Politics, 1999.

[227] Oi, Jean C. State and Peasant in Contemporary China. University of California Press, 1989.

[228] Oi, Jean C. The Role of the Local State in China's Transitional Economy. The China Quarterly, 1995(144).

[229] O'Toole Laurence J, Jr. Research on Policy Implementation: Assessment and Prospects. Journal of Public Administration Research and Theory, 2000(2).

[230] Ouchi, William G. Markets, Bureaucracies, and

Clans. Administrative Science Quarterly, 1980, 25.

[231] Patashnick, Eric M. The Contractual Nature of Budgeting: a Transaction Cost Perspective on the Design of Budgeting Institutions. Journal of Policy Sciences1996, 29.

[232] Pressmain, J. L, Wildavsky, A. B. Implementation: How Great Expectation in Washington Are Dashed in Okaland. University of California Pressman, 1973.

[233] Sabatier, Paul A. Top-Down and Bottom-Up Approach to Implementation Research : a Critical Analysis and Suggested Synthesis. Journal of Public Policy, 1986, 6(1).

[234] Schofield, Jill. Time for a Revival? Public Policy Implementation: a Review of the Literature and an Agend for Future Research. Inernational Journal of Management Review, 2011, 3(3).

[235] Smil, Vaclav. China's Energy and Resource Uses: Continuity and Change. The China Quarterly. , 1998(156).

[236] Su, Fubing. Agency, incentive, and institutional design: Bureaucracy control and evolution goverance in contemporary China. Unpublished doctoral dissertation, University of Chicago, 2002.

[237] Rindfleisch, Aric&Heide, Jan B. Transaction Cost Analysis: Past, Present, and Future Applicationl. Journal of Marketing, 1997, 61.

[238] Rosenbaum, James. Tournament Mobility: Career Patterns in a Corporation. Administrative Science Quarterly, 1979, 24.

[239] Rosen, Sherwin. Prizes and Incentives in Elimination Tournaments. the American Econominc Review, 1986, 76.

[240] Ross, Lester. The Implementation of Envirǒmental Policy in China: A Comparative Perspective. Administration & Society, 1984.

[241] Waterman, Richard W. , Meier, Kenneth J. Principal-Agent models: an expansion? . Public Administration Research and Theory, 1998, 8(2).

[242] Wedeman, Andrew. Incompetence, Noise, and Fear in Central-Local Relations in China. Studies in Compatative International Development, 2011, 35(4).

[243] Weingast, Barry R, McCubbins, Mathew D, The Industrial Organization of Congress, or. Why Legislatures, like Films , Are Not Organized as Markets. Journal of Political Economy, 1988.

[244] Williamson, Olive E. The Economics of Organization: The Transaction Cost Approach. AJS, 1981, 87(3).

[245] Williamson, Oliver E. Public and Private Bureaucracies: a Transaction Cost Economics Perspective. Journal of Law Economics &Organization, 1999.

[246] Tavares, Antonio Fernando Freitas. State and Local Institutions and Enviromental Policy: A Transaction Cost Analysis. Unpublished doctoral dissertation, University of Florida State, 2003.

[247] Thomson, Elspeth. Reforming China's Coal Industry. The China Quarterly, 1996(147).

[248] Tirole, Jean. The Internal Organization of Government, Oxford Economic Papers, 1994, 46.

[249] Torenvlied, Rene. Political control of implementation agencies Effects of political consensus on agency complance. Rationality and Society, 1996, 8(1).

后　记

我对政策执行问题的关注始于导师丁煌教授的影响，作为国内较早进行政策执行研究的学者，丁老师虽然在该领域著作颇丰，但是仍然鼓励我们在学术研究上要敢于超越，勇攀学术研究的高峰。师从丁煌老师六年期间，我有幸参与了老师主持的国家自然科学基金项目《新体制下公共政策的博弈论研究》，并在此基础上完成了自己的硕士学位论文。攻读博士期间，丁老师又鼓励我在前期研究成果的基础上，进一步挖掘新体制下公共政策博弈的特点，特别是从新的视角来研究我国转型期的公共政策执行问题。因此，博士学位论文的撰写可以看做前期研究的深入，论文从选题、资料收集到写作及修改，都倾注了丁老师大量的心血。弹指一挥间，六年转眼即逝，丁老师严谨求实的治学风格、宽阔的学术视野深深地影响了我。除了感谢之外，恐怕今后只有在学术研究中取得更好的成绩才能回报老师的关心和鼓励。

珞珈求学六年，乃是人生成长的重要一环，在此期间我聆听了李和中教授、胡象明教授、倪星教授以及陈广胜教授等诸位老师的教诲，他们的言传身教使我获益良多，尤其感谢李和中教授和邓大松教授对论文的写作和修改提出了许多宝贵意见。同样还需要感谢武汉大学图书馆的老师，正是由于他们提供了丰富的学术资源，我才得以完成论文资料的收集和写作。

六年的求学生涯中我结识了一批朋友，正是和他们的交往，使我感觉到友情的珍贵。人生就是一列疾驰而过的列车，彼此有聚有散，朋友的情谊却不会因时空的转换而褪色。

感谢我的父母和亲人，正是他们长期的支持和鼓励，使我得以安心完成学业。屈指算来，到目前为止，人生的大部分时间都是在校园度过的，眼看父母年龄见长，我却至今没能回报他们的养育之恩，心中甚是愧疚，只希望在今后能够加倍报答了。

定明捷

2007 年 4 月 18 日于武汉大学湖滨